中國歷代思想家【十八】

主編者：中華文化復興運動總會
王壽南

曾國藩・郭嵩燾・王韜
薛福成・鄭觀應・胡禮垣

臺灣商務印書館 發行

曾國藩

何烈 著

目次

曾國藩

一、世紀的開端，沒落的世紀

十九世紀，中國進入了另一個歷史的低潮。這是自朱明建國（西元一三六八年）以來，四百餘年之間，中國社會首次因受到西方勢力的衝擊而發生根本動搖的時代。而在西方勢力鳴鎗開炮正式入侵之前，滿清皇權統治下的中華帝國，已經由盛而衰，敗象橫生，處處綻露出危機來了。無論在政治、經濟、軍事乃至倫理道德種種方面，都呈現著一片沒落破敗的景象。但更危險的是：滿清朝野對於本身危險處境的無知。雖有少數留心時艱的士大夫，發出警世勸時的讜論，不幸卻被多數人所忽視；至少並未引起當道者的注意。

因此，儘管從乾隆朝（一七三六—一七九五年）後半期以來，各地的盜賊一天多似一天，各種災變連年不斷，外國侵略者的腳步愈來愈近，老百姓的生活一天比一天困苦，甚至連政府的財政也一年比一年艱難；然而，北京城裏的權貴們，各省的封疆大臣、贓官猾吏，以及窮鄉僻壤的地主紳士、靠與官吏勾結而獲暴利的富商大賈，……所有一切在社會上享有特權的分子；他們照樣過著飲酒、聽戲、抽鴉片、豪賭、宿倡、納妾等等奢侈糜爛的生活。彷彿社會大眾所受的煎熬，國步的艱難，竟完全與他們無關似的；他們那醇酒美人、紙醉金迷的生活，似乎可以子子孫孫永無休止地過下去。

作爲社會精神領導分子的「讀書人」，自從康、雍、乾三朝廣興文字獄，大肆摧殘之後，不僅民族思想被「斬伐」得一乾二淨，就連一點最起碼的治學求知慾望，也被加上層層桎梏，近乎窒息了。他們在取得科舉功名之前，朝夕孜孜努力的，只是四書五經和八股文；旁及一些吟風弄月的詩賦而已。既登仕版之後，少數具有學術興趣的官員，也只敢弄些考據訓詁工作——即所謂「經學」或「漢學」。由於考據訓詁的需要，乃附帶研究「小學」（字形、字義及音韻的研究）。其次就是校注古籍、辨僞書、輯佚書等工作的展開；史學、地理學、傳記、譜牒等，也都有人涉獵，且頗具成績。至於天文、數學及其他科學，明末清初的西方傳教士，本來也播過一些種子，怎奈在科舉時代，這些東西不過與「方技」等量齊觀，不能受到士林的普遍重視；只有少數有識學者，潛心研究。總之，康、雍以來的讀書士子，絕大部分人終身只在四書五經及八股詩賦中討生活；少數人關心真正的學術，也只能小心翼翼地在不犯「時諱」的範圍內盡力。他們小心的程度，甚至有時不敢輕易著書立說，以防遭到文字之禍。

學術界這股沉悶的空氣，直到嘉、道年間，才稍稍有活動的跡象。一方面因爲漢人的民族意識已摧毀殆盡，文網稍弛；一方面也因爲時局日困，當局亟圖糾挽，言路稍開。於是士林稍稍有人發憤著述，企圖對於時弊有所匡補。至此風氣才略有轉變。

曾國藩誕生於嘉慶十六年（一八一一年），那正是十九世紀的開始，而滿清帝國的國勢，則剛剛由乾隆時代的高峯，走向下坡。那個自稱「十全老人」的乾隆皇帝弘曆，除了窮兵黷武，發動多次不必要的邊疆戰爭，耗財無算之外；晚年更遊宴無度，怠於政事。權臣和珅，乘弘曆年老昏髦，竊權專擅，濫肆貪黷，吏治因而大壞。在曾國藩出生前後的二、三十年間，各地民變迭起。小規模的叛亂不算，單是攻城掠地，需要朝廷調動大兵前往征討鎮壓的，就有好幾起：乾隆五十一年（一七八六年）的臺灣林爽文之亂，六十年（一七九五年）湘、黔的苗亂，嘉慶元年（一七九六年）的川、陝、鄂三省白蓮教，東南沿海蔡牽、朱濆等海盜的猖獗，嘉慶十八年（一八一三年）天理教李文成、林清在山東、河南、直隸等省攻佔州縣多處。這一連串的民變，快的一兩年，慢的則要拖上近十年才能平定。這些民變發生的原因，基本上還是由於吏治的腐敗。嘉慶三年，四川白蓮教首領王三槐被誘俘到京，軍機大臣會審時問他爲什麼造反？三槐回答說：不是百姓存心造反，而是「官逼民反」。三槐的話，一點也不誇張。翰林院編修洪亮吉的奏疏可以爲他作證。他說：州縣地方官，隳法亂紀，魚肉百姓，罪惡百倍於一二十年之前。他們對於真正的邪教，無可奈何，卻借「禁誅邪教」的名義，對良民百般淩虐誅求，非將良民逼去做盜賊不止。但凡朝廷對災區的賑卹款項或物資，多數都被經手官員侵入了私囊。他們平時侵冒糧餉，戰時則避罪爭功。爲了諉過冒功，竟不惜屠掠流亡於道路的難民，而揑稱「剿賊勝利」。這種醜行，上自封疆大吏，統兵將弁，下至州縣地方官，公然行之者，比比皆是。①

嘉慶四年（一七九九年），亮吉更上書軍機王大臣言事，其中有些話說得尤爲痛切。他大意是說：「三省教匪一案，達州知州戴如煌，是激成民變的禍首之一。老百姓恨不得要吃他的肉。然而至今安處川中，泰然無恙。南充縣知縣劉清，眾口交譽，至有『劉青天』的稱號，連教匪也欽敬他的清廉愛民；但至今屈身州縣，未見重用。十幾年來，親見許多官場怪現象：有自身官居尚書、侍郎，而向執政軍機大臣下跪的；有年齡比軍機大臣大一倍的大學士，求拜認軍機大臣做老師的；國子監官員，有人夜半走門路，長跪不起，求為祭酒，求充侍講的；翰林大考時，則有些翰林竟奔走於軍機章京之門，求認師生，以刺探試題；或向守門侍衛行賄，以便夾帶作弊。至於外省的督、撫、藩、臬，貪欺害政，更屬司空見慣。他們出巡地方的時候，照例有站規、門包；平時則有節禮、生日禮、幫費等陋規；凡有人事上的升遷調補，無不接受部屬的餽謝。各級官吏的一應額外開支，名目繁多；歸根結底，都來自州縣的『孝敬』。州縣的錢從何而來？無非出於搜刮百姓。他們甚至公然宣稱：為了應付各級衙門的『用度』，錢糧賦稅加倍或加數倍徵收，那都是不可避免的。少數人表示不服、依法赴京控告。朝廷照例是發督撫『查究』；情節稍重的，則特派欽差就地訊問。但督撫本身就是靠下屬『孝敬』生活的人，自然不會懲處那勒索百姓的地方官而自斷財源。至於特派欽差一職，京官一向視為發財的肥缺。欽差到省之後，省級以下各地方官，無不打點孝敬，以圖『彌縫』。這些錢少不得『羊毛出在羊身上』，仍由老百姓負擔。他們所查辦的貪枉案件呢，百分之九十九是以『查無其事，純出刁民誣控挾持』作結，於是倒楣的仍舊是百姓。百姓們既知『京控』的結果如此，惟有儘量容忍，到了忍無可忍的時候，便鋌而走險，採取武力反抗了。乾、嘉之際的大多數民變，都是這樣釀成的。」② 洪亮吉這份陳情書，純出愛國憂時，書生報國的一片熱忱；不意卻深深地觸犯了當道的忌諱，認爲他有意揭露執政者的短處。亮吉本身是位「清要」的翰林，軍機處王公大臣不得不將陳情書照轉給皇帝。但在轉呈條陳的同時，也許說上幾句「謗訕朝廷，別有居心」之類的話，便惹得嘉慶帝顒琰大發雷霆了。洪亮吉幾乎因此遭到了殺身之禍。結果，死罪雖免，仍落了個「遣戍新疆」的處分。卻虧得洪亮吉走運，恰逢這年久旱不雨。專制時代的皇帝，可以不在乎「小民」們的死活，卻不能無視於「上天示警」的災變。顒琰在百計祈雨不得之後，才忽然想起洪亮吉這件案子，也許是冤枉的，因而「上干天怒」，導致旱災。所以亮吉到達戍所剛滿三個月，就遇赦而回。（據說顒琰降旨赦回洪亮吉的當天晚上，居然甘霖普降。這自然是巧合，或出於文人附會的記載。）然而顒琰的悔悟，也僅限於「昭雪」洪亮吉的冤抑而已。亮吉本人並未受到任何重視，他所陳述的各種政治積弊，也沒有任何糾正的措施。從中央到地方，仍然是貪黷欺飾，一片黑暗；社會上的貧窮、飢餓和騷亂，只見日甚一日。

十九世紀是中國近五百年來最不幸的一個世紀，曾國藩的誕生，恰在這個腐敗沒落世紀的開端。

① 稻葉君山：《清朝全史》，第四十九章，〈洪亮吉之意見書〉。又見洪亮吉《卷施閣文集．征邪教疏》。

② 《清史稿．洪亮吉傳》。烈按：原文是文言文，今譯成白話，爲了顧及文氣的流暢及閱讀趣味，所以不取逐句直譯而採意譯的方式。其餘譯白都是仿照這個原則。

二、耕而優則讀，讀而優則仕

曾國藩原名子城，字伯涵，號滌生①。清嘉慶十六年（一八一一年），生於湖南湘鄉縣荷塘都的白楊坪。曾家世代務農，據說遠祖來自江西。初居衡陽，傳到曾孟學一代，才搬到湘鄉來住。那已經是明末清初的事了。曾孟學以前的世系已不可考，以後兩代，也都默默無聞。直到國藩的曾祖父竟希，才有約略的事蹟可尋。就在國藩出生的前三年（嘉慶十三年），曾家才從大界里遷到白楊坪居住。那時他曾祖父竟希已六十六歲，父親麟書只有十九歲。等到國藩出生時，竟希已年近七十。老年得見曾孫，自是歡喜不勝。曾家人丁本來單薄（玉屏生三子：麟書居長，棄農就儒；次子早卒；三子驥雲，獨理家務農事，沒有子息），從此麟書一房，子孫卻極為興旺。他一共生了五個兒子，四個女兒。兒子當中，國藩居長，依次是國潢、國華、國荃、國葆（改名貞幹）。國藩自是最受祖父母的疼愛。

自曾國藩的祖父玉屏往上推溯，至少有五、六百年之久，曾家連秀才也沒有出過一個，的確夠得上是「寒門冷籍」了。直到國藩的曾祖父竟希手上，才克勤克儉，積下一點資產，買了一些田地，家道漸漸好轉。在科舉時代，讀書求取功名，最可貴的並不是知識的獲得，而是消滅貧窮、治療飢餓的最佳途徑；更進一步，還可以榮宗耀祖，席豐履厚。因此各行各業的人家，只要生活上稍能對付，莫不競將子弟送進私塾，從《三字經》、《百家姓》而四書五經，而學作八股文章；以期「十載寒窗，一舉成名」，圖個光大門庭，上封祖、父，下蔭妻、子。竟希家境逐漸寬裕之後，自然也朝同一條路上去求發展：把兒子玉屏送去念書求仕進。仿照當時的習慣，玉屏也取了一個字，喚作「星岡」。

曾玉屏在年輕的時候，也許因爲家境稍好，又乏嚴師督導，他對書本並無多大興趣；日常倒喜歡與他年齡相仿的一些富家子弟們，在湘潭市上酒食徵逐，遊手好閒。後來父親死了，玉屏已是三十幾歲。這時一家重擔落在他的肩上，才驟然領悟到世道的艱難，與自己責任的重大。鄉里的父老們，見他平日不務正業，於是有人背後竊竊私議：「竟希辛辛苦苦建立起來的一點家業，將來一定會敗在他兒子手上。」這話傳到玉屏耳裏，倒激起他一股痛改前非，力爭上游的志氣。自知不是讀書的材料，索興斷了求功名的念頭，決心腳踏實地，繼承祖業，做個安分守己的農夫。從此起早睡晚，開溝闢地，養魚飼豬，灌園種菜，無一不親自動手。經過十幾年的刻苦努力，省吃儉用，他不僅守住了父親的遺產，家境還有蒸蒸日上的趨勢。玉屏書雖讀得不多，可是在風氣閉塞的湘鄉農村裏，知書識字的人已是鳳毛麟角；玉屏到底讀過幾年書，加上他秉性剛直、富正義感，好爲人排難解紛，倡辦公益事項；漸漸贏得地方族人的信任與尊敬，成爲鄉里的一名族長紳士。也算爲他父親爭了一口氣了。

玉屏治家極嚴，一家大小，包括大他七歲的妻子王氏在內，見了他沒有不屏神斂氣的。家人偶有拂逆，輕則厲聲呵斥，重則鞭撻立至；雖在稠人廣眾之中，從無絲毫假借。對於麟書、驥雲兄弟，管教尤爲嚴峻。他創立了一些家規，要求家人嚴格遵守，其中有的普遍見之於中國農村家庭。例如「男必耕讀，女必紡績」；有的則是玉屏獨特的「創意」。例如他要求子孫家人，努力實行八件事：讀書、種菜、飼魚、養豬、早起、灑掃、祭祖、敦親睦鄰；要疏遠六種人：看風水的、算命的、醫生、和尚、巫道，還有作客賴著不走的。後來曾國藩把他祖父留下來的這些家規，編成一首押韻的歌訣，要兄弟子姪們一體奉行：「書蔬魚豬，早掃考寶，常說常行，八者都好；地命醫理，僧巫祈禱，留客久住，六者俱惱。」這些家規合不合理是另一回事，它們對於曾國藩的一生，卻都發生了或多或少的影響。

玉屏因爲悔恨自己年輕時沒有好好地用功讀書，便將希望完全寄託在兒子麟書身上。他不惜重資，爲麟書訪求名師，鑽習舉業；希望將來高中功名，博個一官半職，彌補自己生平最大的缺憾。不料麟書一來天分平常，二來考運不濟；一個起碼的功名——秀才，就耗去了他大半輩子的光陰。先後考了十七次，才補上一名縣學生員（俗稱秀才）。麟書考上秀才的那年（一八三二年），已是四十三歲，而曾子城（國藩原名）這時也已二十二歲，隨父應考，也得了個備取佾生。緊接第二年，子城便進了縣學；第三年，連捷於鄉試，得中第三十六名舉人。道光十八年（一八三八年），會試、殿試、朝考，節節順利，連續中進士，點翰林；實際上還不滿二十七歲的曾子城，已到達了當時功名的最高峯。他祖父玉屏的希望，雖然在兒子身上沒有實現，卻在孫子身上如願以償了。

麟書知道在功名方面，自己是萬萬趕不上兒子的，索興放棄了考試，安心在家做私塾先生，落得悠閒度日。玉屏見孫兒讀書長進，心下自是歡喜。但他卻不像一般暴發戶那樣，存著「一人得道，雞犬升天」的心理，從此全家都倚仗著做官的子弟；相反地，他一再告誡麟書：「寬一（國藩早年的另字）雖然點了翰林，我家仍舊要靠種田維生，不可以靠著他吃飯！」又說：「孩子點了翰林，一生事業才開始。做官有許多開銷，家中的生活用度，不要累他分心，要使他專心事業才好！」麟書是出名的孝子，自然謹遵父命。家中照樣男耕女織，勤儉的家風絲毫不改。因此國藩做了十幾年的京官，從來就不曾爲家中的生活操過心。

① 王闓運的《湘綺樓日記》（光緒二十九年二月二十三日）說曾國藩的名字是朱士彥爲他改的，恐怕不大可信。理由是曾國藩八個兄弟姐妹，都以「國」字爲名字中的第一字，顯然是曾家排名。曾國藩改名在道光十八年，他的幾個弟妹早已以「國」字作排名。而且末一字都是草字頭，據此推測，曾子城改名「國藩」，多半是曾家父子祖孫自己決定的。

三、學問事業的基礎

子城六歲的時候，玉屏便爲他設了一所家塾，聘了一位姓陳的先生，教他讀書認字。他父親麟書連考幾次秀才失敗，因自念年已二十六、七，有了妻子兒女，總不好意思仍靠父親過活。於是也在自己家裏設了一所私塾，取名「利見齋」，招了十幾個小孩子，一面課徒爲生，一面繼續爲功名奮鬥。子城因而轉從父親念書。麟書自知天分有限，沒有什麼秘訣可以傳授給兒子；但他也自有一套方法，那便是不厭其煩，耐心指導；每天從早到晚，不停地督促。父子倆睡在床上，走在路上，麟書都要考一考兒子的功課。一定要子城把書背得滾瓜爛熟，他才滿意。他常自我解嘲地說：「因爲我自己很笨，所以教起你們這些笨子弟來，一點也不感到厭煩。」

子城是個絕頂聰明的孩子，而且記憶力很強。據說九歲已讀完了五經，開始學做八股文章了。十四歲那年，有位衡陽廩生歐陽凝祉到湘鄉來看麟書，見了子城的八股文稿，十分誇讚。歐陽先生是衡州府八股文章的能手之一，能贏得他的稱許，頗不容易。爲了試一試子城的真才實學，歐陽凝祉又出了一道詩題，教子城當場作律詩一首。詩成，歐陽大爲驚喜，認爲這孩子將來必成大器。當下立即將女兒許配子城。

第二年（一八二五年），子城除了繼續苦學八股詩文之外，麟書還教他讀些《史記》、《文選》之類。再過一年，去參加長沙府試（童子府試），居然得了個第七名。玉屏父子商量：這孩子的確是可造之材，一定得好生培植。麟書因自己連考十幾次秀才失敗，漸失自信，讓子城繼續跟在身邊，惟恐誤了孩子的前途。聽說衡陽有位汪覺庵，八股試帖教得極好。於是把子城送到汪先生在衡陽所設的唐氏家塾去念書。接著又回到本縣的蓮湞書院，肄業一年。經過名師的指點，子城的學識果然大有進步。漸漸覺得從前自己的思想、求學、行爲種種方面，都有欠正確，必須痛加改革，才有前途。爲了惕勵自己，特別起了一個別號，叫做「滌生」①。

道光十三年（一八三三年），子城年二十三歲。參加科試，竟補上了縣學生員。而他父親辛辛苦苦掙扎了二十幾年，卻剛剛於去年才考上這個起碼功名。全家對於子城的早達，自是歡欣鼓舞。十二月，子城與歐陽小姐完婚，曾家可說是「雙喜臨門」了。第二年（一八三四年），進入省城嶽麓書院讀書。是年鄉試得中舉人，子城的目光，已經注視著北京的「進士」頭銜了。這年冬天，曾子城第一次離開湖南家鄉，獨自北上，參加次年春天的禮部會試。出乎意外地，這次竟名落孫山。可巧這年逢上皇太后的六十大壽，照例增加鄉會試恩科一次，所以道光十六年還有一次機會。從湘鄉到北京，千里迢迢，來回的路費不少。子城徵得祖父和父親的同意，索興在京留住一年，等待參加明年的恩科會試。好在京師有一所「長沙會館」，長沙府的應試舉子住在裏面，花費極少。

曾子城在北京居住一年多，交游和眼界漸廣。除了繼續勤研經史，苦修制藝之外，忽對唐宋的詩和古文發生了很大的興趣。他覺得可以任意發揮見解的古文，遠比那拾古人唾餘而又縛手縛足的八股文，更有生氣，也更有意義。又見京城中到處是名家題字，書法精湛，令人歆羡；因而立意要寫好毛筆字。遺憾的是，道光十六年的恩科，子城又沒有錄取。他雖然頗感失望，但想到自己只有二十六歲的年紀，將來的機會正多；這一時的挫折，也就淡然置之了。放榜後，立即收拾行裝，搭乘運河的糧船南旋。這時身邊所剩的盤費已經無幾。路過睢寧，知縣易作梅也是湘鄉人，並與子城相識。因向易氏借了一百兩銀子做路費。經過金陵的時候，卻在書肆中看見一部精刻的廿三史，子城愛不忍釋。一問價錢，恰好與他身邊所有的錢相當。心中暗自盤算：好在從金陵到湘鄉，全是水路，船票既已買好，沿途所費也很有限；隨身所帶的一些皮袍冬衣，反正這時也穿不著，送去當了，勉強還可湊足回家的盤費。於是子城把一時不穿的衣物，全送進了當舖，毅然把那部心愛的廿三史買回來了。到家以後，麟書見他花了上百銀子，買了幾箱書回來；帶去的衣箱，都裝滿了書，衣服卻不見了。問明緣故以後，不僅沒有責備，反而高興地鼓勵兒子：「你借錢買書，不是壞事，我樂於替你還清欠款。但望你要細心研讀，也就不算白費了。」

道光十八年（一八三八年），又值三年大比。子城家中爲了上次的進京會試，償還易家借項，已無餘款可供再度進京的旅費。幸得親戚族人幫忙，借來三十三吊錢，才得成行。到得北京，已只剩下三吊。倘若這一科再不中，少不得又要舉債回家了。

這一年，子城二十八歲。在他一生中，這是極爲重要的一年：不僅在科舉功名上連場得意，在仕途上也從此一帆風順；然而更重要的是，他從此得以擺脫八股文的桎梏，放手去追求真正的學問，立下他一生事業的基礎。

三月禮部會試，得中第三十八名進士。接著覆試、殿試、朝考，成績都很優異。引見皇帝之後，授翰林院庶吉士。科舉時代的翰林，號稱「清要詞臣」，前途最是遠大。內則大學士、尚書、侍郎，外則總督巡撫，絕大多數都是出身翰林院的（自然不是所有翰林都有這種好運氣）。一般的情形是：士子由秀才而舉人而進士，熬到翰林這一階，往往已是兩鬢斑白，少說也是四、五十歲了。像曾子城這樣，二十八歲便點了翰林，是很少見的。別人到了這個地位，已不必花太多工夫在書本上；只消鑽鑽門路，頂多做做詩賦日課，便可坐等散館授官了。而曾子城出身農村，秉性淳樸，毫無鑽營取巧的習氣；數年來勤讀史書，倒培養出一股「以澄清天下為己任」的志氣來了。首先，他改名「國藩」（可能即暗寓「為國藩籬」的意思），接著為自己編定了一個自修的課程：凡是讀書的心得、人情的歷練、本身的修養、詩文的創作，莫不分別記錄下來。這些記錄共分五類，命名為：茶餘偶談、過隙影、饋貧糧、詩文鈔、詩文草。道光十九年（一八三九年），並且開始寫日記。後來雖然略曾間斷，但間斷的時間不多；從咸豐八年（一八五八年）六月起，就不曾再中斷過一天。行軍、生病的時候，也仍舊照記；直到他去世的前一天（一八七二年二月初三日）為止。就此一端，已可看出國藩毅力的一斑了。

國藩深知學問事業受師友的影響很大，所以他平生對於訪師擇友，極為留心。他曾說過：「凡做好人，做好官，做名將，都要好師好友好榜樣。」過去在湖南家鄉，與他交往較親密的一班朋友，如江忠源、胡林翼、郭嵩燾、郭崑燾、羅澤南、彭玉麟、王鑫……等，後來都成爲他在事業上最得力的夥伴或助手。從道光十九年到咸豐二年（一八三九—一八五二年），國藩在十幾年的京官生活中，結交了好幾位影響終身思想與治學的師友。其中最重要的是太常寺卿唐鑑（字鏡海）和大學士倭仁（字艮峯）。唐鑑服膺程朱之學，是當時義理學派的巨擘之一。國藩經常向他請教。唐鑑教國藩敦品治學，當以《朱子全書》爲依據。這書不僅要熟讀熟記，而且要照著書中所說，去身體力行。學問有三途：義理、考據、詞章，其中以義理最是首要。只要能在義理上痛下工夫，其餘文章詞曲，都是末流小技，毫無難處。而義理工夫最切要處，乃在於「不自欺」。因道時賢在這方面用功最篤實的，首推河南倭艮峯。他每天從早到晚，飲食言行，都有箚記；凡自己思想行爲有不合於義理的，全都記載下來，以期自我糾正。國藩因問古人有所謂「經濟之學」，似乎不是上述三種學問所能涵括。唐鑑說：「經濟之學，即在義理之內，不必他求。至於用功著力，應該從讀史下手。因爲歷代治迹，典章昭然具在；取法前賢以治當世，已經足夠了。」

唐鑑與曾國藩這次談話，時間是道光二十一年（一八四一年）七月十四日。國藩聽了很受感動，他自己說：「聽了唐先生這番話，使我宛如瞎子重見光明一樣。」有人說曾國藩一生的思想經過幾次改變。但細加分析，曾氏一生的思想改變，絕少越出中國歷史傳統的範圍。這完全由於儒家學者深信做人做事，只要能取法於中國聖賢的遺規，便可以做到盡善盡美的緣故。證之以後國藩的治學、立身處世，乃至政治措施，帶兵作戰，也的確無不深受唐鑑這番話的影響。他曾致信給同鄉前輩賀長齡說：「我最初治學，不知根本，尋聲逐響而已。自從認識了唐鏡海先生，才從他那裏窺見一點學問的門徑。」

那位在同治年間以反對「同文館」著名的倭仁，也是京師出名的理學大師。曾國藩對他的傾倒，僅次於唐鑑。爲了學習倭仁「誠意」和「慎獨」的功夫，他從道光二十二年（一八四二年）十月初一日起，便立志「自新」：(1)和倭仁一樣，將自己的意念和行事，逐日以楷書寫在日記上，以便隨時檢點克治。(2)爲自己規定十二條課程②，照此努力實行。(3)將所寫日記，定期送與倭仁審閱，並請他在上面作眉批，提出不客氣的批評。③雖然這種楷書日記還沒有寫滿一年，次年七月，便因爲出任四川鄉試正考官，旅次無暇而改用行書。此後的日記，也沒有再請倭仁批閱；但在日記中時時嚴刻地自訟自責的精神，卻一直維持終身不變。

同時在京的朋友當中，如何紹基、吳嘉賓、邵懿辰、竇垿、陳源兗、劉傳瑩、馮卓懷，或學有專長，或性行足法；他們對曾國藩的學問修養，都發生了深切的砥礪作用。例如何紹基（字子貞），精通書法，擅長吟咏；使曾國藩一生都非常重視寫字和作詩。吳嘉賓曾告訴曾國藩：「用功就像挖井，與其淺挖許多井而不見水，倒不如專挖一口深井而力求及水。」曾國藩十分佩服他這一見解。所以後來寫信告訴他幾位弟弟說：「讀經要專守一經，讀史則專熟一代。……諸子百家，但當讀一人專集，不應該東翻西閱。一集沒有讀完，決不換讀他集。」他並且主張無論看什麼書，都要從頭看到尾。一本書沒有看完，決不兼看別書。這種讀書方法，如果施之今日，自然不無值得討論的餘地；然而這正代表了曾國藩「按部就班，穩紮穩打」的個性。他這一個性的形成，雖不能說全由於吳嘉賓的影響，至少他們二人是志趣相投的。

道光二十年至二十二年之間（一八四〇——一八四二年），中英兩國發生了鴉片戰爭。曾

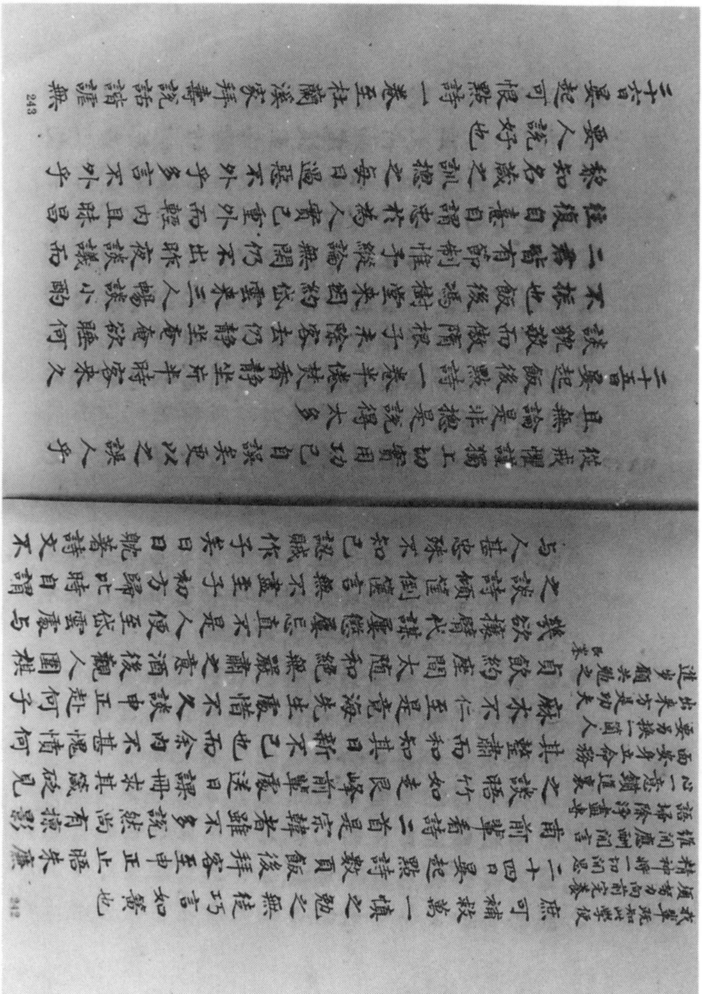

曾國藩手寫日記真跡之一（道光二十年十一月）

國藩在北京目睹國難當頭之際，京朝士大夫的麻木無知，鑽營貪鄙；整個滿清帝國，到處是「豺狼當道，哀鴻遍野」。因而憤然興起匡時救世的抱負。他曾賦詩明志，立意要做「流血的孤鳳」，「要令惡鳥變音聲，坐看哀鴻同長養。」④並且立誓不求升官發財，而以有此念頭爲讀書人的奇恥。

道光二十五年（一八四五年），李鴻章入京考進士。他是曾國藩同榜進士李文安的兒子，文安命他跟著曾國藩讀書學作文章，曾、李二人因此建立了師生的關係。誰都沒有想到，這個二十二歲的青年，日後竟成爲曾國藩平定太平天國最得力的副手之一，並且是他一生志業的薪火傳人。

國藩從道光十九年點翰林起，至咸豐二年離開北京，十三年中七次升遷而官至侍郎。他擔任過翰林院庶吉士教習、侍講學士、會試同考官、殿試讀卷大臣、四川鄉試正考官、武會試正總裁等職務。科舉時代，在各種考試中，凡是被錄取的考生，理所當然地便成爲考官的「門生」，考官便是考生的「座師」。這種座師和門生的關係，遠比傳道授業的「業師」更爲親密，也更受人重視（除非業師本身也能取得顯赫的官位，自當別論）。曾國藩憑著這一連串的考官經歷，毫不費事地收了許多門生。後來帶兵打仗，他的部屬和幕僚中，有不少都是尊稱他爲「老師」的。他們給予國藩的助力也不小。

當時掌理全國庶政的六部，除了戶部之外，曾國藩擔任過禮、吏、兵、刑、工五部的侍郎（約略和現在行政院各部的次長相當），因此他洞悉了清代的政情利弊、官場風習、山川形勢、民生疾苦與武備良窳。道光末年，他已開始上疏陳述政事。太平軍起以後，國藩從裏辦團練開始，繼而組織湘軍，專與太平軍作戰。接著受任總督，獨當江南地方行政長官及軍事總指揮的重任。他不僅憑著戰略戰術削平了太平軍，其餘在政治、教育、工務、財稅、外交、營務整頓等各方面，都顯示出他具有卓越的才華、豐富的學識與相當成熟的經驗。這和他早年的經歷，遍歷各部而能留心觀察利弊，具有密切的關係。

①據曾國藩道光二十年六月初七日日記，改號「滌生」，在道光十一年（辛卯）。意思是要「滌」除一切舊染的污穢；至於「生」字，則源自明朝袁黃（了凡）的幾句格言：「從前種種，譬如昨日死；從後種種，譬如今日生。」這一條記載，《求闕齋日記類鈔》誤繫於「庚子十月」。

②十二條課程的內容是：一主敬，二靜坐，三早起，四讀書不二，五讀史，六謹言，七養氣，八保身，九日知其所亡，十日無忘所能，十一作字，十二夜不出門。見黎庶昌編《曾文正公年譜》。

③今所見臺灣影印的《曾文正公手寫日記》，從道光二十二年十月初一日至二十三年六月二十一日，仍可看到倭仁親筆所作的眉批。（參見曾國藩手寫日記真蹟之一）

④《曾文正公詩集》卷二，〈感春〉六首。

四、風雨飄搖中的滿清帝國

道光末年的滿清帝國，雖然表面上歌舞昇平，事實上是政治黑暗、貪污風行、行政毫無效率的破落國家。政府在財政方面入不敷出，社會上是天災頻仍，民不聊生，各地的盜賊多如牛毛。可是從內外大臣的奏章上，看見的多半是「聖天子在上，四海昇平，家給人足」一類的阿諛話。從中央到地方，到處是一片泄沓敷衍的風氣。各地的動亂，全被看作是「跳梁小醜」、難成大患。除了少數關心時艱民瘼的官員之外，當道權貴，根本沒把它當作一回事。

道光三十年（一八五〇年）正月，皇帝旻寧死去，新皇帝奕詝（後來諡爲文宗）登基。這年十月，廣西的「拜上帝會」，便在洪秀全、楊秀清等人領導之下，舉起反抗滿清政府的大旗來了。起初，清廷以爲也和其他各地的零星盜匪一樣，沒有多大能爲，官兵一到，自是瓦解冰消。雖然照例調派了一些軍隊，前往「緝捕堵剿」，卻絲毫不放在心上（太平軍起事幾個月之後，清廷還不知道他們的領袖是誰）。及至「拜上帝會」演變成「太平天國」，洪秀全等建號稱王，連連擊敗數倍之眾的官軍，東衝西突，所向披靡的時候，清廷才意識到「星星之火」，竟成了「燎原」之勢。於是增調各方援軍，齊赴廣西「會剿」。在拜上帝會正式起事之前，已特派前雲貴總督林則徐爲欽差大臣，前往廣西督師，清剿其他反政府武力。則徐行至廣東，病死於行館。朝旨改以前兩江總督李星沅代爲欽差大臣，周天爵署廣西巡撫，會辦軍務。不久李星沅又病死軍中，清廷改派大學士賽尚阿接任欽差。武將方面，有綠營名將固原提督向榮（後改廣西提督）、廣州副都統烏蘭泰，都奉命統大軍進入廣西會戰。咸豐元年（一八五一年），太平軍進據永安州（廣西蒙山縣）時，人數猶不超過兩萬，而且多數是裹脅而來的農民及老弱婦孺。這時包圍永安的清軍，已多達八萬之眾，真稱得上是「將星雲集，雄師連營」。可是清軍以四、五倍於太平軍的兵力，卻不敢向小小的永安山城進攻，只能紮營城外，團團將城圍住。雙方僵持了半年多，最後竟眼睜睜地讓太平軍全師突圍而出。清軍卻是損兵折將，連遭挫敗，烏蘭泰也中伏陣亡。接著太平軍揮師北上，進入湖南。道州、江華、永明、郴州、嘉禾、桂陽、茶陵、永興等州縣，紛紛被太平軍攻破，如入無人之境。咸豐二年七月，進圍長沙。清軍於長沙附近，先後調集大軍六、七萬之眾，城裏城外，駐有一個大學士（欽差賽尚阿）、兩位總督（程矞采、徐廣縉）、三位巡撫（羅繞典、駱秉章、張亮基）三位提督和十幾員總兵，副將以下各級武官不可勝計。清軍陣容是盛大的，可是大家只敢圍繞著太平軍，四面紮營，遠遠監視。除了知府江忠源所率楚勇千餘人，尚敢出力死戰外；其餘各軍，大都守壘而不敢出。及至太平軍自動撤圍，西趨常德的時候；城上望見敵壘無人，將帥愕然相顧，竟不知太平軍的去向。這時太平軍於益陽掠得民船數千條，轉攻岳州，岳州立下。隨即由湘入鄂，沿江直下，連得武昌、漢陽。三年（一八五三年）正月，棄武漢浮江東下，沿途勢如破竹。二月，遂攻佔金陵（今南京）。兩江總督陸建瀛、江南提督福珠洪阿、江寧將軍祥厚、副都統霍隆武，全都被殺。從金田發難，至奪取南京，爲時不過兩年三、四個月而已。東南六省的八旗、綠營，及雲、貴、川、粵調集的軍隊，先後不下數十萬；與太平軍相遇，莫不望風而潰。當時號稱最精銳的軍隊，就是向榮所統的綠營兵。然而也只能尾隨於太平軍之後，虛張聲勢地「追趕」；從廣西一路「跟」到南京，竟比沿途要作戰前進的太平軍晚到了十天。這還是膽子最壯的軍隊，其餘的八旗、綠營，連跟在敵人後面虛張聲勢的勇氣都沒有。

向榮的軍隊到了南京城外，紮營於城東孝陵衛，號稱「江南大營」。後來太平軍渡江攻下揚州，清廷派了鴉片戰爭時期因「畏葸誤國」而判死罪，結果卻沒有死的大學士琦善，以及直隸提督陳金綬，率領馬步各軍駐於揚州城外，號稱「江北大營」。南北二大營各有欽差大臣一人總統軍務，與太平軍作長期的對峙。後來向榮死於軍中，兩座大營的權力核心都在滿洲人身上，軍隊則是傳統的武力——八旗、綠營。東南各省的財賦，大部分都匯注在這兩所大營內。而江南北大營對於太平軍的行動，卻連牽制作用都微乎其微，更談不到有什麼威脅了。太平軍在南京部署粗定，立即分兵兩路，北伐和西征。與清軍爭奪湘、鄂、豫、皖、直、魯、江、浙、贛、閩各省的地盤。清廷倚爲「長城」的江南北兩座大營，先後於咸豐六、八、十等三年，分別被太平軍擊潰。這一連串的挫敗，促使清廷認清了一個事實：滿洲文武，沒有一個人具有獨當一面的能力；八旗、綠營的軍隊，已全告朽敗，不堪作戰。要靠他們來平定太平軍，是沒有希望的。

咸豐七年至十年之間（一八五七—一八六〇年），清廷又與英法二國發生國際戰爭，英法聯軍於十年攻下北京首都，皇帝奕詝倉皇逃奔熱河。中樞無主，人心惶惶。聯軍又揚言要承認洪秀全的太平天國政府。滿清皇朝的國脈，已是不絕如縷。無可奈何之下，只好起用以曾國藩爲首的漢人將帥，以圖收拾殘局。

五、從文職到武職

曾國藩於咸豐二年夏天，本已外放江西鄉試正考官，途次忽遭母喪，乃照例棄官回家奔喪（這叫做「丁憂」）。這時正逢太平軍攻掠湖南，國藩繞道才回到湘鄉原籍。是年十一月，清廷命曾國藩以在籍侍郎的身分，襄辦團練，協助地方官籌辦「防剿」。國藩原想上疏懇辭，但這時忽然接到警報：武漢失守，湖南告急。巡撫張亮基專差請國藩到省城去，協助籌畫湖南防守事宜。國藩正猶豫間，這時他的好友郭嵩燾專程從湘陰到湘鄉來，力勸國藩出馬主持保衛家鄉的大計。嵩燾詞意懇切，國藩深受感動。遂決心變計，應邀前往長沙，與張亮基共商籌組武力保衛地方的事。因鑒於綠營兵不可用，決定另招鄉勇，在省城組成一大團，施以不同的編組操練。曾國藩出身文臣，軍旅的事，可說是一竅不通。這時他想起了唐鑑的話：經濟之學，應該從史籍上去學習前賢的遺規。從前在兵部侍郎任內，也頗讀了些歷代名將練兵打仗的有關典籍。他覺得明代戚繼光「束伍」之法，最可仿效；嘉慶初年率鄉勇平苗的傅鼐，訓練技擊，建立碉堡的辦法，也很有用。因此他比照戚、傅的成法，參以己意，訂立了一套訓練軍隊的章程。羅澤南所招湘鄉練勇三營，先到長沙，曾國藩便先從這三營家鄉子弟兵開始，用他的新方法訓練。這就是湘軍建軍的起點（後來湘軍中許多得力幹部都是從這裏出身的）。接著人數日見增加，規模逐漸擴充。

曾國藩於咸豐二年底上摺奏陳辦理團練情形，曾痛切指出綠營兵缺少訓練、膽怯、散漫等弊病。他組訓練勇，乃針對綠營積弊，力求改革。同時上一奏片，聲明他的責任，只以辦理團練爲限；一俟團務稍有頭緒，仍當還家守制。國藩這一聲請，並無虛矯做作之意。因爲一來他以一個在籍侍郎，過問家鄉軍、政事務，無權而有責，吃力而不易討好；二來帶兵打仗，不是自己的專長，弄得不好，很可能造成身敗名裂，貽禍子孫的不幸後果。所以曾國藩當初的確無意在軍功上求出路，更不曾夢想到會走出湖南去打太平軍。可是後來的事實發展，卻一步一步驅使他身不由己地走上了軍事統帥的道路。

湖南地方和其他各省一樣，由於地方官的掩飾彌縫，縱容匪類，欺壓善良；乃致到處佈滿了盜賊、會匪、流氓、散兵游勇，地方治安壞到極點。小至白晝搶劫，大至攻破城池，焚掠官署，變故層出不窮。尤其是會黨、堂匪，是有組織的反政府武力。他們佔據山嶺險阻，搆築工事，官兵簡直是莫可奈何。如徵義堂、哥老會、串子會、紅黑會、半邊錢會、一股香會、天地會等，是比較有名的一些團體；至於其他秘密會社，則多至不可數計。太平軍道出湖南時，便有成千上萬的會黨徒眾，加入合流，使太平軍聲勢更盛。湖南三面環山，山區數十州縣，尤其是各種會黨、土匪活躍的區域。曾國藩運用團練、保甲等組織，稽拿零星盜賊和痞棍；以他新定章程訓練出來的鄉勇，對付有組織規模的反政府武力。他在長沙城內魚塘口設立了一所行轅（司令部），專辦全省團練，肅清地方事宜。又創設了一所「審案局」，專門審辦各地緝解來省的不良分子。曾國藩生平雖以儒者自許，可是他在懲辦盜匪、維護地方治安的工作上，卻完全是一套法家的作風。他鑑於以往的地方官過於怠惰畏事，往往積案不辦；坐致良莠不分，罪犯逍遙法外，橫行無忌；於是主張「治亂世，用重典」，以嚴刑峻罰來痛懲不法分子。凡是解到審案局來的嫌疑分子，多半難得活命；重則斬首示眾，輕的也活活打死杖下。照曾國藩自己的奏報清廷：在咸豐三年的上半年之內，光是在長沙審案局裏，便斬首一〇四人，杖斃二人，關死在牢裏的三十一人（黎庶昌所編《曾文正公年譜》稱：「前後殺了二百多人」）。而在各府州縣拿獲人犯，批令「毋庸解省，就地正法」的，還不在內。因此，曾國藩不久便得到一個恐怖的綽號：「曾砍頭」。由於人民轉相攀控，審案局的「生意」好得很。那時候，委員們（臨時法官）審案的方法十分簡單——各種刑具，是使犯人俯首認罪的最有效工具。這其中自然難免有些「冤死鬼」，但在一陣雷厲風行之後，地方上的治安情形，卻的確比以前大有進步。特別是幾處大股堂會勢力，如瀏陽的徵義堂，安化縣的串子會，多的眾至萬人，一一都被曾國藩派勇殲滅。這些都是數十年來，湖南撫、提、鎮、協各標綠營兵無力對付的。經過曾國藩一年多時間的整頓，居然使四境晏然。於是曾國藩的湘勇，能戰的聲譽，傳遍了遠近。

這時由各處調來省城的綠營兵，也有數千之眾。按照往例：一省的軍事最高長官是提督，訓練綠營兵本是提督的職責。湖南提督鮑起豹無能，這幾千綠營兵乃一併歸曾國藩所識拔的撫標中軍參將塔齊布統一訓練。湘勇與綠營，共同操作。曾國藩對於訓練，要求頗爲嚴格，風雨烈日，操練不休。這對於來自田間的鄉勇而言，並不以爲太苦；但對於平日只知喝酒、賭錢、抽鴉片的綠營兵而言，便無異是一種「酷刑」了。先是副將清德，拒不到操，根本沒有把曾國藩和塔齊布放在眼裏。接著提督鮑起豹也和清德聯合起來，與塔齊布爲難尋釁。公然對士兵宣稱：「大熱天還要出操，這不是存心跟將士們過不去嗎？」於是綠營兵大恨曾、塔等人。長沙城內，同時駐紮著兩種部隊：綠營兵與湘勇。綠營因戰鬥力差，頗受勇丁輕視；而勇丁的月餉，高出綠營兵二、三倍之多，綠營兵也嫉憤交集。因此兵與勇時生磨擦。鮑起豹等人又從中挑撥，雙方愈來愈情同水火，漸至常生械鬥。曾國藩起初本著「息事寧人」的態度，只將參與械鬥的勇丁加以棍責，嚴行約束；綠營兵則置之不問。誰知這一來，正合了曾國藩的兩句話：「君子愈讓，小人愈妄。」綠營氣燄更盛，益發耀武揚威，公然淩辱勇丁了。曾國藩不得已而咨請鮑起豹按軍法整飭，鮑置之不理。綠營兵於是膽子更壯了。咸豐三年八月初六日，居然整齊隊伍，帶著兵器，鳴號擊鼓，包圍了參將府，要殺塔齊布。嚇得塔齊布躲在菜園旁邊的草叢裏，沒有被找到，才逃過一命。綠營兵找不到塔齊布，放把火把參將府燒了，又一窩蜂擁到團練大臣曾國藩的官邸，照樣團團圍住，揚言要殺曾國藩。幸而國藩的臨時行館設在緊靠巡撫衙門的射圃中。見事已急，乃親自去叩巡撫駱秉章的偏門，駱出來喝止，綠營兵才悻悻然作鳥獸散。① 然而曾國藩所統率的湘勇，日子卻更難過了；進出城門的盤查斥罵，街頭的公然侮辱，甚至拳打腳踢，都是常事。有人勸國藩據實參奏鮑起豹等人，然而曾氏剛於不久前參革了副將清德，這時不便再動彈章，於是託言：「做臣子的，不能爲國家平亂，反以瑣屑小事，使君父煩心，實在慚愧得很。」即日將所部湘勇分別遣駐外縣，自己的司令部也移駐於衡州。這就是曾國藩生平常說的「打脫牙，和血吞」了。②

太平軍定都於「天京」之後，與清軍在湖北、江西、安徽、山東、河南等省展開了激烈的戰鬥。雙方雖然互有勝負，而在大局上，太平軍常是居於上風。清方的總督、巡撫，死了好幾個；司、道、提、鎮以下的文武官員，陣亡被殺的，更不知凡幾。安慶、九江、武昌、漢陽、揚州等重要城市，紛紛易手；此外被太平軍攻佔的州縣城鎮，也難以數計。安徽、湖北、江西三省的太平軍，勢力尤盛。清廷聽說曾國藩所練的湘勇頗能作戰，立即三番五次催調國藩出境「援剿」。一會兒命他出兵江西，一會兒又著赴援安徽，既而又下旨要他去救武昌。曾國藩此時已勢成騎虎，不由不作出省用兵的打算了。

這時太平軍掠得的船隻頗多，長江及其支流，幾全受制於太平軍。江忠源首先向國藩建議：要打敗太平軍，非速建水師不可。曾氏也知道在南方作戰，水師的重要性。但苦在湘軍將領十之八九是書生出身，湘勇則是種田的農夫，沒有人懂得造船和駕船的技術。更別提在水上作戰的方略和戰術了。好在他們的對手太平軍，也不是擅長水師的部隊；洪楊等人雖有船隻，也不太知道利用。這樣給予曾國藩足夠的時間，去摸索學習，從容建立一支具有作戰能力的水師，來對付太平軍。最初，他利用湘江中固有的木簰③，上面載著大炮，準備用以攻擊敵船。不料試驗結果，不僅運轉不靈，而且一經炮火震盪，木頭都一根根地散開了，根本無法使用。後來改買民船，裝上火炮，權充炮船。一面僱募工匠，自行製造。而湖南人從來沒有見過戰船，無論所買的民船及所造新船，都耐不住炮火的震盪，甚至大一點的風浪都經不起。後得岳州水師守備成名標及廣西候補同知褚汝航，二人到過廣東，見過廣東水師的戰船。他們告訴國藩：廣東水師有拖罟、長龍、快蟹等戰船，那才是真正可以作戰的船隻。又國藩因於衡州、湘潭分設船廠二座，委派成、褚二人爲監督，依照廣東式樣，打造戰船。又採納黃冕的建議：添造小戰船一種，名叫「舢板」，以供搜索港汊之用。自咸豐三年冬到次年春初，湘軍水師編組完成。計水勇五千人，分為十營，每營五百人，擁有快蟹四十號，長龍五十號，舢板一百五十號。另有拖罟大船一艘，作為大帥座船。又買釣鈎船一百二十號，配上大炮五百尊，改為炮船。又雇用民船一百餘號，裝載軍需輜重。這支水軍，七拼八湊總算告成。現在看來，未免幼稚可笑；但在當時，這已是中國歷史上最「現代化」的精銳「海軍」了。

水師十營，以褚汝航為總統；陸師也是十營，五千餘人，以塔齊布為先鋒。合計水陸員弁兵夫，約一萬七千餘人。人數雖不算多，軍容卻頗為壯盛。這時候的曾國藩，儼然已是獨當一面的軍事統帥了。

①這時張亮基已調署湖廣總督，湖南巡撫一職，由一年多以前離職的駱秉章復任。駱氏和曾國藩面和心不和。有一次，國藩泊舟於長沙城外，駱秉章拜客於鄰舟，直去直回，絲毫不理會曾國藩（見《能靜居日記》）。這次綠營兵威脅曾國藩，駱起初不聞不問。及曾國藩親自叩門求救，他便不能裝聾做啞了。因為萬一曾國藩真的被殺，他是難脫干係的。

②曾國藩之所以不彈劾鮑起豹等人，與駱秉章的不和，也是主要原因之一。我們不妨設想一下：如果駱氏與國藩不存芥蒂，即使國藩不提出參奏，他以一個全省最高行政長官的身分，也有提出糾舉的權利和義務。駱不表示對曾支持，自然使曾愈增疑懼。若國藩貿然參鮑，而駱卻站在鮑的一面，國藩勢必難以下臺。而曾氏的離開長沙，駱並無絲毫挽留之意，其袒鮑抑曾的傾向，已至為明顯了。

③湘贛等省盛產木材，木商將木材捆紮成數十丈的木筏，沿江浮下，至目的地銷售。這種木筏用竹篾紮成，當地人叫做木簰或木排。因為體積大，運轉非常笨滯，而且只能下行，無法上行。湘軍水師初期圖用這種東西作為攻戰工具，見得確是毫無經驗。

六、通往「成功」道路上的艱險

在清廷再四催迫之下，曾國藩於咸豐四年（一八五四年）正月，不得已而率領訓練尚未成熟的湘軍，北援武昌。從衡州誓師出發，水陸并進。沿途張貼檄文，聲討太平軍的罪狀：掠奪人民財產、強迫掃女放足、信奉洋教、破壞固有倫常、毀孔、孟、關、岳等神像及廟宇，滅絕中國數千年詩書禮教……等等。總之，湘軍之所以討伐太平軍，乃是爲了維護人民生命財產的安全及中國數千年文化傳統的延續而戰。當時洪、楊等人所領導的「太平天國」，反抗清朝的政治號召，是強調「胡漢之分」，打的是「種族革命」的旗號。在這一點上，曾國藩自然無從反駁。不過，這時候中國接受女真族的統治，已經超過二百年，「胡漢」的觀念早已模糊。就連「揚州十日」、「嘉定三屠」等慘痛史實，在人們的記憶中，也變得若有若無了。相反地，曾國藩所揭櫫的「維護禮教倫常」大纛，與洪秀全等人只知破壞不知建設的荒謬行徑比照之下，卻顯得更爲鮮明而具有號召力。是以在湘軍初起之時，在政治宣傳方面，已使太平軍失去了優勢。

然而，曾國藩在與太平軍鬥爭的過程中，他的最大困難，不是敵人的強大；而是清方本身在政治、軍事與財政各方面，存在著太多的矛盾和弱點；不能形成強大的力量，予太平軍以有效的反擊。其次就是湘軍本身缺少戰鬥經驗，難當大敵。因此在最初的六、七年中，曾國藩雖然爲自己建立了一點聲望，而來自各方面的挫辱和打擊，也不是常人所能忍受的。

咸豐四年，曾國藩初次出師圖援湖北，行至岳州，猝遇大風，沉沒船隻數十號，勇夫落水淹死的也不少，軍中士氣頗受打擊。陸師王錱一軍，行至羊樓司，與太平軍遭遇，大敗而回（王錱所招湘勇，不用曾國藩營制，有獨樹一幟的意思）。此時又以上年在衡州時，奏請以楊健入祀鄉賢祠一案，部議革職，奉旨改爲降二級調用。①曾國藩任勞任怨，爲清廷賣命；結果爲了一點小事，竟遭到如此嚴厲的處分，其內心的沉痛，是可想而知的。所以當四月初二日親率水師於靖港出戰太平軍，遭受挫敗時；他逆料清廷必將科以重罪。展望前途，大局已毫無希望。於是縱身投水，圖以一死超脫自己。然而連續兩次，都被左右救起。幸得陸師塔齊布大破太平軍於湘潭，殲斬達數千人。得此捷報，國藩才打消死念，重新振作精神，部署再戰。此後湘軍作戰頗有進展，聲譽日起，而清廷爲了抑制漢人，卻還不時蹈瑕抵隙，找點小毛病來挑剔責難一番。例如八月間曾國藩軍克復武昌，有旨授湖北巡撫，國藩上摺固辭。這本是曾氏謙退的表現。清廷卻惱羞成怒，降旨准辭巡撫而責其摺中不具巡撫官銜，有「違旨」之罪，著嚴行申飭。令人覺得荒謬可笑。是年十二月，湘軍水師攻太平軍於湖口，舢板船駛入內湖，被阻不得出。周鳳山陸營又敗。二十五日夜間，曾國藩大營遭受偷襲，連旗艦（座船）都被太平軍擄了去，文書密件盡失，國藩幾乎被俘。幸亂中有人駕一小船，救出國藩，避入岸上陸營，才免於難。連番挫折，使國藩愧憤不已；立即騎上戰馬，要衝入敵陣，壯烈地戰死。羅澤南、劉蓉等一班將領幕僚，拼命勸阻才罷。此時湘軍主力全在江西，例當以江西財源，全力支援湘軍軍餉。江西巡撫陳啓邁，也是湖南人，又與曾國藩是同榜進士，翰林院同事。憑著這樣深厚的關係，照理應該更容易合作才對。然而事實卻大爲不然：陳啓邁並不感謝湘軍爲他守土保官的功勞，反而處處與湘軍爲難，拒不供應軍餉。曾國藩當時只是以「兵部侍郎督辦軍務」的身分在江西作戰，本身不負行政責任，沒有地盤。軍餉的來源，全得仰賴江西及其他省分解款接濟。現在地主省分都居然拒絕供餉，湘軍的生存，便立即感受到威脅了。這時又發生萬載知縣李峼與舉人彭壽頤因辦理團練不和，互相糾控一案。經曾國藩查得李峼有受人賄賂，棄城逃走等罪；而彭壽頤卻爲人剛直，辦理團練，也頗具才華。可是陳啓邁卻有意曲庇李峼，而加罪彭壽頤。曾國藩也不想與陳發生正面衝突，於是面商陳氏，咨調彭壽頤至軍營效力。用意不過想藉此平息李、彭的控案，化紛爭於無形而已。不料陳啓邁卻認爲國藩干涉了他的政治權力，勃然大怒。不僅拒絕了彭壽頤的調用曾營，反命按察使惲光宸將彭逮捕下獄，用刑迫供，坐以誣告之罪。這分明是要給曾國藩難堪了。國藩至此忍無可忍，也光了火，立即具摺參了陳啓邁一本。臚列陳氏諸項劣跡，請旨懲處。這時江西、湖南、湖北三省地盤，清廷全仗曾國藩支撐。得奏不敢遲疑，立將陳啓邁、惲光宸先行革職；所參各案，著新任巡撫文俊查奏。一年以後，文俊覆奏，詞頗含混敷衍，陳氏被飭回籍了事。見得清廷並沒有採信曾國藩的彈劾。其革退陳啓邁，不過是惟恐曾、陳不和，影響戰局而已。

咸豐六年（一八五六年），湘軍在江西作戰並不順利；其主要原因在於兵少力分，顧此失彼。前一年，陸軍名將塔齊布病故軍中，曾國藩如喪一臂。接著羅澤南奉命赴援武昌，彭玉麟馳往臨江；陸師一分爲三，水師也分爲內湖與外江兩處。周鳳山接統塔齊布的部隊，大敗於樟樹，南昌省城因而告急。曾國藩飛函向湖北、湖南兩處求援，又往往被太平軍中途截獲，機密盡洩。是年二、三月間，江西十四府州之中，府城八座被太平軍所佔，州縣城邑五十餘處，皆告易手。而湘軍另一大將羅澤南，又於三月初攻武昌時受傷而卒。各路援軍遲遲方到江西。是年九月，李元度大敗於撫州。十月建昌圍城，清軍也爲太平軍所破，福建援軍被逐回閩，曾國藩坐困南昌，局勢相當危急。南昌省城的官紳們，對於國藩議論紛紛，譏彈備至。後來幸得廣東援軍進入贛南，解了贛州的圍。湖北方面，胡林翼也派兵數千來援。湖南則有曾國荃、黃冕等募得湘勇三千餘人，由南路直趨吉安。這幾支軍隊，作戰頗爲得力，迭復要城。到了這年冬天，才把局勢穩住。

七年（一八五七年）二月，曾國藩因父死丁憂回籍，在家守了一年多的孝。這是咸豐三年出山治軍以來，最爲悠閒的一年。在這段時間內，他一手訓練出來的湘軍，戰績卓著：九江、湖口相繼克復，長江中游全歸清軍控制；江西境內的太平軍，漸被肅清，奠下了克復安慶和金陵的勝利基礎。而檢討湘軍之所以能獲得上述諸戰果，主要還須歸因於六年八月間太平天國發生嚴重的內鬨，天京諸王互相殘殺，領導失去重心，才予湘軍以可乘之機。

不過，清軍的作戰前途，仍是艱困重重。石達開所部太平軍，轉戰東南各省，使清軍疲於奔命。李秀成活躍於江、浙、皖、贛，陳玉成則馳驅於江北皖、鄂地區，每予清軍重創。咸豐八年六月，曾國藩被命再出，續於江西領導湘軍作戰。湘軍之在江西，雖有守土卻敵之功，然與各地鄉團卻積不相能，常常被團丁伏擊截殺，竟至數十數百地被消滅。又逢疫癘流行，營中軍士紛紛病倒。是以曾國藩重至江西以後，深感諸多棘手。九月間，安徽傳來敗訊：李續賓、曾國華於三河鎮被陳玉成擊敗，全軍覆沒，李、曾以下，湘軍官兵陣亡六千餘人。這支軍隊是湘軍的精銳勁旅，被殲以後，全軍爲之震動。景德鎮一帶的湘軍，也連連失利。幸賴曾國藩與胡林翼等竭力挽救，大局才得粗定。而這時的曾國藩，忽而奉命援浙，繼又改令赴閩；未幾又著籌援安徽。及石達開有由湘入蜀之勢，朝旨又令前赴四川夔州扼守；同時更著分兵協防湖南、安徽，並留兵防守江西。朝令夕改，雜亂無章，幾使國藩無所適從。他自知因無固定地盤，只好由人擺佈，精神極感苦惱。

咸豐十年（一八六〇年）閏三月，江南大營再度大潰，和春、張國樑皆戰死。蘇州、常州接著也落於太平軍之手，巡撫徐有壬死之。杭州又被李秀成攻破。東南全局糜爛，清廷環顧內外，除曾國藩之外，已經沒有可望支持殘局的人。萬般無奈，只好起用曾國藩署理兩江總督。至此國藩才開始掌握地方實權，有了自己的地盤，不再寄人籬下，可以放手作軍事佈置了。不過這年十一月，曾國藩仍被太平軍三路包圍於祁門，一度對外音訊斷絕；江西供應祁門大營的糧道，也因爲浮梁的失守而被截斷。曾國藩急得晚上不能入睡，甚至不住地求神問卦。幸得部將張運蘭、劉松山擊敗太平軍劉官芳等於羊棧嶺，接著左宗棠在貴溪、景德鎮、德興、婺源等處也連破太平軍，後路糧道復通，祁門大營才得轉危爲安。這時有人勸曾國藩放棄由皖南山路進規江南的計畫，改由長江進兵。如此既不必進出險地，又可與水師相呼應。或者暫時退入江西，徐圖再舉。曾國藩怕稍露退意，會動搖軍心；所以堅持原定作戰計畫，由休寧進取徽州。不料第二年三月，正當國藩調動九千大軍，分兩路進攻徽州時，唐義訓一軍攻勢頓挫，景德鎮重被太平軍奪去，曾國藩大軍糧道又斷，再度陷於重重包圍之中。時徽州附近的太平軍，足有二、三萬之眾，約三倍於曾軍。國藩見勢不利，退守休寧。太平軍乘勝追擊，國藩續退祁門，浩然長嘆，援筆作遺書，已經作殉難盡忠的準備了。這時又虧左宗棠大破李侍賢於樂平，續於景德鎮、鄱陽一帶連戰皆捷，祁門後路餉道復通，才解除重圍（後來左宗棠的輕視曾國藩，想來和這兩次祁門之圍不無關係）。曾國藩遂幡然變計，改由長江進兵。

咸豐十一年（一八六一年）八月，曾國荃攻下安慶，長江千里，已全歸湘軍掌握。曾國藩分兵三路，直指江浙地區，準備給予日就衰微的太平軍最後致命一擊。可是曾國藩所遭遇的困難，仍是紛至沓來。先是最能與他合作無間的湖北巡撫胡林翼，積勞病死。頓使國藩失去一個最有力的伙伴，未免平添後顧之憂。國藩為之徹夜不眠。而三路東向的大軍，只有曾國荃一軍，因為是親弟弟，始終聽命於他。其餘李鴻章與左宗棠兩路，都時時表現不合作的態度，使國藩傷透腦筋。

李鴻章與國藩有師生之分，李之組成淮軍，完全秉承國藩的指示；初期淮軍的營制營規，全部仿照湘軍。國藩並且調撥部分湘軍官兵，交與李氏統帶，以助成軍。李鴻章可說是由國藩一手培植起家的。然而到了上海之後，李氏稍能立腳，便想脫離曾國藩的約束，自立門戶了。國藩遣他招募淮勇赴援上海，主要目的之一，是讓他掌握上海豐富的稅收，支持湘軍的餉糧。不料李鴻章從同治二年（一八六三年）起，對於曾氏兄弟的索餉要求，便常藉口種種困難而大打折扣，彼此鬧得很不愉快。最使曾國藩傷心的，是李鴻章借調湘軍一支水師

（黃翼升部）至下游協同作戰，頗具戰績。國藩想抽調回來助曾國荃攻打金陵，屢次徵調，李鴻章都堅留不放，國藩深表不滿。李氏竟寫信恐嚇他的老師：「您要是再堅持調黃軍回去，將來您一定會後悔的。大局一壞，到時候只怕老師會像李斯一樣，難免有『東門黃犬』之嘆了。」②曾國藩接到這封信，氣得臉色大變，立即親自起稿，具摺參辦李鴻章。幸而李於這時克復蘇州省城，立下大功，國藩才被迫毀去參稿；也避免了師生的公開決裂。

左宗棠也是曾國藩一手提拔起來的。幾年前，左在湖南遭人控告，幾乎被判重罪；曾國藩曾出大力營救。案件化解之後，國藩又將左羅致軍中，讓他擔任重要工作。隨即命左宗棠統軍獨當一面，對太平軍作戰。及宗棠到了浙江，立下戰功之後，漸漸地也和曾國藩大唱反調了。同治三年（一八六四年），竟公然與曾絕交，從此終身不相往來。甚至常常當著賓客僚屬的面，漫罵曾國藩，使聽話的人都感到受不了。另一個由曾國藩培植起來的江西巡撫沈葆楨，則為了與國藩爭奪江西的漕折和厘金，也翻臉成仇，騰章互控，幾乎使曾國藩下不了臺。

曾國荃圍攻金陵的軍隊，雖不發生不聽指揮的問題；然而頓兵城下日久，師老兵疲，軍餉不繼，軍心士氣日漸渙散，也使曾國藩憂心忡忡，日夜焦灼。同治二、三年間，金陵城外的湘軍，因為糧餉缺乏，每天喝稀飯度日；幾個月不發餉，更是常事。曾國荃對那些家鄉子弟兵，漸感難以約束。他們甚至發生把營官捆綁起來，勒發欠餉的暴行。至於搶掠平民、奸淫婦女的事，也層出不窮。曾國荃拿不出糧餉來解決問題，自感無顏以對部屬，只好置之不問。心中焦慮，漸漸憂急成病。消息傳到安慶，曾國藩一面擔心弟弟的病體，不能支持；軍紀敗壞的圍城湘軍，隨時有叛變崩潰的可能；一面還要承受來自清廷的猜疑、言官的謗劾、僚屬的離心等等打擊。當時湘軍的缺餉，不僅限於金陵的曾國荃軍，其餘各部也很嚴重。大營所設山內糧臺，竟遭駐守附近的兩營湘軍，自行搶劫一空。國藩身體素來孱弱，至此鬱氣中結，舊疾新病，一齊併發；飯後嘔吐、牙痛、頭腦暈眩、手腳抽筋，痛不可忍；至於不能工作，迫得只好奏請給假調養。

同治三年春夏間，清廷朝野對於曾國荃能否攻下金陵，十分懷疑，紛紛主張讓李鴻章的淮軍前往助攻。甚至在江北的富明阿，也想前來分一杯羹。曾國荃認爲自己拼死拼活，苦戰多年，圍攻金陵也近兩年；太平軍只剩孤城一座，外援斷絕，城破已是指日可待的事。這時讓他人來就現成，分去一分「克復僞都」的大功，實在心有不甘。所以起初堅拒李鴻章等人前來助攻。及至四月間，常州、丹陽等處依次被李鴻章攻下；江浙境內，除長興、湖州尚有太平軍殘部苦守之外，金陵已是孤立無援。五月初，清廷再施壓力，下旨令李鴻章速帶炮隊，剋日前往金陵，與曾國荃會同攻城。曾氏兄弟無可奈何，只好勉強同意。但曾國荃一面將軍機處轉來諭旨遍示諸將，大呼：「我們這幾年的血算是白流了，別人就要來分我們的功勞了！」一面致信李鴻章，表面上是請李快一點來，而信上卻十分露骨地表示：「金陵所缺，在餉而不在兵。」李鴻章得了此信，自然不敢因貪功而得罪曾家。於是藉口要先攻長興、湖州；又稱「暑熱不利用火器」，故意遲遲其行。這才免去一場曾李內爭。而曾氏兄弟因此而遭受各方面的責難，卻與時俱增。種種流言蜚語，使曾國藩感到心灰意冷，並幾乎使曾國荃的病體支持不住。

①楊健爲已故湖北巡撫，衡州人。曾國藩辦水師，楊健的孫子楊江捐助軍餉二萬兩。國藩因而奏請准許楊健入祀鄉賢祠。這原是無關痛癢的小事，竟奉旨交都議處。部臣希旨，議以革職上奏。後雖改爲降調，究竟是小題大作。清廷的意思，無非要顯示一點威力，以圖加強對湘軍的控制而已。

②李鴻章這封信，他的朋僚函稿中未見。趙烈文《能靜居日記》（同治二年八月初九日）曾透露大意。按：「東門黃犬」的典故，出自《史記．李斯傳》：李斯爲趙高所陷害，父子論斬。臨刑時，李斯對他兒子說：「我想和你牽著黃狗，出上蔡東門去打獵的日子，再也不可能有了。」

七、「聲滿朝野」與「寂寞遭遇」的兩面

自從咸豐六年（一八五六年）「天京內閧」以後，太平天國的滅亡命運已經註定。其所以又拖延了八年之久，才告平定，全由於清朝在各方面所犯的錯誤造成。①曾國藩在祁門受挫之後，變更戰略：以湘軍主力沿江而下，直搗太平軍根基地——金陵（天京）；左宗棠出浙江，穩定湘軍側翼，保護餉源；李鴻章別募淮勇，逕至上海，與外人合作，回師西向，與正面湘軍取包抄夾擊之勢。如此乃使太平軍地盤日漸縮小，終至只剩金陵孤城一座，困守無援。於同治三年六月十六日（一八六四年七月十九日），被曾國荃所部轟塌城牆，攻入城內，太平天國遂告滅亡。

金陵既克，曾氏兄弟的聲望，可說是如日中天，達於極盛。曾國藩被封爲一等侯爵，世襲罔替；曾國荃一等伯爵。所有湘軍大小將領及有功人員，莫不論功封賞。上焉者，位至封圻；次焉者，也官授道、府、提、鎮，或其他職位。時湘軍人物居督撫地位的便有十人，長江流域的水師，全在湘軍將領控制之下，曾國藩所保奏的人物，無不如奏除授。

然而這一切，都祇是表面的榮耀。骨子裏，曾國藩兄弟所面臨的，是無數波濤洶湧的暗流。這些「暗流」的產生，有的是因爲滿漢種族的歧見，有的是出於「酸葡萄」心理，有的

起於私人利害衝突，有的則歸咎於湘軍本身的因勝生驕，敗壞軍紀。

首先是金陵克復後，清廷據人奏報，城中有豐富的金銀財寶，應令攻城將領獻歸政府。清廷自太平軍起事以來，便在財政上遭遇到極大的困難。十幾年來，從中央到地方，一直都在挪移補綴，挖肉補瘡過日子。同治三年克金陵時，單是湘軍一處，待發的欠餉已將近五百萬兩。而全國文武官員的薪俸養廉，早已七折八扣，不能按規定發放。北京城裏靠政府養活的旗人，窮得連衣服都沒有穿；因迫於飢寒而跳御河自盡的，日有所聞。當清廷聽說金陵攻破，可以得到不少財物時，便禁不住「食指大動」了。是年七月，降旨令查明金陵所得財物，報部備撥。這一來，可真把曾國藩難住了。湘軍攻下金陵時，軍紀亂到極點：官兵們全把職責拋到腦後，日夜忙於到處搜刮財物。連文書先生、伙伕都紛紛進城去大發「橫財」了。弁兵們肩挑背負，大箱小籠，絡繹於途，真像是「螞蟻搬家」一般。所有太平天國的王府和衙署，莫不洗劫一空。有的臨了還放一把火，連房子都燒了。自曾國荃以下，幾乎人人各有所獲（少數文職人員例外）。這時候要讓大家把掠奪品「吐」出來，繳還公家，簡直是不可想像的事。可是，若說攻下金陵，太平天國庫中毫無金銀積聚，那是三歲孩子也不會相信的。曾國藩幾經熟慮，只得含混其詞地覆奏：「僞都中只有私藏，並無公款。勇丁們所擄財物，多寡不齊，難以清查。如果要勒令他們繳出來，只怕所得無幾，反而有失政體和軍心。」因而請求免究免繳。事情到此地步，清廷自然不便再加追問，也就不了了之。然而曾國荃的貪名，從此喧騰眾口；曾國藩的「包庇」罪名，跳下黃河也洗不清了。②

曾家的麻煩還不止如此。國荃初次向清廷奏報克城情形時，摺中有幾句話：「金陵城範圍太大，搜捕的工作很難周全。臣一度離城，趕回城外老營。城中賊酋，也許有少數漏網的。自當督率各軍，奮力追殺。」這原是爲了克城那幾天，湘軍大小官兵，全體出動搶擄婦女財物，造成一片混亂；太平軍有幾千人乘亂突圍而出，無影無蹤。曾國荃和幕僚們逆料其中一定有重要分子。商量結果，乃有這一段交代，預留將來脫卸責任的餘地。不料清廷接獲奏報，大爲震怒，嚴詞譴責曾國荃疏防縱敵，不應該在未能確切控制金陵城的時候，貪圖安逸，趕回老營去休息。國荃接到廷寄，氣得七竅生煙。可是皇帝的責怪，即使再無理也得接受。無可發洩之下，惟有遷怒於替他起草奏摺的趙烈文，措辭不慎，給他惹來這樣的煩惱。一時曾、趙賓主之間，感情惡化，幾瀕破裂。③

太平天國忠王李秀成，被方山居民於城外逮住，解交曾國荃軍中。部將蕭孚泗等爲了冒功，卻揑報是他們派兵拿獲的；並且把解送李秀成的鄉民們綁起來拷問，勒索李秀成隨身所帶金銀珠寶。與這事有關的將領兵弁，不是曾家的親戚，便是鄰里鄉親；國藩兄弟明知蕭孚泗等人的胡作非爲，大損湘軍聲譽，也只好眼睜眼閉，置之不問。而這事傳到外面，眾口喧騰，曾氏兄弟又成爲眾矢之的了。

當時朝野都以爲李秀成是太平軍高級領袖，理應獻俘京師。而曾國藩兄弟卻因爲李秀成知道的事情太多了，解到北京，湘軍一切不太光榮的事跡，勢難掩飾（尤其是關於金陵財物積聚的事），又將貽人攻擊口實，生出無數波瀾來。因此不顧朝旨的勒令，同僚的勸說，毅然「先斬後奏」，迅雷不及掩耳地先把李秀成殺了，然後再向清廷解釋原因，清廷照樣只好承認既成事實。然而攻訐曾氏兄弟的流言滿天飛。諸如「殺人滅口」、「專橫跋扈」之類的指摘，不一而足。甚至有人認爲李秀成並沒有死，曾國藩所殺的只是替身而已。清朝爲此還特地派大員到南京進行過明查暗訪呢。

更有一事，也使曾國藩十分難堪；金陵城破之後，國藩根據國荃報告，曾向清廷奏報：城內太平軍，或揜斬，或自盡，或追殺，無一漏網。幼主洪福瑱則死於亂軍之中。不幸幾個月之後，江西巡撫沈葆楨卻奏報拴獲自金陵逃出的幼主洪福瑱、干王洪仁玕、衈王洪仁政及昭王黃文英等一干太平天國高級領袖；據供同時逃出金陵的，不下數千人。這一來，已足證明曾國藩從前的奏報，是虛僞不實的了；至少應負「失察」之過。要不是有克復金陵、蕩平大亂的大功，這「飾詞入奏，鋪張戰績」的欺罔罪名，曾氏兄弟是逃不了的。雖然清廷不便明顯地加罪，而來自各處的冷諷熱嘲，也是夠使人難堪的。第二年，起居注官蔡壽祺竟引此事而彈劾曾國藩。是否出於清廷的授意，不得而知；但蔡壽祺以一個小小的起居注官，居然敢彈劾功業正盛的總督大臣；倘非「見風使舵」，是難以想像的。如此則北京朝廷對於曾國藩的信任程度，已足可使人懷疑了。

清廷對於曾氏兄弟明加封賞，在骨子裏卻是疑忌橫生，猜防備至。這對於一生以克己自持，謙退爲懷的曾國藩來説，並不難逆來順受，加倍小心翼翼；可是天生火爆脾氣的曾國荃，就嚥不下這口寃氣了。首先，他向清廷託病，奏請開缺回籍調理（在清代，這是臣工們遭受委曲時，唯一表示不滿的抗議方式），清廷略示敷衍之後，竟諭令「照准」，連一句表示溫慰的話都沒有，僅賞給人參六兩而已。曾國荃感到滿腔寃憤，無處發洩。當同治三年九月初，曾國藩由安慶再到南京，住進剛修建完成的總督署時，羣僚畢賀，冠蓋雲集；曾國荃竟在大庭廣眾之下，厲聲指摘清廷功高賞薄，是非不分，一時聲淚俱下。曾國藩在傍制止不住，窘急得無地自容，尷尬萬分。

這時太平軍雖然漸被消滅，而黃、淮一帶的捻軍，卻勢力轉大。部分太平軍餘黨，也與捻軍合流。捻軍的作戰方式，與太平軍大不相同；他們以騎兵爲主，來去迅速。專門避實擊虛，不與清軍主力作硬碰硬的正面拚鬥；也很少久守一地，與清軍作陣地爭奪戰。捻軍馳驅於黃河中下游及淮河流域的平原上，慣用偷襲埋伏等游擊戰術，以暗擊明，以大吃小，使清軍防不勝防，損失慘重。同治四年（一八六五年）四月，剿捻統帥僧格林沁在曹州中伏陣亡，清軍士氣大落。清廷乘機以「剿捻」的名義，降旨將曾國藩調離兩江任所，著赴山東一帶，督兵「剿賊」。而這個時候的曾國藩，卻幾乎是無兵可用。金陵湘軍，去年克城之後，已裁遣殆盡；所餘不過少數親兵及皖南北兩岸防軍，總數八千人而已。其中多數都在待命遣散。及聞曾氏被北征之命，湘軍官兵怨聲四起，堅決拒絕繼續留營，尤其不願渡江遠征；只有張詩日一營五百人，願意隨行。曾國藩起初上摺，請專防齊、豫、蘇、皖四省十三府州之地；附片卻稱「精力日衰，不任艱巨」，請求另簡知兵大員，督辦剿捻軍務，自己願以閒散人員身分，在軍中效力。他這一請求，自不爲清廷所接受。因爲這時候清廷對於曾國藩，儘管疑忌重重；而面對聲勢正盛的捻軍，捨曾、李等少數討太平軍的將領之外，別無所恃。國藩辭之不獲，只好統率未裁及新募的湘軍六千人出征。其餘留在江南的湘軍，悉數裁遣回籍。他到達蘇、皖、魯前線之後，遂不能不倚賴李鴻章的淮軍爲作戰主力。這時李鴻章奉旨代理江督，支援前線的曾國藩作戰。國藩乃奏調李鴻章的兩個弟弟（李鶴章、李昭慶）隨營服務，以加強李鴻章對前線軍事的關切，而免重蹈過去攻太平軍時不能相顧的覆轍。

曾國藩在江北與捻軍纏鬥了約一年半的時間，結果竟毫無建樹。同治五年（一八六六年）十月，不得不自承失敗，奏請另簡欽差大臣接辦軍務，並自請開革官職及封爵。清廷乃令其回任江督，而改以李鴻章出討捻軍。

曾國藩討捻軍事之所以失敗，基本原因有二：一在於戰略和戰術上的錯誤。他對付捻軍，用的完全是打太平軍的老辦法：步步爲營，穩紮穩打。他的口號是：「以有定之兵，制無定之寇。」因此他在各關津要隘，廣建碉堡。希望以靜制動，打敗捻軍。殊不知他這一套戰法，不僅耗時費力，並且很少發揮效用。主要是因爲捻軍以騎兵爲主，行動迅捷；黃淮地區到處地勢平坦，根本很少險要可守，碉堡限制不了捻軍的活動。清軍因爲有了碉堡陣地可守，反而失去了機動性，時時處於挨打的地位。因此在整個戰場上，捻軍是主動，而清軍卻是被動的。過去打太平軍，曾國藩採「持重」戰術而達到「制人而不制於人」的戰略目標；現在討捻，卻由於「持重」戰術而「受制於人」了。二在淮軍不是曾氏嫡系軍隊，使曾氏感到指揮不靈。淮軍的成立，雖然當初也是奉國藩之命而招募的，但由於其「私軍」色彩遠比湘軍濃厚，他們只服從直接創辦人李鴻章的調遣，不太願受他人的節制。對於曾國藩的命令，類多陽奉陰違，使國藩感到無可奈何。國藩這時候才深悔過早裁遣湘軍，致使自己無兵可用。因而興起「聚九州之鐵，不能鑄此大錯」的嘆息。

討捻軍事的失敗，對於曾國藩的聲望，自是一次嚴重的挫折。曾氏不能自安，屢次上疏請辭卸江督的官職。清廷內亂方殷，倚賴國藩的地方正多，於是迭次溫詔慰留。但爲了抑制漢人疆吏的氣燄，仍暗嗾言官們交章彈劾曾國藩「師久無功」，請量加譴責。滿清當局又矯揉做作地爲國藩辯解一番，以示「矜全」。國藩於是越發輾轉難安，比以前更是兢兢業業了。然而清廷對於他的久任江南，畢竟難以放心。同治七年（一八六八年），明昇暗降地把他調爲直隸總督。表面上，直隸是畿輔要地，比兩江更爲重要；而實際上，曾國藩的勢力基礎全在三江兩湖區域，一到直隸，便全無依傍，一言一行，都在清廷伺察之下了；偶有不慎，更易遭受罪譴。國藩自知處境不利，只好加倍小心。北上之前，甚至連親信幕僚都一一遣散，輕車簡從入都。然而儘管這樣，同治九年（一八七〇年）的天津教案，仍使曾氏遭到另一次意外的打擊。

事情的起因，是天津境內謠傳法國教堂僱人誘拐兒童，挖眼剖心，配製藥物。天津知府和知縣誤信謠言，釀成對外交涉。法國領事豐大業（H.V. Fontanier）被憤怒的羣眾打死，其他各國人士也有死傷；並有幾處教堂、書院被焚。各國聯合向清廷提出抗議，要求懲兇賠償。清廷命正在保定臥病的曾國藩，馳往天津查辦。國藩到達天津，立即出告示：嚴禁莠民滋事，並查拿肇禍兇手。一面修復被焚教堂，一面上奏爲教士辯白，決無「挖眼剖心」之事，請求降旨昭雪。對於辦理不善的天津府縣，則請立予革職，交刑部治罪。但堅拒法國公使「將地方官議罪抵命」的要求。這一處置，即使用現代外交的眼光來看，也算得上冷靜而理智；既不授外人開釁的口實，也能不卑不亢，守住自主的立場。然而結果曾國藩卻蒙上了「軟弱懼外」的罪名。「清議派」對他的攻擊，不遺餘力；連湖南家鄉的官紳們，也羣起肆意詆毀他。曾國藩的聲望，一落千丈。最後被迫承認「舉措失宜，悔憾無及」。他給朋友寫信，也自責「辦理過柔，謗議叢積，神明內疚」；幾乎是無條件向頑固的守舊勢力投降了。

天津教案之後的曾國藩，在漢人中的聲望既已降至最低點，清廷對他的猜防之心倒鬆弛了許多。恰好此時兩江總督馬新貽被刺出缺，案懸未結。於是清廷命國藩三度回任江督，而調李鴻章接替他的遺缺。

重臨金陵的曾國藩，健康情形壞極了。同治九年在直隸時，右眼已經失明，左眼也視覺模糊；百計治療，皆告無效，至此知已無可挽回。閱讀的效果，減少到只有平常百分之二十。看過的文件，離手便「茫如隔世」。又常感頭暈目眩，精神渙散，無法工作；入夜難睡易醒，因此常覺疲憊不堪。在日記裏，不時流露出「既不能死，又不能活得和常人一樣」的苦惱。這種「半殘廢」的抑鬱生活，不到兩年，終於「油盡燈枯」，曾國藩以並不算高的年齡（六十二歲，實際是六十一歲不滿），便離開人世了。

①　清方所犯錯誤很多，內情複雜。因離題稍遠，不便詳論。今只舉出最重要的兩件：⑴沒有及早重用曾國藩等漢人。⑵不應該輕率地挑起英法聯軍糾紛。

②　參見《能靜居日記》同治六年七月二十日。又王闓運《湘綺樓日記》同治八年正月三十日也記道：「江寧城克復之後，朝廷並沒有要求繳交所擄財物，而曾國藩上奏『一無所有』，豈不是『此地無銀三百兩』麼？」王氏說清廷沒有要求財物，自是不明事實。而他不信曾氏兄弟於財物一無所染，則是當時朝野共同的看法。

③　照趙烈文的說法，奏摺中受清廷指責的幾句，是曾國荃自己親筆所加。趙氏還勸止過，國荃不聽。見《能靜居日記》同治三年七月初五日。

八、推動中國近代化的巨輪

自從鴉片戰爭中國失敗以來，有識之士已經體認到：中國各方面都需要徹底改革，否則難以圖存。然而深閉固守的社會，虛憍自大的士大夫，腐敗無能的政府，共同形成了進步路上一道不可踰越的「天塹」；使任何改革行動，都似乎是寸步難行。道光末年，魏源在他所編《海國圖志》的序言裏，首先提出「師夷之長技以制夷」的口號，當時並未得到重大的反響。咸豐末年，馮桂芬寫了一部《校邠廬抗議》，進一步對於仿行西法，革除中國政治傳統上的許多積弊，提供了具體而有系統的方案。書印成之後，馮氏曾特地送了一部給當時的兩江總督曾國藩。國藩推許這書是「名儒之論」，但認爲書中的主張，多數難以實行。國藩之所以有這樣的看法，可能是基於對當時現實環境的瞭解，認爲在這樣的社會和政治背景之下，不可能作如此重大的改革。然而，在基本態度上，他已覺察到中國的積弱，的確有振作變計的必要。不過由於他接受的是傳統科舉教育，所經歷的環境，只限於國境之內；能影響他的師友，甚至見識還在國藩之下；因而使他在改革的步驟及方向上，不能形成一套清晰正確而堅定不移的方案；甚而時時還顯露出他對大局的認識，未免有所偏蔽。所幸國藩尚能隨著經驗的累積而逐漸自我修正，是以在促進晚清中國近代化方面，他仍是具有相當貢獻的。

例如咸豐十一年（一八六一年），恭親王奕訢等奏請以洋藥稅購買外國輪船鎗炮，用以攻剿太平軍，以期早日戡定內亂。有旨令曾國藩及官文、胡林翼（官爲湖廣總督，胡是湖北巡撫）等先行妥爲籌議，次第實施。國藩於是年七月的奏覆，卻認爲火輪船對於攻打太平軍，沒有多大用處。他說：「輪船鎗炮之所以被人重視，不過因爲國人震於其少見，遂使洋人得以炫耀罷了。」可是這事既創議於執政中樞的奕訢，又經皇帝批准期於必行；曾國藩自不敢加以否定，只好贊成購買。在同一奏摺中，他認爲只要買得若干西洋船炮之後，招募一批聰明智巧的本國工匠，加以仿造；一、二年之內，我們就可以與洋人共享船炮之利而並駕齊驅了。後來的事實證明：太平軍的平定，得力於西洋船炮的助力甚大（至少李鴻章的淮軍便是如此）；而仿造西洋船炮的工作，並不像他在衡州仿造廣東戰船那樣容易；耗銀千百萬，費時數十年，終清之世，猶未達到能與列強相抗衡的水準。國藩料事，顯然未盡透徹。

不過，曾國藩究竟是一位勇於實踐，並且肯虛心求進步的人物。頭一年，他還不以爲購買船炮是當務之急；第二年，他卻在安慶著手試造中國第一艘輪船了。有一次，他告訴幕僚們說：「中國要講求自強，基本要務，第一是革新政治，第二是訪求人才。而目下最爲急迫的下手工作，就是學會西洋製造船炮的技術。一旦我們學會了船炮的製造，那麼洋人的長處我們也有了。無論是與洋人和平相處或相互對敵，我們都可有所倚恃。否則，我們與洋人是沒有道理可講的。無論是仇視他們或感謝他們，終將落得一無是處。」國藩這一席話，大體上是有見地的，只是他把洋人的長處，看作惟有「船堅炮利」而已，則未免仍是當時一般世俗的看法了。

同治元年（一八六二年）七月，在曾國藩大力支持之下，幕客華蘅芳、徐壽等居然造成一部輪船發動機。試驗的結果，國藩大表滿意。他的滿懷興奮，在日記裏充分地流露出來：「洋人的智巧奇技，到底被我們中國人學會了。從此以後，洋人再沒有可向中國誇耀的東西了。」然而，事實並不像他意料中那麼簡單。從一部略具雛形的發動機到一艘可以行駛水上的完整輪船，中間還有一大段距離。後來，華蘅芳等雖然殫精竭慮，苦心經營，卻遲遲無法拼湊成一艘完整可用的輪船。他才知道自己把事情看得太容易了。

正當造船工作屢試屢敗，萬般焦急的時侯，華蘅芳等忽然想起了一個人——幾年前在上海認識的廣東人容閎。容閎是中國近代第一位留學生，畢業於美國耶魯大學（Yale University），不但精通英語，具有豐富的西洋學識；難得的是他具有一顆熾熱的愛國心，亟思以其所學，爲祖國效力。於是華蘅芳等共向曾國藩進言，請求羅致容氏前來，主持設立機器廠，於造船製器工作的推行，必然大有幫助。國藩聽了極爲高興，立著最早與容氏相識的張世貴與李善蘭，寫信速邀容閎到安慶來。容閎來到安慶，和曾國藩見過兩次面，國藩認爲這位青年幹練可靠，立即委派他赴美採購「製造機器的機器」，計畫將來設立一座機器總廠，由此而衍生各種軍火器械的製造分廠。國藩奏准賞給容閎五品軍功頭銜，並交付採購機器的價銀六萬八千兩。足見國藩對容閎的信賴和期許之深。

容閎赴美之後，安慶的造船試驗工作仍照常進行。到了同治二年十二月，終於裝配完成了中國造船史上第一艘火輪船。距離上年發動機的製成，已經整整地過了一年又五個月。這艘船的體積很小，船身僅長約二丈八、九尺（九公尺多），時速只有二十五六華里（約六．

七浬，可能是順水時速。按當時一般輪船行駛速度，約爲十五浬，最快的兵艦可達時速二十餘浬），曾國藩親自登船試車之後，再度燃起了希望的火花，認爲從此中國可以擁有真正的自造火輪船了。他爲這艘「模型式」的小輪船命名爲「黃鵠」號，意思是中國此後將「一飛衝天」，不必再雌伏在列強的腳底下了。他計畫照這艘船的式樣，加以放大，並大規模製造。可是後來發現：要造成與洋船並駕齊驅的真正現代輪船，技術上仍有許多無法克服的困難。而中國當時實在沒有足夠的財力，供作反覆試驗的經費；在時間上也是遠水救不了近火。因此後來安慶造船所並沒有實施擴大製造的計畫，連那艘已經造就的「黃鵠」號，也「鵠飛冥冥」，不知所終。無疑的，這次造船最後證明仍是失敗了。

這一連串的失敗，並沒有沮喪曾國藩力圖振作的意志。相反地，從失敗的經驗中，他更看清了中國自造輪船軍火的重要性。惟有中國自身具有這種能力，才能擺脫外國的挾制，達到自立自強的境地。①因此，他一方面期待容閎採購機器，早日回國；一方面也在尋找其他的機會，獲取生產輪船軍火的能力。同治四年（一八六五年），一個新的機會來了：李鴻章（江蘇巡撫）在上海購得英人鐵廠一座，其中設備，以造船機器爲生，附帶也有製造各種軍火鎗炮的機器。對於學習西洋造船製器，李鴻章的熱心，猶在乃師曾國藩之上。得了這座鐵廠之後，立即命名爲「江南機器製造總局」，將原先已經設立的兩所軍火局歸併入內，擴大製造的範圍和規模。曾國藩得到報告，很是高興，表示全力支持。不久，容閎自美國採購回國的機器一百多種，悉數運抵上海，國藩全數批交「江南製造局」使用。雖然廠中有的是造船機器，但由於經費及技術的限制，起初只能從事鎗炮軍火的製造。結果成績很好，產品與西洋不相上下。受到這一鼓舞，曾國藩、李鴻章於是決心更進一步，兼造輪船。同治六年（一八六七年）四月，曾國藩奏准年撥江海關洋稅一成（約二十萬兩），專供造船之用。一面加聘洋人工程師及工匠，指導華工製造技能；一面責成局內委員，朝夕討論研究，編譯圖書，謀求製造技術的改進。同治七年七月，第一艘局造輪船完工，費銀八萬兩，載重三百餘噸，逆水時速七十華浬（十九浬弱），順水時速一百二十華里（三十一浬強）。這是中國人自己製造成功的第一艘真正近代火輪船。曾國藩親自登輪，在長江中試航一遭，感到非常滿意，命名爲「恬吉」號。於是向清廷奏報造船及試航經過。清廷至爲興奮，降諭對曾國藩嘉獎備至。這一艘船是將輪機露出水面的明輪，從第二號開始，便改造暗輪。舉凡輪機、汽爐、船身及船上一切配備，完全由中國員工按圖製作；外國工匠僅處於諮詢顧問的地位而已。這所造船廠直到民國時代，仍在中國海軍的修造及維護艦艇工作上，擔任著重要的任務。

曾國藩又採納容閎的建議：於製造局之下，附設一兵工學堂，招收中國青年入學，學習機械工程的理論與實踐，培養各種工程師人才。局中另設「翻譯學館」，專譯有關製造機械船炮的西書。譯書的方式，多數是由局中所聘西人口述，然後由精通繪圖和算學的華蘅芳、徐壽等加以筆錄。譯成的書，即交局中印刷所大量刊印，應各方需索，廣爲散布。同治末年，已譯成書籍數十種；至光緒末年，則多達一百七十餘種。翻譯的範圍，也由製器船炮擴及各種自然科學與社會科學，乃至軍事、醫藥等書。國內各地對西學開始有所瞭解，大多數都是通過江南製造局所譯西書而獲得的。而這一點知識的種子，不能不說是曾國藩等人所播下的。

同治九年，曾國藩因天津教案而遭受極大的打擊。但即使在眾口交詆、心力俱瘁的情形之下，他仍念念不忘地想爲國家培植一批人才，奠立一點他日得以自強的根基。是年容閎向他提出一套選拔學生留學美國的計畫：初次試辦，以四年爲期；每年選派十二至十四歲的聰穎幼童三十名，共一百二十名，前往美國讀書。預定每人留學十五年，學成之後，依次回國服務。如果成績良好，以後即著爲定例，每年照數派遣。如此則中國今後富國強兵的人才，可以不假外求。曾國藩表示同意，隨即與江蘇巡撫丁日昌會銜入奏。及國藩回任兩江，清廷已批准留學計畫。曾國藩、李鴻章（湖廣總督）與容閎等乃酌定留學章程十二條，詳列招募學生、施教步驟、管理及經費等事項。雖然同治十一年春間，曾國藩不幸去世，但第一批留美學生三十人，仍於是年夏天由容閎、陳蘭彬等率領，啓程放洋。這一留學計畫，後來由於守舊勢力的阻撓破壞，未能貫徹。不過就在這一百二十名留學生當中，已頗造就了一些人才。例如唐紹儀、詹天佑、容揆、梁如浩、梁敦彥等，都是其中的佼佼者。而最重要的，是留學風氣的開創；它爲古舊閉塞的中國社會，開了一條道路，由這裏可以通往世界性知識的領域。日後中國士子出洋留學的爲數日眾，中國人的眼光見識，也爲之日廣。追本溯源，曾國藩等奠基的功勞，是不可埋沒的。

總之，曾國藩在同治年間，是中國「自強運動」的主要推動者。舉凡製造輪船鎗炮、翻譯西書、派遣留學生赴美的每一件工作，都憑著他的大力支持或指導擘劃，才得順利推動。這些工作，就當時而言，績效實在不很顯著；甚至由於甲申、甲午（一八八四、一八九四年）的兩次對外作戰失敗，有人還認爲「自強運動」是徹底失敗的。不過，誰也不能否認：「自強運動」所展開的每一件工作，影響都是非常深遠的。這些措施雖沒有收到「立竿見影」的功效，但至少已使停滯了數百年之久的老大帝國，開始舉步邁向近代化的道路了。

①同治元、二年間，曾發生「阿思本兵輪案」。即由於上文提到的奕訢等主張向外國購買輪船鎗炮而起。後由海關總稅務司英人李泰國（H. N. Lay）經手代向英國購買兵輪七艘，並聘請英海軍上校阿思本（S. Osborn）統帶中國海軍。照所訂合同十三條，阿思本享有指揮全權，不受中國節制，無異中國出錢爲英軍建軍。曾國藩爲首堅決反對，上奏「寧可全部兵輪不要，也不能接受這種合同」。幾經交涉，才得退回所購兵輪，收回部分價款結案。

九、學術與思想

曾國藩所處的時代，正值西力東漸，中國傳統社會遭受激烈衝擊，士大夫惶駭猶疑，不知何以自處的時代。十九世紀的中國知識界，遠承明代以來科舉八股所造成的狹隘思想，近受乾嘉考據、訓詁學風的影響，學術空氣呈現著一片偏枯的景象。車載斗量的讀書人，能夠窺見學術真面目的人，真是鳳毛麟角。而力能擺脫古聖先賢的桎梏，敢於自由思想的卓犖之士，則更是少之又少。曾國藩在未中進士之前，無疑也是把絕大部分時間置於鑽研四書五經八股制藝的典型狂熱者。可是他很幸運，在相當年輕的時侯，便到達了科舉功名的最高峯──中進士、點翰林。雖然還不能衝出聖賢的「牢籠」，卻已脫離了科舉考試的羈絆；使他有一部分時間和精力，可以一窺真正的學術領域了。道光二十四年（一八四四年），國藩寫信給他的幾位弟弟說：「我以爲六弟（曾國華）今年能中秀才固然好，萬一不中，也不打緊。應該拋卻那些八股時文，專心讀些前輩大家的文章。不要扶牆摸壁地把寶貴的光陰都耗在『截搭小題』上面。我早年也不懂得這些，幸而早得功名，才免受八股之害。如果到現在還沒有考中秀才，則幾十年的歲月，勢必也浪費在科舉制藝上面；到頭來在學識上卻是一無所得，豈不教人愧煞？八股誤人真是不淺啊！」這就是國藩在略窺學術門徑之後，「悟道」的證言。曾氏與其他多數功名人物不同的是，他出身純樸的農村家庭。因爲他不是縉紳世家的子弟，所以沒有紈袴習氣；那些與民生休戚無關的文章詩賦，雖也下過工夫，卻不能滿足他知識上的慾望。他來自民間，深悉民間疾苦；使他在潛意識中，無法自安於養尊處優的官宦生活。他時刻不忘，必須爲他的時代，爲他的社會，貢獻一點力量才行。這就是他在義理、詞章、考據之外，特別究心於經世致用之學（經濟之學）的根源所在。咸豐九年（一八五九年），曾氏作《聖哲畫像記》，所選古今聖哲三十三人中，清朝四人，爲首就是力倡經世之學的顧炎武。唐鑑明明告訴他：「經濟之學就包括在義理之學裏面。」可是他仍以爲「經濟之學」應另立一門，獨立於義理、詞章、考據之外。①這都可以說明這個從農村發跡的子弟，與衆不同：他認爲一個士大夫，除了會讀古書、會寫文章之外，也總得要能爲國家人民解決一些實際問題才行。曾國藩自從擺脫科舉八股的糾纏之後，本想專心一志地做點真正的學問；然而時代的動亂，迫使他中途棄文就武。無可避免地，多少減損了他在學術思想上應有的成就。從他統兵打仗以來，軍務的繁雜，環境的拂逆，不僅佔去了不少讀書做學問的時間；對於他的身體健康，更構成了無比的威脅。年未五十，便常常頭昏眼花，四肢無力；他自己覺得，衰憊之態，竟像七十多歲的人一樣。五十以後，身體情況更是愈來愈壞；在他的日記裏，充滿了因疾病侵襲而不能讀書做事的記錄。在這種情況之下，他只能在每天晚上，勉強勻出一小部分時間來看書和思考問題。這和其他學者終身全部時間用以鑽研學術相比，利鈍相去，自不可以道里計。不過，由於他的悟性高，更由於他超越常人的恒心和毅力，所以國藩在學術思想上的成就，還是頗有可觀的；並且在若干方面，足可影響後世。因爲受了中年以後事業和環境的影響，曾氏在學術上的成就比較有限；而在思想方面則比較突出。原因是學術主要源於書本，而思想的形成，除書本之外，更重要的是個人的天賦和歷練。對於後者，國藩是得天獨厚的。

曾國藩在學術上，小學、文學、理學、經世之學，都有頗足稱述的成績。受了乾、嘉學風的影響，曾氏在音韻訓詁及文字學方面花過不少功夫。他有一部較具分量的學術著作，叫做《求闕齋讀書錄》，分爲經、史、子、集四部，共爲十卷。經部的二卷，即以講求訓詁爲主，往往能發前人所未發，時有獨到的見解。他曾屢次寫信給他兒子，詳析小學家的流派，並且說：「要想看懂周、漢古代的書，不明小學，是無從入門的。」他對於漢、唐人的解釋古經，有頗爲中肯的評論：「漢人作傳作注，唐人作疏，缺點在於確守故訓，往往穿鑿附會，曲解古人的本意；他們的好處也在於確守故訓，不參以一己的私見，不妄爲古人立說。」在文學方面，國藩酷好詩和古文，這是他主要的興趣所在。在京官生活時代，他日常和知交好友在一起，詩、文永遠是主要話題，而且常相唱和。他對於古人的文章，傾心《左傳》、《莊子》、《史記》和《漢書》；唐宋諸名家，則崇拜韓愈、柳宗元、歐陽修和曾鞏；至於清朝，則以爲桐城派的方苞、姚鼐等，實集古文之大成，對於姚鼐，尤爲推服；國藩曾說：「我所以能夠粗懂一點文章，完全是受了姚先生的啓示。」後人論曾國藩的文章，稱他有「雄直的氣概，宏通的見識。」黎庶昌並且推崇曾氏「比姚鼐的規模更爲擴大。併立功、立德、立言於一途，又能兼取各家的長處。跨越歷代名家，上追兩漢三代，簡直是歐陽修以後的第一位文章大宗師。」黎氏對於他老師的揄揚，雖未免稍帶感情的味道；但認爲曾國藩足以紹述桐城而予以發揚光大，則是近代文壇多人共有的看法。曾氏治學，本從程朱義理之學入門，漸溯及以經學爲中心的「漢學」。他自己說：「國藩雖宗奉宋儒，也不廢棄漢學。」在宋明理學之中，他是傾向程朱而不滿於陸王的。尤其對於王陽明的「致良知」之說，曾痛加駁斥。他在爲唐鑑所寫的〈書學案小識後〉一文中說：「聖人的智慧，足以周知萬物；他們的才能，可使一切舉措得宜；可是他們並不敢執一己之心以爲是。必因萬物的種類不同，分別窮究它們的道理。如虞舜的好問好察，周公的日夜深思，孔子的好古敏求，顏淵的博學以文，孟子的集義，都是朱子所謂『即物而窮其理』的功夫。自陸象山提出『本心』的說法，王陽明便從而演繹出所謂『致良知』的學說來；說什麼『我心裏自有辨別是非的天然準則，不必支離破碎地求知於外在的事物』，這種論調真是荒謬極了。」不過，國藩在給友人的書信中，又說：「朱子之學是正宗，陸王之學也是不可偏廢的支流。」是則又認爲陸王之學也有相當道理了。

至於國藩所信奉的經世之學，則聽從唐鑑的勸告，專從研究歷史入手。唐鑑曾告訴他：「經濟之學，唯有向歷史上的古人學習。一切典章制度，都可以從歷史遺跡上去探索其利弊得失。」國藩一生都服膺著這些話。從道光二十二年十二月初七日起，他自立用功的新課程，規定自己每天必須讀史十頁，並加以圈點。而他生平的行事做人，也的確處處取法於古人。例如他創立湘軍，便自言是「仿效前明戚繼光及近人傅鼐的成法」。他又選擇古代最爲傑出的人物三十三人，著人一一爲之畫像。每四（五）人爲一組，各附短文一篇，簡述他們的功勳、事業、道德、學問，名之爲《聖哲畫像記》②，以作爲自己及後嗣行事、做人、治學的模仿對象。曾國藩對於我國的歷史，真像錢穆先生所說，是懷有莫大的「溫情與敬意」的（錢著《國史大綱》扉頁弁言）。基於這一點，他甚至產生一種信念：要解決中國的一切問題，基本上只有倚仗中國本身的歷史經驗才行。曾國藩最推崇《周禮》，他以爲這部書賅括了一切「體國經野」的典章制度。《儀禮》則是治國淑世的君子們，應該師法奉行的另一部經典。孔子生平最重視「以禮樂治天下」，因此國藩認定禮和樂是「經綸萬物，化民成俗」的寶典；他甚至相信：若能行古禮，便可以把國家治好；真正的古樂，能使「鳳凰來儀，萬獸率舞」。所以他給朋友寫信，認爲自己不懂古禮和古樂，是終身的大遺憾（〈覆劉霞仙中丞〉，《書札》卷二十七）。現在看起來，國藩這些想法未免太「迂」了一點；然而我們如果稍爲深入並設身處地分析一下，便知道這都是傳統歷史教育必然的結果。因爲中國歷史所給予他的教訓和啓示就是這些，我們沒有理由，期望他的見識能超出本國歷史經驗之外。筆者常想：假使讓孫中山先生接受同一教育，可能也會產生與曾國藩同樣的見解。

於正史各書之中，國藩最推崇《資治通鑑》，認爲是六經以外，不刊的寶典；經世致用，沒有比這部書更有用的了。至於《史記》、《漢書》以下各史，雖然也是「經濟」應該借鏡的典籍，但卻持著批評的態度而不盲從。如說《史記》是司馬遷借以抒發自身悲憤不平的作品（《求闕齋讀書錄》卷三），其中有些記述，也頗爲誇張不實。他不相信韓信「木罌渡軍」與「沙囊壅水」的故事，認爲事實上無此可能（《雜著・史書》）。他批評《漢書・陸賈傳》，妄改《史記》文字，致語意謬誤（《求闕齋讀書錄》卷三）。這些地方，都足以證明曾氏的史識，頗有可觀。

曾國藩又說：「天下應該考究的大事有十四件：官制、財用、鹽政、漕務、錢法、冠禮、昏禮、喪禮、祭禮、兵制、兵法、刑律、地輿、河渠；一律應以本（清）朝現有的典制爲基礎，而追溯以前歷代的沿革本末。前代的錯誤，我們可以改正；前代的缺漏，我們可以創造。」（辛亥七月日記）這不僅比「國之大事，在祀與戎」的眼光大了許多；和他同時代的一般士大夫相較，也顯得更留意切於實用的學問。尤其是他能提出改正與創新的觀念，見得曾氏心中，也知道不可盲從古人，典章制度有因時而變的必要。不過，他所提出的十四件所謂「大事」，並非件件重要，甚至有些已經陳腐落伍，理應淘汰廢除（如冠、昏、喪、祭四禮之類）。而他這一套概念，無疑又是從各朝正史、九通、《皇朝經世文編》等典籍得來的。他雖然知道不可盲從古人，卻仍無法突破古人的牢籠和拘勒。這不是他個人的過失，完全得歸咎於中國閉塞的風氣所造成。

在治學方法方面，曾氏也有他獨到之處。前文提到過的，他主張讀古書應從小學訓詁入手，已比宋明理學家空談「義理性命」更切實有用。此外，他認爲讀書要「三有」：有志、有恒、有識；爲學要有「四多」：多讀、多看、多寫、多作。多讀的書，需要精熟；其餘只要流覽涉獵一番就可以了。因此在數量上不妨力求其多，是之謂「多看」。這就是今人所謂「精讀」與「粗讀」，是相當可取的讀書方法。「多寫」是要多寫毛筆字，「多作」則是指寫作能力的培養。多練習作文，自然也是對的；至於要求每個人都多寫毛筆字，在當時也許有他的道理；但時至今日，便大有商榷的餘地了。國藩曾要求他的長子紀澤，每日須寫毛筆楷書一萬字。果真付諸實行，是相當費時的。即使是毛筆小楷，恐也要十個小時以上。不用說事事講求效率，分秒必爭的今日，就是科舉時代，也未必是聰明正確的做法了。他在家信裏曾經告訴幾位弟弟：「讀經有一『耐』字訣，一字不通，不看下句；今日不通，明日再讀；今年不精，明年再讀。」可是在另兩封家信裏，又說：「凡讀書有難解的地方，不必一定非弄得清清楚楚不可，也不必苦苦強記。但求從容涵泳，今天看幾篇，明天看幾篇，久而久之，自然就得益了。」這兩段話乍看似不無矛盾，但仔細玩味，前者是指讀「經」的方法，後者則泛指普通書籍；也就是國藩所謂「多讀」與「多看」的不同了。

曾國藩既是儒家教育培植出來的人物，所以在他的思想範疇裏，自然仍以儒家思想為主體。但他對於老、莊、墨、法等諸子的思想，也略曾涉獵。此外，對於曾氏思想曾發生過影響的，便是他的家庭、師友及其所厠身的社會。以下就從這幾條線索，來探討一下曾國藩的思想源流及其演變。

曾國藩是儒家思想的忠實信徒，這是眾所公認的。可是自孔子之後，迄於清代，儒家思想並非一成不變，古今如一；而是曾經無數蛻變過程的。秦漢以後，早已攙雜了許多非儒家的成分；甚至有些膽子較大的「儒者」，把自己「發明」的一些理論，依託附會在孔、孟的腳下，妄替聖人著言立說，那就距離孔氏門牆更為遙遠了。在這方面，曾國藩是有所選擇的。大抵他於孔、孟、程、朱諸人，是無條件服膺的；至於其他儒者，則或從或否，甚而有所褒貶。孔子在《論語》裏，曾把「禮」的地位擡得很高，曾氏一生，便把「禮」作為他思想上的中心所在。他在所撰〈江甯府學記〉一文裏，特別指出：禮是儒家教育內容的主體，先王制禮，是要將每一個人納入井然有序、各如其分的軌範之中。三代之士為什麼都能循規蹈矩?那是因爲人人都受教育,而教育則完全一本於禮的緣故。曾國藩雖然重視「儀禮」,但他心目中的「禮學」,實不限於「儀文之瑣」的表面禮節;而是總括一切「修齊治平」大道理的典章制度。所以他說:「古代學者,沒有什麼『經世之術』的名詞,只是學禮就行了。……自從司馬遷作《史記》,誤將禮書與封禪、平準等書並列;班固、范曄等循著這個錯誤,沿襲下來,遂使後人以爲『禮』就是一些尊卑上下之間,應接、燕享、喪祭等等活動的規範而已。杜佑作《通典》,大半的內容都是講禮的。這才算得到了先王經世治民的遺意。……本朝江永纂《禮書綱目》,秦蕙田修《五禮通考》,舉凡天文、地理、軍政、官制,幾乎無所不包,我很是信服。不過,秦氏書中缺少了『食貨』一門,未免是個遺憾。我有意蒐集鹽、漕、賦稅、國用等資料,就秦氏的書而加以補充。這不僅是爲了擴大自己的知識領域,更是因爲古聖人創立禮制,本來就是無所不容的緣故。」(《文集》卷三〈孫芝房侍講芻論序〉)又說:「古代的君子,……修身、齊家、治國、平天下,完全秉承著一個禮字。自內而言,除了禮,沒有道德可談;自外而言,除了禮,沒有政事可談。所以六官經制非常完備,而以《周禮》作爲書名。」(《雜著》卷二〈筆記·禮〉)

從以上所舉曾氏的言論看來,他的一切思想主體,可說完全繼承了儒家的衣缽,以「禮」統攝著個人修養及一切人際關係。曾國藩心目中的「禮」,簡直是「涵蓋萬有」;所謂「經世之學」,歸根究底,也只是一個「禮」字而已。

曾國藩另一個帶有強烈儒家色彩的政治思想,便是「人治主義」。他深信宦途的清濁、世風的隆汚,乃至軍隊作戰能力的強弱,無一不取決於人才的賢否——而且是取決於少數領導人物的賢否。類似的觀念，散見於他的書信、日記等處極多。他曾寫信給林秀山說：「法是靠不住的，可靠的是人。」（《書札》卷四）在給胡林翼的信上說：「觀察天下大局，已經無可挽回。如今你我所能盡力而爲的，惟有多引用一批正人君子，培養幾個好官，作爲將來起死回生的種子而已。」又說：「今天的局勢，如不從吏治人心痛下工夫，滌腸蕩胃，斷乎是不能挽回的。」「我公對於天下的貢獻，第一是整頓吏治，改變風氣。至於收復二千里的失土，還在其次呢。」（《書札》卷十二）曾氏這些言論，自然是孔子「人存政舉；人亡政息」說法的延伸（《中庸．哀公問政》）。他又相信居於上位的少數政治領導者，對於社會人心及政治風氣，具有轉移影響的極大功能。他說：「社會風俗的淳厚與澆薄，完全取決於一二人心的趨向。」接著他解釋道：「少數在位的當道者，如以仁義爲倡率，眾人必爲仁義犧牲生命，在所不惜；如提倡功利，則眾人也一定甘心死於功利而不悔。」國藩這番話，顯然又是孔子的「君子之德風，小人之德草，草上之風必偃」這幾句話的翻版（《論語．顏淵》）。

曾國藩既然如此強調「人」的因素，對於社會國家的重要性；因而對人才的識拔、培養、任用、考察，都下過一番工夫深入研究。結果形成一套頗具系統的人事政策，值得後世借鏡。

曾氏在人才的羅致方面，他認爲應多採獎勵的方法，人人自然樂爲所用。但人才不是天生的，大抵都要經過磨練得來。而且社會上上等賢哲之士，爲數絕少，這種人才是可遇而不可求的；中材之士，則比比皆是，可以因領導者的努力尋訪和培養而獲致。所以他主張：訪求人才的道路要廣，任用人才的態度要謹慎，並能常施教誨，嚴格無私地考核獎懲，則人才自然源源而至，不患「才難」了。他把上述原則歸納爲八個字：「廣收、慎用、勤教、嚴繩。」早年國藩用人，特別注重品德。無品者，雖才不用。他說：「人才的高下，看他的志趣所向就知道了。卑瑣的人，安於流俗庸陋的陳規，他們的品格，所以越來越汚穢低下；有志之人，常是追慕往哲前賢的傳業，所以他們的品德，能夠日趨高超。」國藩在給友人的信中，論到人才的基本條件，是「樸質廉介」四字。具有這種本質的人，再加上其他的長處，才算可貴。若是缺乏這種本質，縱有其他長處，也不足取。曾氏筆記中有〈才德〉一篇，文中雖主張才德並重，但若二者不可得兼，則寧棄才而取德。這是「唯德主義」的用人觀點。但是到了晚年，他這一態度已有相當修正。其所撰〈才用〉一文，便認爲用人不能唯德是崇，主要的是要能量材使器。譬如治病，倘藥不對症，再貴重的藥也沒有用；倒不如用能夠收效的低級藥品，反而於病有益。他自承早年好用忠實之流，臨老才省悟多是「藥不對症」。世人論人，好以「君子」、「小人」爲分際，曾國藩於此也有精闢獨到的看法。他寫給郭嵩燾的信上說：「官居高位的人，當以知人曉事（明理）爲職責。知人是不容易學的，曉事則可以從閱歷和努力獲得。曉事明理的人，無論對於贊成或反對自己的意見，都可以慢慢地開悟，達到和衷共濟。如不曉事，則挾私是謬誤的，秉公也不一定做得對；小人會做錯，君子也一樣會做錯。加上沒有知人之明，則更是背道而馳，永無和協成事之理。一般人常強調分別君子、小人的重要性，我則以爲天下沒有一成不變的君子，也沒有一成不變的小人。今日能夠知人曉事，就是君子；明天不能知人曉事，就是小人了。」這種論調，竟打破了「君子永遠是君子，小人永遠是小人」的成見，真是難能可貴。曾國藩既然認定大多數人是中材之士，君子小人沒有一成不變之理；因此他認爲人才可以藉陶冶而成。獎之以忠則忠，勉之以廉則廉；甚至卑瑣的人，在嚴格管理統馭之下，也能約束自己，不至爲非，進而發揮一技之長。端在居於領導地位的人，善用轉移之道，培養之方與考察之法而已。

曾國藩的思想，雖以儒家爲主體，卻也能兼取先秦諸子之長。在他日記中曾有這麼一段記載：「周末諸子都各有相當造詣。其所以不及孔子，乃是因爲他們非有所偏，即有所缺的緣故。我們如能把持內心像老、莊的虛靜，持身處世能像墨翟的勤儉，治民像管仲、商鞅的嚴整，而又不自是自滿；偏頗的地方，則加以矯正；缺略的地方，則加以補充。如此則諸子的思想，都可供我們師法了，斷不可輕言拋棄。」（辛酉八月日記）而事實上，他平日的爲人處世，也有很多取法諸子之處。他常說：「我生平立身之道，實以禹、墨爲體，以老、莊爲用。」曾氏咸豐初年在湖南辦團練，協助維持地方治安，曾實施「鐵腕政策」，以嚴刑峻法來懲處爲害地方的不良分子（見本文第五節）。他在〈勸誡州縣四條〉中，力主以管子、荀子、文中子的嚴刑主義爲理政聽訟的準則，效法子產、諸葛亮、王猛等人以嚴濟寬的作風，懲惡安良。這顯然受了法家思想的影響。

儒家思想的另一特色，是對「孝」字的重視。國藩對於孝的身體力行，也可說是終身不懈的。因此，他的祖父和父親，在他的思想上也有相當影響。本文在第二節中曾提到國藩的祖父玉屏，創立過一些獨特的家規。其中大部分爲國藩終身奉行不衰，少數礙於客觀條件的限制，則深感力不從心。例如玉屏家規中的早起、重視祭祀和敦親睦鄰，國藩一生實行最是努力；不信巫道和尚，也頗能恪守祖訓。惟有「命運風水」之說，生病延醫服藥兩件，國藩卻不能盡從他祖父的觀念而加以摒棄。咸豐八年（一八五八年），他在家守制時，認為他父母親墓地的風水不好，急求遷地改葬。至友郭嵩燾寫信勸他不必要，國藩回信說：人家都說他父母墳地犯了「兇煞」，不能不覓地改葬（《咸同中興名賢手札．致郭意城》）。而早在他祖父玉屏去世之前（道光二十九年三月），國藩給諸弟的信上，已明白表示：自從祖母下葬之後，家中添了三個男丁，自己升了內閣學士，官拜侍郎，曾國荃也中了秀才，證明他祖母的墓地確是大吉大利（《家書》卷三〈致諸弟〉）。同治六年（一八六七年），國藩曾向趙烈文談到早年拆除祁門城牆的一段故事：當他駐軍祁門時，聽得當地人說：祁門這座城是康熙年間興建的。自從建城之後，祁門就不曾中過一個舉人。國藩因見祁門四面都是山，城牆並無多大軍事價值，因令索興把城拆了，另建碉堡防守。拆城之後，祁門縣卻連年有人得中科名。國藩因道風水地理之說，畢竟是有的（《能靜居日記》，頁一九六八）由此可知，曾國藩本身是相信「風水」的；這完全是環境習俗使然。至於醫藥方面，因為他的身體一向多病，而生病、請醫生、服藥，社會大眾已公認是天經地義的事；況且因延醫服藥而治好病的例子，比比皆是，曾國藩實在難以冒著生命的危險，去遵守他祖父那有悖情理的「不信醫」家規。從道光年間的京官生活起，直至他去世為止，幾乎經常都在和醫生與藥物打交道。有關記錄，不勝枚舉。可是他在咸豐十年十二月二十日的日記裏，卻記載著說：「我祖父星岡公，生時不信醫藥、僧巫和地理先生，意志堅定得很。我們做子孫的，實在應該遵守遺訓才是。可是近年來，家中兄弟子侄們，對於上述三項都和祖父唱反調。我自己呢，不信僧巫和地理先生，倒頗能守住祖訓父訓，就是不能不信醫藥。自從（咸豐）八年秋天起，常服鹿茸丸，這也是不能繼承先人遺志的一件事。以後要逐漸戒除，並告誡諸弟，務要克紹家風才好。」從這裏，充分反映了曾國藩在思想上的矛盾；他自己是相信風水和醫藥的，可是祖父留下來的家訓，卻是明明禁止相信這些，這的確使篤守孝道的曾國藩爲難了。他之所以發生上述的思想矛盾，我們倒不能責怪他言行不能一致，因爲這純粹是時代環境所加給他的負擔。今天看來，他實在沒有承受這些矛盾和負擔的必要。但是在他那個時代，他是無可逃避，也決不敢逃避的。而事實上，時代環境加諸曾國藩的思想負擔，尚不僅限於上述小事；在許多方面，也都是如此。現在試舉數端爲例：

歷來學術界對於曾國藩的效忠滿清，消滅太平軍，頗有爭議。有人以「民族大義」責備曾氏，認爲他不應該助滿滅漢。有人卻爲他辯白，說曾氏的主要目的在扶持名教，保衛家鄉，保存滿清政權只是他達到目的的手段而已。章炳麟就曾經說過：「曾國藩這個人，捧他的人可以稱他爲『聖相』，抨擊他的人則罵他是『元兇』。實際上他只是一個熱衷功名而個性善變的人而已。剛進翰林院，便要求他弟弟們在聲律和書法上下工夫。及與諸名公巨卿相交接，又沾沾然沽名釣譽，重文而輕道。他打平太平軍，是因爲很多人的助力，經過多次試驗才成功的。他的志向，不過是想封侯拜爵而已。他的功業，頂多只能和唐朝的王鐸、鄭畋相比。……相傳鄭畋死後三十年，他的家人還說：『我的祖父是害民賊。』可悲啊，儘管是孝子賢孫，也不能改正祖先的過失了。」（《檢論》卷八〈雜志〉）章氏又責備曾國藩不乘消滅洪氏的餘威，剷除滿清政權。所以死後不免留下「惡名」（《檢論》卷九〈近思〉）。孫中山先生也說：「曾國藩、羅澤南等人號稱學者，也不明春秋大義，而以漢攻漢，太平天國因此而亡。」

（〈太平天國戰史序〉）蔣星德氏作《曾國藩之生平與事業》，何貽焜作《曾國藩評傳》，對於曾氏的道德、學問與事業，都推崇備至；可是不約而同地都認爲曾國藩的「爲異族效力」，缺乏民族思想，爲之大表遺憾。然而在另一方面，也有人認爲曾氏挺身而消滅太平天國，志在維持名教，保衛家鄉，並無爲滿清「勤王」的意思；換言之，也就是曾國藩沒有「忠君」的思想。此派論調，以日人稻葉君山持之最力（《清朝全史》第六十六章）。連對曾氏極表不滿的章炳麟，也說「曾、左的初起，目的只在保衛鄉邑，不敢公然贊助清廷。」（《檢論》卷九〈近思〉）

而事實上，這兩派主張都各有所蔽，評斷未免陷於主觀。稻葉氏說曾國藩的湘軍，是一支維持名教、保衛家鄉的「宗教軍」，大致是不無道理的；但若說曾國藩和湘軍將領們沒有「勤王忠君」的思想，便大謬不然了。因爲中國傳統上的所謂「名教」，實以「三綱五常」爲主體；而三綱中的頭一綱，便是「君爲臣綱」。君臣之義，向來被看成是第一重要的品德，遠超過其他德性之上；因而常有「移孝作忠」的說法（決無人敢倡議「移忠作孝」）。所謂「忠」，在那個時候，指的就是忠於君主。曾國藩既以扶持名教爲己任，若是他不以「忠君」爲前提，那他的「名教」思想就無從立腳了。所以從當時的觀點看來，如果說曾氏沒有「忠君勤王」的思想，那對曾氏無異是一種侮辱。事實上，我們檢視曾國藩遺留下來的文獻資料，其中惓惓乎忠君懷上的情愫，實在處處溢於言表。我們如果承認曾國藩是位誠實的君子，便不應該懷疑他寫這些文字的真誠。舉例來說：早在鴉片戰爭前後，他曾賦詩言志，其中有幾句：「生世不能學夔皋，裁量帝載歸甄陶；猶當下同郭與李，手提兩京還天子。」（〈十月戎行圖〉）又在送弟國荃還鄉詩中也說：「門內生涯何足道，須要嘗膽報堯天。」忠君思想已是很濃厚了。而表現得最清楚的，則莫過於咸豐元年（一八五一年）五月十四日的〈致諸弟〉書：「二十六日我又進上一分諫疏，敬陳聖德三端，預防將來的流弊。我說話相當激烈而痛切。……我沐受皇恩至爲深厚，官做到了二品大員，祖父三代都受了誥封，兒子也蔭任至六品官，實在夠榮耀的了。這正是我應該盡忠直言的時候。……摺子剛遞上去，我預測皇上也許會發脾氣，所以早就作了領受處罰的準備。不料竟蒙皇上優容，曲賜矜全。從今以後，我更應當盡忠報國，再顧不得身家之私了。……父親每次家書，都教我要盡忠國事，以報皇恩，不必掛念家事。我能體會父親的教訓，所以能夠公爾忘私，國爾忘家」（《家書》卷四）。很顯然的，國藩一家，由於受到清廷賜與的尊榮，因而亟思感恩圖報，爲清朝效忠，這也是人情之常，理所當然的。況且自秦漢以來，二千餘年的傳統教育，便強調「忠君」應置於一切美德之上。不能忠於君主，任你再賢能，也會受到後世的譏貶。忠君和婦女守節一樣，都被專制時代的人看作是人格完整與否的最大分野。曾國藩時代，整個中國絲毫沒有接受過民主教育的洗禮，誰不是滿腦子的忠君思想？豈僅曾國藩一人而已？再就「民族思想」這一層來看，曾國藩助清滅洪，也是無可指責的。姑且不說今日只有「中華民族」，已無滿、漢之分；即在曾國藩時代，大家也都早已心甘情願地接受了滿清統治這一事實。君不見：舉國上下，對於清朝皇帝的崇敬，與從前對明朝皇帝的崇敬，毫無二致；讀書人一心一意應科舉考試，謀求功名利祿，也和明朝時代一樣。所謂「君臣之分已定」，「食毛踐土」的臣民，如不對清朝效忠，豈不成了「叛逆」？這個時候，期望曾國藩和清初的明室遺臣一樣，高舉「興漢滅滿」的大旗，來反抗清朝；豈非等於要求強迫婚姻之下所生的子女，起來反對父母一樣，不可思議？其次，太平天國時代的清、洪鬥爭，與其說它是一場「民族鬥爭」，毋寧說它是一場歷史文化的鬥爭，更為恰當。洪、楊等人雖然高喊「胡、漢鬥爭」的口號，可是他們所代表的，是一種非驢非馬不中不西的荒謬迷信思想。他們用言論和行動來否定中國幾千年的歷史和文化，企圖建立一種違背人性的高壓統治。相反地，清朝政權雖以滿人為主，他們卻久已深染漢化，並以漢文化的繼承者和保衛者自居；舉凡漢人的文物制度、社會習俗及思想行為模式，無不受到容忍和尊重（僅在清初有絕少數例外）。當時的情勢至為明顯：太平天國勝利之日，也就是中國歷史文化遭受毀滅之時；清朝政府縱然腐敗，卻還是能夠延續中國歷史文化的唯一力量。照此觀點看來，曾國藩的「助清滅洪」，非僅無可非議，並且可說是有功於民族文化的表現，何民族思想「缺乏」之有？所以從「民族思想」這一角度來看曾國藩，表面是矛盾，實際並不矛盾，其所以被後人看作是「矛盾」，自然仍是時代不同所造成的結果。

曾國藩一生的功業，以軍事成就為最大。然而仔細檢討曾氏的軍事思想，卻並沒有什麼奇特驚人之處。他之所以得成討平太平天國的大功，第一在於熟知八旗綠營的積弊，因而對症下藥，另組氣象一新的湘軍。第二在於他步步為營；穩紮穩打的平實作風。第三在於他的對手太平軍領袖們，知識貧乏，眼光短淺，造成湘軍坐大的機會（第三點尤其重要）。曾國藩出身文臣而身任軍事統帥，他自知缺少軍事方面的學識與經驗，因而促使他加倍小心謹慎。事事躬親體察，時時謀求改進。不料就憑著得自書本上的一點有限軍事知識，經他周咨博訪，又從經驗上吸取教訓，最後竟也能形成一套頗切實用的軍事思想。

曾國藩所信奉的「人治主義」，應用到軍事上，首先便在愼選將才及士兵（勇丁）方面特別注意。湘軍選募士兵，以「年輕力壯，樸實而帶有農夫土氣者爲上」，凡是看起來油頭滑面，有市井氣及衙門氣息的，一概摒棄不用。曾氏以爲「山僻的人多獷悍，水鄉的人多浮滑，城市中人則多染游惰的習氣，鄉村農夫則多數秉性樸而拙。所以善於用兵的將帥，常喜用山鄉的兵卒，而不喜用城市或近水的人。」（《奏稿》卷五〈湖北兵勇不可復用摺〉）在選用幹部方面，國藩認爲高級將領需要具備四個條件：知人善用、善覘敵情、臨陣有膽識、營務整齊（《家書．致沅甫》）。中下級軍官也應具有四項條件：才堪治民、不怕死、不貪名利、刻苦耐勞（《書札．與彭筱房、曾香海》）。而維持軍隊的團結與作戰能力，平時必須注重軍紀的培養與戰技的訓練。他說：「帶兵之道，以禁止騷擾爲第一義。」（〈勸誡營官四條〉）咸豐八年，曾氏在江西曾親撰〈愛民歌〉一首，教勇丁們練唱熟記。其主旨是訓示軍隊不妄取民間一物，不強佔民房，不拉夫，不欺凌百姓（《雜著》卷一）。對於勇營的訓練，曾氏分爲「訓」與「練」兩件事；「訓」要訓打仗之法，訓作人之道；「練」則練隊伍，練技藝（《批牘》卷二〈批統領韓字營韓參將禀〉）。他認爲軍隊必須常常出征或勞動，才能保持一種常新的蓬勃氣象而不致流於疲弱（《書札》卷十八〈與康桂生〉）。這些觀點，都與近代進步的軍事思想，不謀而合，值得後世統兵將領借鏡。

然而曾氏的軍事思想，並非一無可議。他有些觀念，也大有商榷的餘地。例如他抱定一個「先求穩當，後求變化」的想法（《家書》卷五〈與沅甫〉）。所以處處小心謹慎。有些地方，似乎有點小心得過火。湘軍每日行軍，最快不超過四十華里，少者不過二三十里而已。常以半日行軍，半日築營。目的在節省將士體力，以求敵勞我逸，「致人而不致於人」（《李文忠公奏稿》卷八〈密陳勦捻事宜片〉）。所紮之營，力求深溝高壘，易守難攻。每到一處安營，不論風雨寒暑，隊伍一到，第一件事便是挖濠築牆，設置障礙物。牆子高八尺，厚一丈。濠溝至少深一丈五尺，愈深愈好。牆子只修一道，濠溝則須二、三道，障礙物則多至五、六層（《雜著．紮營之規》）。並且規定：營未紮成，不准休息，也不准與敵開戰。湘軍每天要費如此多的時間與精力在安營紮寨方面，「穩」自然是「穩」了；但是在「兵貴神速」與「先發制人」方面，便完全談不到了。蔡鍔論曾、胡用兵，好取守勢作戰。幸而當日太平軍並非精練之師，兵器尚未發達，耳目不靈，攻擊力很是薄弱；否則徒憑地形地物，沒有攻擊精神，決難取勝（《曾胡治兵語錄》）。這話是很有道理的。後來曾國藩率師平捻，面對來去迅速的捻軍騎兵，曾氏這一套「穩紮穩打」的戰術，果然全告失靈，以致師久無功（見本文第七節）。曾氏終於不能不承認「狃於陳迹」的失策（《奏稿》卷三二〈再議練軍事宜摺〉）。

曾國藩的軍事知識，全從史書和本身的經驗得來。耳聞目見所及，全是中國傳統的武器和戰法。即使有少量的火器，那也是沿自清初的鳥鎗和劈山炮之類；與同時代的西洋火器相比，自然顯得落伍和幼稚。曾國藩早年對於西洋火器的進步，很少認識；加上他「寧拙勿巧」的個性，遂使他形成一個根深蒂固的觀念：認爲中國的傳統武器：戈、矛、刀、劍，外加鳥鎗、擡鎗和劈山炮，是軍隊決勝戰場的正宗武器；西洋鎗炮及火藥，充其量只可作爲點綴之用的「奇技淫巧」，不足影響作戰勝敗。曾氏此一觀念，持之多年，直到晚年才稍有轉變。同治元、二年間，他在幾封給曾國荃的信裏面，曾反覆告誡，不可「沉溺」於西洋火器。元年九月的一封信說：「你所要的洋鎗、洋藥和銅帽等物，即日派長龍船去採辦。但是我必須告訴你：制勝之道，完全在乎人而不在於武器。鮑超的軍隊，並無洋鎗洋藥，照樣常打勝仗。……從前和春、張國樑在金陵大營，擁有洋人軍器最多，結果卻遭到咸豐十年三月間的慘敗。你若是專在西洋火器方面講求，我擔心你部下的將士們，人人都將沾上專搞外務而投機取巧的惡習，卻忽略了『反己守拙』的道理。……真正的美人，不必靠珠翠打扮；會寫字的書法家，不倚仗好的筆墨；那麼，真會作戰的將士，又怎會仰賴洋鎗洋藥呢？」另一封信又說：「洋鎗洋藥，總以少用爲是。……兵勇一定要有『寧拙勿巧、寧故勿新』的意念，才可以持久。」同治二年（一八六三年）十二月的一封信說：「你去年請黃南坡從廣東解炮四尊，今年又請丁杰買炮數尊，這都是外行而不必要的措施。」又一封信說：「洋鎗機括這類東西，你營中既能善爲收拾，又知勤於擦洗，我當著李筱泉（按即李瀚章，時在廣東）以廣東厘金款項購買。不過，我軍仍當以擡鎗、鳥鎗、刀、矛及劈山炮爲根本武器。譬如子弟讀書，在經書、八股文之外，兼擅一點詩賦雜藝，倒也不錯；但如爲了學詩賦雜藝而丟棄了經書和八股文章，就未免浮而不實了。」（《家書》卷六〈致九弟〉）③ 一般人狃於曾國藩發動造船、製器及派幼童出洋等自強事業，每每忽略曾氏保守思想的一面；或爲了捧曾國藩而故意爲他掩飾，根本不談曾氏上述這些言論。凡持這類態度去品斷歷史人物，往往有失客觀持平，更是容易失真的。實則曾國藩在傳統士大夫羣中，的確算得上是思想新穎的人物；但若以當時世界知識的尺度來衡量他（不是現在的知識尺度），就難免顯得落後了。造成他這種落後的軍事思想，原因仍不在他本身，而是當時的時代環境使然。我們不妨設想一下；如果讓曾國藩有機會接受西方教育，或至少能到歐美去遊歷一番，則相信他的言論思想，一定會完全改觀。梁啓超說得好：「假使曾文正能生存於今日（民國初年），而猶在壯年，則中國一定可以經他的手而得救了。以他那樣純厚的天性，即使去做破壞工作（按指革命而言），也未嘗不可。」（《飲冰室文集》卷十四〈論私德〉）

總之，曾國藩在學術思想方面，有他傑出的成就；但並非所有曾氏的學術思想，都可供後人取法師承；其中也有陳舊過時的部分，我們沒有爲前賢隱諱的必要。倘若我們爲了某一原因，有意地加以曲解、迴護，或略而不談這一部分；其結果都足以導致後世青年的迷惘，而發生是非混淆，令人不知所從。這是身居後世的人，論人斷事，應該時時加以警惕的。

①關於義理、詞章、考據、經濟四學，曾國藩有一別出心裁的比附，相當有趣。他將四者依次比附於孔門德行、言語、文學、政事四科。真可說是善於「調和古今」（辛亥七月日記）。不過，他在直隸作《勸學篇》時又說：「只要弄通了義理，經濟之學也就包括在裏面了。」這又是唐鑑的說法了。所以「經濟之學」到底是在義理之外呢，還是在義理之內？曾氏可能前後有不同的看法；也可能還沒有定見。

②「周程朱張」一組，指的是周敦頤、程頤、程顥、朱熹和張載，故短文中稱「二程」，稱「有宋五子」，這一組明明已有五人。其餘七組，都是每組四人，合爲三十三人。但在結尾又說「此三十二子者」，這是一個小小的矛盾。

③曾國藩於道光二十四年給諸弟的信，曾痛斥八股文的誤人（見六四、六五頁），此處又以八股與經書並舉，認爲是子弟應當努力學習的根本功夫，這是他思想上的另一矛盾；想來也是章炳麟批評他「功名善變」的原因之一。

十、重要著述的介紹

曾氏一生，在中進士之前，因忙於學八股，考科舉，可說還沒有踏進學術的大門。要等到二十八歲點過翰林之後，他才有餘力從事學問的探求。但也只有十二、三年的工夫（一八三九—一八五二年），用以完成他的自我教育。從咸豐二年（一八五二年）以後、他就出山帶兵打仗，過著棲惶不安的生活了。及太平天國平定，國藩已是精力日衰。雖然滿腔熱望，想恢復他著書立說的生活，可是已力不從心，徒喚奈何了。①他曾經自我解嘲地說：「李少泉（鴻章）拼命做官，俞蔭甫（樾）拼命著書，這兩件事我都是不幹的。」（《春在堂隨筆》）因此曾國藩的著述，並不算太豐富。一部《曾文正公全集》，幾乎已網羅了他生平著作的全部（其中還有不少纂輯鈔錄之作）。此外，比較有分量的，就是他那一生絕少間斷的日記了。今分別略作介紹如下：

1 《曾文正公全集》

《曾文正公全集》的編纂工作，就在國藩去世的同年（同治十一年，一八七二年）六月，在各方屬望之下，於長沙開始著手。負責編校工作的，都是國藩在日的親信幕僚及門生。如王定安、曹耀湘、楊商霖、張華理、黃維申等；而以王定安總理其事。刻版印刷的機構，名叫「傳忠書局」②，先後歷時五年，至光緒三年（一八七七年），才全部完工。

初刊全集共一五四卷，所包括的內容如次：

卷首一卷　　奏稿三十卷

詩集三卷　　書札三三卷

批牘六卷　　雜著二卷

求闕齋日記類鈔二卷　　求闕齋讀書錄四卷

十八家詩鈔二十八卷　　經史百家雜鈔二十六卷

經史百家簡編二卷　　鳴原堂論文二卷

文集三卷　　年譜十二卷③

後來各處續有翻印，計有上海東方書局排印本，光緒二十九年上海鴻文書局石印本、鴻寶書局石印本。民國四十一年，臺灣世界書局也曾加以重印。民國六十三年，臺北文海出版社據「傳忠書局」原版影印，附以曾氏後人曾昭六《編刊考略》一册，內容方面也視原版有所增加。以上各種版本，與「傳忠書局」原刊本相較，內容都頗有增減。大抵所刪去的是纂輯而成的書而增入家書、家訓等直接創作。「文海」本並加入「大事記」、「榮哀錄」及「未刊信稿」等數種；分量上，是目前所見各版本中爲數最多的。現在選擇比較重要的幾種，略加說明：

奏稿　內容自道光三十年（一八五〇年）正月的〈遵議大禮疏〉起，至同治十一年（一八七二年）正月的〈楚岸鹽引淮川分界行銷摺〉止，共計摺片九五九件。但據曾紀澤於國藩死後呈繳硃批摺件，致湖南巡撫呈文，則共有一八五六件之多；較現在刊行的奏稿，數量幾乎多出一倍。曾家後人，也不知為何沒有全部發刻。④可見此項奏稿，缺漏很多。但鑒於已刊行的奏稿，歷年分配相當平均，重要奏稿也都搜羅在內，證明這是有意刪蕪存菁，經過選擇的。

就現有可見摺片而言，其中絕大多數都和征討太平軍有關。曾國藩如何由一個無足輕重的在籍侍郎，逐漸演變成獨挑大梁的清軍主將，並進而消滅太平天國，所有摺片可以呈現相當清晰的脈絡。而清廷對於曾國藩，一方面倚若長城，一方面又對他猜防備至，從摺片中所引硃批或上諭裏觀察起來，也歷歷如繪。太平軍消滅之後，國藩留任江督約近一年，同治四年（一八六五年）五月，即奉旨前往山東討伐捻軍。一年多以後，因師久無功而回任江督。旋由李鴻章接替討捻軍事任務。這一段時間，國藩的工作，主要是與李鴻章協同對捻軍作戰，並一面辦理太平軍之役的善後事務。此外，自強運動的各項建設事業，也在曾氏領導之下，積極展開。是故摺片中以上述三項資料為最多。同治七年（一八六八年）七月，國藩調補直隸總督。十二月抵任。至九年八月，復回兩江。在這兩年之內，曾國藩經辦的重要事件有：建立江蘇水師營制、辦理永定河等處水利工程、改革長蘆鹽務、試辦直隸練軍、查辦天津教案等。摺片中充分顯示了曾氏處理軍、政、財、外交及地方建設等各項事務的才幹和見識，確在時人之上。可惜天津教案的處理，他雖然做得中規中矩，卻不諒於當時的所謂「清議」⑤，迫使他不得不向腐惡的守舊勢力低頭認錯，引咎自責。回到金陵才一年多，便抑鬱以逝。奏稿中所收九年八月以後的摺片，數量很少，內容也無甚重要了。

書札　書札三十三卷，又稱《曾文正公書牘》。都是國藩寫給長官、朋友和僚屬的私人函稿。起於道光二十年（一八四〇年），按年次編排。其中有些不載年月的，故書札終於何年，便無從得知了。書信內容，大抵在咸豐二年治軍之前。多屬論世治學之類；而憂時憂國的熱忱，友朋箴規向善的至意，自然流露紙上，令人肅然起敬。及出而治軍之後，書信所涉範圍漸廣。舉凡軍務、鹽政、地方治安、籌餉、針砭世風、國家要政……可說無所不包。私函比諸奏議、批牘等公文書，最大的不同點在於：私函可以直抒胸臆，暢所欲言；不像公文書那樣，需要字斟句酌，面面俱到，因而未免有時欺隱失實。曾國藩雖然是正人君子，他的奏稿也難免有這種缺點。⑥可是在書信中，因爲利害與禁忌的顧慮較少，反而透露更多真實

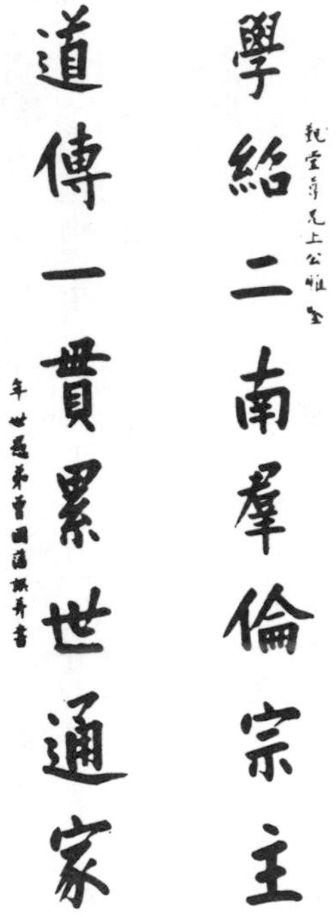

曾國藩手書聯語

的消息。曾氏待人，處處以誠信自守；他的書信，坦直、謙厚、忠恕，兼而有之。謀事畫策，思慮緻密而有條理；也可從信中看出。至於文字的洗練，筆調的典雅流暢，則更是娓娓引人。所以曾國藩的書信，可以作爲後人陶冶品性的箴言，可以作爲考證史實的文獻，也可以充作臨摹學習的尺牘範本。

批牘與雜著　批牘是對僚屬的下行文件，少數給予外國領事官的劄文，也併入此類。按清代規例：下屬對上司有所報告、獻議或請示，多使用稟帖或呈文；上司即在文尾批示意見，交下屬奉行。有時候，文書幕僚，擇要加以抄錄，作爲將來查考的依據。所以這類文件，論實際數量，當遠在奏稿與書札之上；但得以保存下來的卻不多。曾氏此項文件，全集所錄，僅一三五件。數量雖少，也頗能顯示國藩諄諄教誨部屬的苦心。國藩常言：「對部屬要像父兄教導子弟一樣，有殷殷望其成立之意。」這一點，他似乎確已做到了。雖然在文字語氣上，難免有點「官腔官調」的味道；但這是當時所謂「朝廷體制」，不得不如此的；即使對多年老友，也不能例外。⑦ 尤其是對於武職將弁及受業門生，遣詞用字，更是冷峻切直。但一番剴切誠懇的用心，卻是使人感覺得到的。雜著二卷，多屬筆記、條規、章程、告示、箴銘、課程之類，往往與他處重複。從這些文件中，可以看出曾氏居官做人，處處肯虛心體察，從細微處入手，有條不紊。而於人性的情僞、官場的風氣、軍中的弊習，真是洞察無遺。曾氏所手訂的一些條規章程，既是考訂史實的絕佳史料，也是後人處理事務的良好借鏡。

求闕齋讀書錄　分爲經、史、子、集四部。經、史各佔二卷，子部一卷，集部五卷，共爲十卷。可說是曾國藩的「讀書箚記」。經部首列《周易》和《周官》，依次是《儀禮》、《禮記》，多數是訓詁考據之作。因爲受了前人的影響，有些地方未免因緣附會；有些地方則給人一種「炒餿飯」的感覺——雖然費了許多力氣去考證研究，怎奈全與時代脫節；無裨於世。這一部分，可說是曾氏精力的一大浪費。下面接著是《左傳》、《國語》、《穀梁傳》、《爾雅》、詁訓雜記等篇，勾沉起覆，多有所發明，可爲後人讀古書提供一臂的助力。如卷二從「乾沒」二字說起，談到「白、素、坐」等字類似意義的用法，頗能糾正一般人的誤解。但也有不盡妥當的地方。如說「古人好以甲、乙、丙、丁記事物的次第」，自是不差；但因而批評溫庭筠的〈詠蘇武廟〉詩，「往日樓臺非甲帳，去時冠劍是丁年」二句，「有失古義」；這就未免「知其一而不知其二」了。史部所列各書，於訓詁音義的考究之外，頗注意著述背景及作者意旨的分析。對於史事的論斷，也頗具史識。然而，間或也有「走火入魔」之作。如卷四〈文獻通考〉，列舉西漢哀帝時有「日無精光，邪氣連昏」的事（據《漢書．李尋傳》），東漢光武時有「召嚴光入禁中共臥，而太史奏客星犯帝座」的事（據《後漢書．嚴光傳》）；但《兩漢書》的〈天文志〉，兩事都沒有記載。曾氏因指〈漢志〉爲「疏略」。殊不知這不是志書的「疏略」，而是列傳的摭拾附會。因爲天文志的紀錄，多是根據檔案文件中的天文記載，絕少憑空杜撰；而列傳中的故事，不少得自口耳相傳，難免迷信附會。志和傳的執筆者雖同爲一人，也有不能自相照應之處，所以有記載不一致的現象。曾國藩平生篤信星象，故而有此誤會。⑧子部一卷，內容稍見貧乏。大概由於曾國藩對於諸子的學說，本來就視爲「旁門支流」，用力較少的緣故。尤以影響中國思想界頗大的荀、韓諸家，皆付闕如，這是令人很爲曾氏感到遺憾的。集部所選錄的書最多，而以魏晉唐宋的詩人作品爲主，最後殿以清代諸古文家。曾國藩生平，愛好詩和古文；大概是因爲孔子曾再三推許「詩」的功能和價值，而繼起的儒家信徒又鼓吹「文以載道」的緣故。因此，求闕齋讀書錄中，多談詩文名家的專集，見得國藩在這兩方面涉獵最廣，心得也最豐。談及諸家詩集，頗能闡發作者真意；文集的討論，則嫌「道學」的意味似乎太濃了一點。

文集　集中所錄文章共一四一篇，分爲四卷（李瀚章「敘」作三卷），按年次編排。最後一篇〈劉忠壯公松山墓志銘〉，是一篇沒有完成的殘稿，只有三百多字，作於國藩去世之前不久（後由曾氏門人黎庶昌續作成篇）。曾氏文集於國藩逝世的同年，就有幾種單行本問世，但所收文章都不及「全集」之多。現在臺灣所見，則有商務印書館涵芬樓四部叢刊本，及中華書局四部備要聚珍版本，兩者都和詩集合成一冊，詩、文各三卷。世界書局排印的《曾文正公全集》，文集單獨裝成一冊，不分卷，沒有注明撰作年月，目錄編排也略爲不同，且加入曾氏與人論文的書信九篇。⑨

曾氏平生所作文章，爲數不多，主要也是由於「功業」所誤。他早年頗爲自負，和他同時的梅曾亮、何紹基等人，都頗有文名；國藩看了他們的文章，認爲自己將來一定可以超越他們。甚至對於清代中葉的諸古文名家，如方苞、姚鼐輩，曾氏也有所月旦。及至晚年，精力日衰，才幡然以爲諸子的造詣，竟非自己所能企及。然而曾國藩的文章，條理暢達，穩健雄渾，自有他的特色。只是時而好言「性命道學」，未免略帶酸腐氣息。偶而也喜歡用些僻典僻字，與當時一般文人，犯同一毛病。所有文章之中，序跋、碑銘等應酬文字，佔去一大半。雖然不乏「言之有物」的佳作，而隨俗浮沉，堆砌藻飾的作品也不少。

家書家訓　二千年來，儒家的信徒們，在致力締造一個「父慈子孝、兄友弟恭、敦親睦鄰」的理想社會。在某一個層次上，他們曾獲得若干成功。在政治力量只著重維繫統治者利益而忽略照顧大眾的專制時代，社會的秩序就靠著他們的影響，而得到相當維持。從曾國藩的家信裏（對平輩以上的稱「家書」，對晚輩的叫「家訓」），你可以看到一位典型的中國士大夫，如何處理他與家族鄰里親戚之間的關係，怎樣追求孝、悌、慈愛、溫厚的完美人格。在骨肉親情日漸淡薄，鄰里親戚幾同陌路的現代工商社會裏，曾國藩的家信，實在具有勸世化俗的價值。曾氏家信中，雖然也談些家務瑣事，但有關軍國大

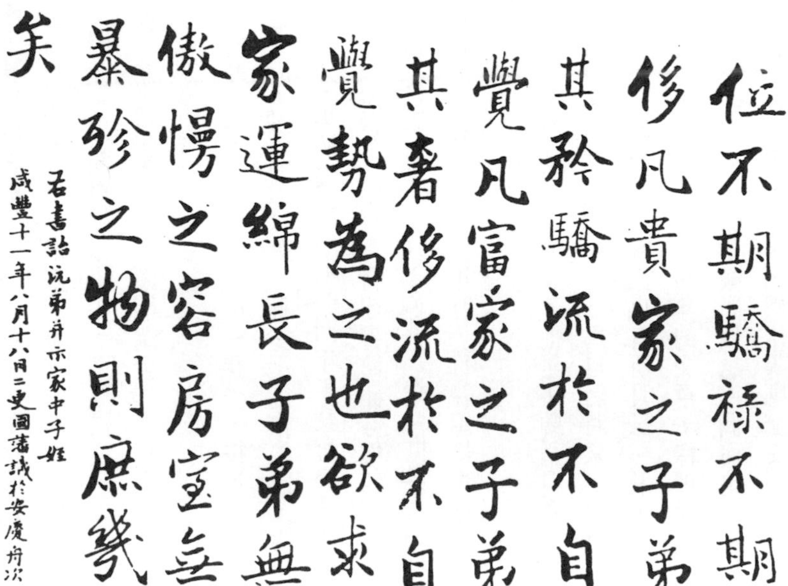

位不期驕祿不期
侈凡貴家之子弟
其於驕流於不自
覺凡富家之子弟
其奢侈流於不自
覺勢為之也欲求
家運綿長子弟無
傲惰之容房室無
暴殄之物則庶幾
矣
右書諭沅弟并示家中子姪
咸豐十一年八月十八日二更國藩識於安慶舟次

曾國藩書勉兄弟子侄箴言

事、做人做事的原則、訓勉子弟敦品勵學等記錄，也不在少；任何人都值得一讀的。然而必須指出：曾氏在家信中有些受時代之累的觀念，後人卻沒有盲從的必要。例如狹隘的「忠君」思想，選女婿必須「門當戶對」，要求子弟勤習毛筆字和八股文……等等，這些都是只宜於當時的觀念，不宜今人學步的。爲了嫁女力求「門當戶對」，而忽略了女婿本身的重要，以致國藩五個女兒之中，四個都遭到了不幸的婚姻，貽誤終身。⑩就此一端，已可證明偉人的一言一行，並不是全都可以效法的了。

2《曾文正公日記》

曾國藩自道光十九年（一八三九年）開始寫日記，時年二十九歲。至道光二十五年三月底，因故忽然停止。至何時恢復，不得而知。黎庶昌所編《年譜》說：咸豐元年，曾氏有《緜穆穆之室日記》，現在學生書局影印的《曾文正公手寫日記》並未收錄；而見之於該局影印的《湘鄉曾氏文獻》第六册中。這項日記，包括了咸豐元年七月至二年六月，整整一年的時間。格式很特別：是特地雕板刻印的，上面印就八個記載項目：「讀書、靜坐、屬文、作字、辦公、課子、對客、回信。」末尾印著四行字，解釋「緜緜穆穆」的意義，顯然是爲了每日自勉的目的而設計的。有其他事項可記的，便寫在日記的眉端。《湘鄉曾氏文獻》中另有〈無慢室日記〉、〈人過聞見日記〉、〈道光二十一年元旦日記〉等三種，是片斷性的記錄。連續不斷的日記，起於咸豐八年（一八五八年）六月初六日，終於同治十一年（一八七二年）二

月初三日。（初四日國藩便去世了）

曾氏日記，於編印全集時，曾由王啓原摘抄其中一小部分，分爲二卷、十門，刊入全集，名之爲《求闕齋日記類鈔》。趙烈文批評他「精蕪並陳」，選擇缺少見識。而事實上，王氏選鈔國藩日記，和清朝實錄館選編皇帝的「實錄」和「聖訓」，目的很相類似；都是意在表揚書中主人翁的「嘉言懿行」，以供後人景仰取法的。自然價值很有限了。不過，因爲《日記類鈔》中一部分日記，爲在臺影印真跡本所無，這仍是很可貴的。

宣統元年（一九〇九年），曾家後人曾將原稿真跡以石印刊佈，裝訂成四十冊。但不知何故，卻漏印了道光十九、二十兩年。所印的書，也流傳不廣。日記原稿，仍存湘鄉曾宅。抗戰期間，由於躲避戰禍，曾氏後人一度攜至香港。民國三十年（一九四一年），香港淪於日寇之手。曾約農先生等輾轉設法，託人又運回湘鄉。三十八年大陸變色，復經香港搶運來臺。民國五十四年（一九六五年），全部日記手稿交臺灣學生書局再度影印問世，並補入道光十九、二十兩年，分裝六冊。這一希世秘笈，才得廣佈全球。

曾氏道光二十五年（一八四五年）以前的日記，時而行書，時而楷書；時而筆法蒼勁有力，時而信筆揮毫，不甚措意。表示這一時期的曾國藩，年事尚輕，性情未趨穩定；生活心境，難免隨外界際遇而升沉。及咸豐八年再寫日記之後⑪，才始終維持行書字體，而且大小格式，整齊劃一。這也象徵著國藩的思想和人格，已臻成熟，不易爲外在因素所動搖了。

（參見附錄：曾國藩手寫日記真蹟之二）

國藩的日記內容，有幾個值得注意的特點：(1)反省自勵的文字很多。曾氏出身家規很嚴

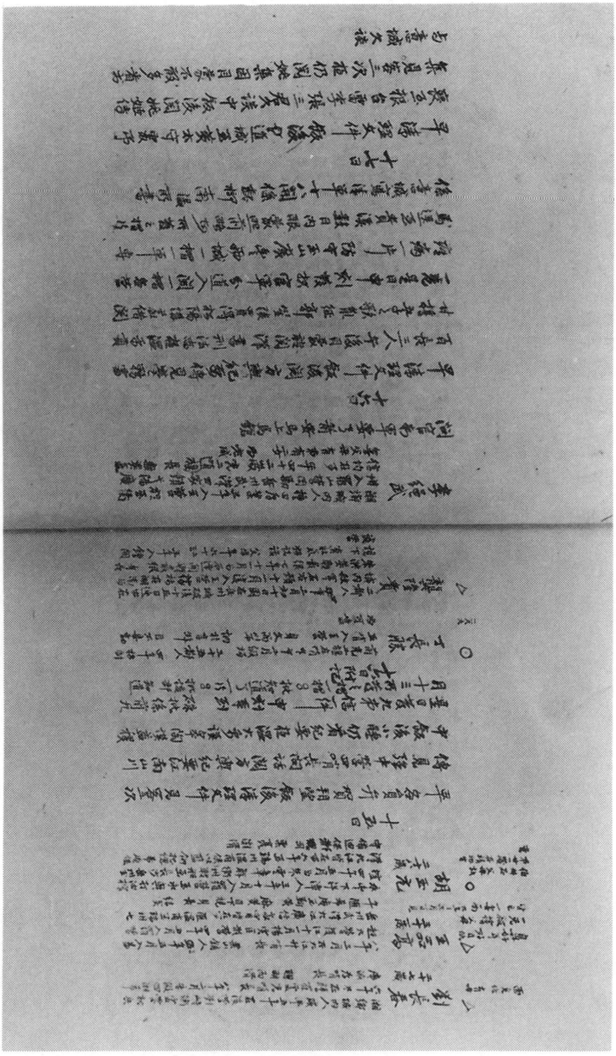

曾國藩手寫日記真蹟之二（咸豐八年十月）

的舊式家庭。從小就屬於「謹飭不苟」的一型；及厠身仕途，又服膺「存誠主敬」的理學；在京師時相過從的師友們，也都能互相規過勸善。所以他時時不忘自我教育，檢討自己在言行上的缺失而加以糾正。這就是所謂「慎獨」與「自訟」的修養功夫。國藩的「嚴於責己」，有時竟近乎苛刻。例如與人談話，自己表示太多的意見；看人下棋，從旁指指點點，多嘴多舌；他在日記上都痛自悔責，罵自己「好表現，簡直不是人」。甚至在房裏和自己太太開開玩笑，他也自責爲「房闥不敬」。王闓運曾經勸過他：「做人做學問要慢慢地來，您又何必自責太深呢？」左宗棠卻不信他出自真心，因此逢人便罵「曾國藩一切都是虛僞的」。⑵很少在日記中批評有地位的人物。曾國藩平生以「善於相人」自許，閒常與親信幕僚們在一起，也喜歡評論時人長短，但他決不寫在他的日記上。⑫ ⑶下筆慎重，不輕發議論。國藩寫日記，目的在備忘，自糾缺失，並藉此養成有恒的習慣。但他自然也同時想到：這日記生前既將爲親友僚屬所共見（趙烈文、王闓運都於國藩在日看過他的日記），將來更可能會流傳後世；所以他在下筆時非常謹慎。所有對清廷的牢騷，對同僚及屬下的不滿，都儘量避免記載於日記，以免因文字而惹上麻煩。因此，他日記中記的多是一些日常生活的細節；諸如見客、下棋、剃頭、看書、行蹤、睡眠、來往信件等；甚至連信件內容都不提一個字。

曾氏日記，絕大部分都像一篇例行公事的「流水賬」，看起來易感乏味。然而「糟粕」中所藏的「精華」也很多：論修身治學，則曾氏持身之嚴，待人之溫厚忠恕，讀書之恒心毅力，日記中隨處可見，足供後人終身取法。論史料，則曾氏本人的行蹤交遊、其所手創的水陸營制、幕僚將吏的人事資料，傍及於當時的物價、租稅、官場習俗等等，都時時有值得珍視的記載，爲別處所罕見。所以曾國藩的日記，實在是一部具有多方面價值的著作。

①國藩早年有志著述的意念，曾向幕客趙烈文吐露過。見趙氏《能靜居日記》同治六年八月二十一日。

②清光緒年間的《曾文正公全集》版本，向來以爲有「金陵書局」、「江寧書局」、「金陵傳忠書局」、「長沙傳忠書局」、「長沙思賢書局」等諸種，據曾昭六先生考證，實只有「長沙傳忠書局」一種，其餘皆出誤會。見《曾文正公全集編刊考略．關於各書局成立淵源》。

③關於《曾文正公全集》初刊卷數，現在「文海出版社」影印本第一册所載「總目」，說是一五六卷，而照所列各類卷數合計，卻只有一五四卷。但李瀚章作的「敘」，又說總數爲一六六卷。各類卷次也互有出入。如奏稿，「總目」說是三十卷，李「敘」說是三十二卷；《求闕齋讀書錄》，「總目」列爲四卷，李「敘」卻說是十卷（按影印本確爲十卷而非四卷）。其餘雜著、文集二類，兩者卷數也不同。李「敘」有《孟子要略》五卷，「總目」則無，而集中實際上又有這部書。「文海」影印本是根據俞大維先生所藏「長沙傳忠書局」光緒二年初刊本而影印的，不知何以有此差誤？

④曾昭六：《曾文正公全集編刊考略》，頁二一一四七—二一一五〇。按：關於奏稿的刊刻，主持其事的是王定安。他曾主張「貴精而不貴多」，見他給曾紀澤的信，《編刊考略》頁二一一五〇。奏稿沒有全刻，多半是出於王定安的主意。

⑤曾國藩此次辦理教案之所以備遭攻擊，多由於和軍機處諸大臣相處不睦所致（包括恭親王奕訢在內）；樞臣既對曾氏表示不滿，吹拍逢迎之徒，自然望風希旨，羣起而攻之了。參見《能靜居日記》同治四年九月初九日及八年八月二十九日。

⑥清人奏議，誇飾圓融，幾乎形成一種風氣。即如以骨鯁無私著名的林則徐，他在廣東查辦鴉片的奏摺，也不盡實在。這完全由於專制淫威的苛酷，令人不敢處處說實話；因爲那常常會爲自己帶來意想

不到的奇禍。本文所引洪亮吉的事就是最好的例子。

⑦ 如批四川試用知府馮卓懷稟，也是一片教訓口吻（批牘卷一）。而馮氏是早年曾國藩在京最爲推服的好友之一。

⑧ 例如咸豐十一年八月初一日，曾氏致信其弟國荃，稱國荃克復安慶的時侯，正值天上「日月合璧，五星聯輝」，認爲是應驗著克城的喜事（《家書》卷七）。同治元年的曾氏日記，也有好幾次關於「星象兆應人事」的記錄。

⑨ 以上有關文集一段文字，是參照曾昭六的《編刊考略》寫成的，但經過作者略加剪裁。

⑩ 參閱蔣星德《曾國藩之生平及事業》，上編六章二十五節一一五頁。

⑪ 今所見《曾文正公手寫日記》影印本，咸豐八年六月初六日，記事是不連貫的簡要摘記。而前面有一頁沒有日期的記事，內容是一些格言、記事摘要，追記的痕跡很明顯。如「三月廿二日作箚記立誓」、「四月廿三日戒棋立誓」、「廿六日窒慾立誓」之類；似是當時未寫日記，而於事後補記。據此推斷：咸豐八年六月初六以前，曾氏日記是間斷過的。

⑫ 這一點，可以參看趙烈文的《能靜居日記》，對照之下，最是清楚。

十一、結語

曾國藩生長處身於一個充滿矛盾衝突的時代，他自己的一生，也強烈地表現著這種矛盾衝突的色彩：在主觀上，他是科舉八股教育培養出來的典型中國士大夫，滿腦子聖謨王典，昔賢風範；而他面對的，卻是一個西力東漸，一切傳統都發生動搖，被迫不得不改絃易轍的社會。在潛意識裏，他熱切地期望維護中國固有的名教、綱常、學術思想，乃至連他自己也不滿意的政治制度；可是在另一方面，他也或多或少地覺察到：中國傳統的典章制度，已不足適應這個「華洋雜處」，夷人船堅炮利的新時代。因此他首先採取「自強」的具體步驟——設機器局、造新式輪船、派幼童出洋等等。而隱伏在他內心深處的另一個觀念——維護傳統或繼承道統——卻不時發生制約作用，使他在領導推行改革，走向近代化的道路上，顯得遲疑卻顧，畏首畏尾。這好像民國初年剛剛廢除纏足一樣：纏過的足，雖然解除了束縛，究竟無法奔馳跳躍，發揮「天足」相同的效能。

然而作爲一個傳統的中國士大夫，對於新時代新環境的適應能力，曾國藩畢竟還是當時出類拔萃的一人。他的治學，早年服膺程朱，繼而傾心清初顧、王等人「經世致用」之學。他剛入仕途，便對當時一個渾濁的官場深感失望，斥之爲「不白不黑不痛不癢的世界」，

「混淆是非，麻木不仁」。起初他想等諸弟稍能自立，家境比較寬裕的時侯，便辭官還鄉，以遂素志（道光二十九年十月初四日致弟書）。後來因感於文宗奕詝對他的特別賞識，遂矢志盡一己之所能，爲清廷效忠，並對世道有所糾挽。面對文貪武嬉的政府，人心陷溺的社會，他深知光憑程朱之道——所謂「義理之學」是無補於事的。於是他轉而從史籍中尋求「經濟之學」，講求因應救弊的方略。他在咸、同之間的一套軍政改革措施，居然初步收效，一舉掃平了太平天國。可是這些有限的改革，並不能徹底解開纏繞著中國的許多「束縛」。太平軍平定之後，國家仍面臨著隨時可以導致覆亡的內憂外患危機。曾國藩及其同時代的一些開明士大夫，逐漸有了更進一步的領悟：中國要自強圖存，必須學習西方的船堅炮利。於是如火如荼的「自強運動」，便在曾國藩等人的倡導之下展開了。雖然後來的事實證明：曾國藩等的「自強運動」，並未收到「富國強兵」的預期效果；然而中國國家在走向近代化的目標上，總算有了起步。隨之而來的，是國民知識得到啓迪，人才得到培育；百年積弱的中國，終於露出得救的契機。曾國藩雖然不能及身看見自己播種的收穫，但他的努力，對於傳統文化的維護及未來國家前途的開拓，都是具有不可磨滅貢獻的。

在人品修養方面，舉世濁浪滔滔的晚清社會，曾國藩的表現，可說是「出汚泥而不染」的一朵奇葩。入仕不久，他就立定「不慕名利」的志向；以汲汲於升官發財爲可恥。他沒有流俗的慾望，所以不必隨流俗浮沉，因而始終保持住一分清正不阿的操守。這一點，得歸功於他出身淳樸無華的農家。鄉村農家，最尚勤儉而鄙夷游惰奢侈。曾國藩秉承了這分農家優良的習尚，故能從根源上懲窒貪慾。所謂「無慾則剛」，「有所不爲」而後才能「有所爲」;這是曾國藩博得羣士歸心的起點,也是他建功立業的基礎之一。在中國近代史上,曾國藩雖不是沒有瑕疵的「完人」,但他對中國的歷史文化,的確有過不可磨滅的貢獻;也爲中國讀書人樹立了一個進德修業的典型,這都是無可置疑的!

附錄

曾國藩家屬近親表

稱謂	姓名	字號	生卒年代	備考
祖父	曾玉屏	星岡	一七七四—一八四九	排名興攸。
祖母	王氏		一七六七—一八四六	
父	曾麟書	竹亭	一七九〇—一八五七	又名毓濟。
母	江氏		—一八五二	同縣江沛霖的女兒。
仲叔	曾鼎尊			曾國藩《臺洲墓表》說他叫「上臺」，而黎氏《年譜》說他「諱鼎尊，早卒」。生卒年無考。
三叔	曾驥雲	高軒		又名毓駉。
長姊	曾國蘭			長姊夫王鵬遠。
次妹	曾國蕙		一八一四—	次妹夫王待聘，字率五。想當書吏，不成。
三妹	曾國芝		一八一八—	三妹夫朱詠春。

次弟	曾國潢	澄侯	一八二〇—一八八五	行四。
三弟	曾國華	溫甫	一八二二—一八五八	行六，繼驥雲爲子。作戰陣亡。
四弟	曾國荃	沅甫	一八二四—一八九〇	行九，一字子植，號叔純。官至兩江總督。
五弟	曾國葆		一八二八—一八六三	改名貞幹，字事恆。作戰陣亡。
季妹	名不詳		一八三〇—一八三九	死於痘。
妻	歐陽氏			衡陽廩生歐陽凝祉的女兒。
長子	曾紀澤	劼剛	一八三九—一八九〇	長媳賀氏，是賀長齡的妾所生女兒。繼媳劉氏，是劉蓉的女兒。紀澤在外交上有傑出表現。
次子	曾紀鴻	栗諴	一八四八—一八八一	國藩常說他天分不高，不甚見愛，死時年僅三十三歲。
長女	曾紀靜	孟衡	一八四一—	
長婿	袁秉楨	榆生		同鄉好友袁芳瑛的兒子，性傲慢，不甚長進。
次女	曾紀耀	仲坤	一八四三—一八八一	丈夫多病而專橫，常受虐待。從未生育，抑鬱終身。
次婿	陳遠濟	松生	一八四四—	好友陳源兗的兒子，幼育於國藩家，有隱疾。
三女	曾紀琛	鳳如	一八四四—	嫁了一個性情乖戾的丈夫，還有一個兇悍的婆婆。

三婿	羅兆升	允吉	—一八八八	好友羅澤南的兒子。品行不甚端正。
四女	曾紀純		一八四六—一八八一	二十三歲而寡，不見容於郭嵩燾的小太太，境遇可憐。
四婿	郭剛基	依永	一八四六—一八六九	好友郭嵩燾的兒子，頗聰明，可惜早死。
六女	曾紀芬	崇德老人	一八五二—一九四一	有自訂《崇德老人八十年譜》行世。國藩諸女名字，別處多不載，而見於此書，書中說國藩五女幼殤。
六婿	聶緝槼	仲芳	一八五五—一九一一	衡山人，娶紀芬在國藩死後，光緒二十六年，曾參與對英裁厘加稅交涉。後官至浙江巡撫。
妾	陳氏		一八四〇—一八六三	咸豐十一年十一月納于安慶，湖北人，多病，國藩爲她頗耗精神，終於同治二年四月死去，年僅二十四。歸國藩才年餘。
長孫女	曾廣璇			紀澤長女。
長孫婿	李經馥	幼仙		合肥李鶴章的兒子，李鴻章的任兒。
次孫女	曾廣珣			紀澤次女。
次孫婿	吳永	漁川		吳興人。義和團之亂時，任懷來知縣。有《庚子西狩叢談》行世。

附記：上表資料並不完全，只是根據手頭所有的列出。部分資料，且是審稿沈雲龍先生所提示的，因據以補充。並向沈先生虔致謝意。

參考書目

《左文襄公全集》左宗棠，光緒十八年刊本，臺北，文海出版社影印，一〇七卷。

《玉池老人自敘》郭嵩燾，光緒十九年，養知書屋版，臺北，文海出版社影印，《近代中國史料叢刊》第八輯，一卷。

《天岳山館文鈔》李元度，光緒六年，爽溪精舍刊本，臺北，文海出版社影印，《近代中國史料叢刊》第四十一輯。

《李文忠公全集》李鴻章，光緒三十四年刊本，臺北，文海出版社影印，民國五十一年，一六四卷。

《求闕齋讀書錄》曾國藩撰，王啓原輯，臺北，廣文書局，十卷。

《求闕齋弟子記》王定安，光緒二年北京刊行，臺北，文海出版社影印，《近代中國史料叢刊》第六輯。

《胡文忠公遺集》胡林翼，光緒元年，湖北，崇文書局版；臺北，文海出版社影印，《近代中國史料叢刊》第八十九輯。

《咸同中興名賢手札》郭慶蕃輯，臺北，文海出版社影印，《近代中國史料叢刊》第八輯。

《春在堂隨筆》　俞樾，光緒二十五年，春在堂全集本，臺北，文海出版社影印，《近代中國史料叢刊》第四十二輯。

《清朝全史》　稻葉君山著，但燾譯，民國三年初版，臺灣中華書局，民國四十九年臺一版。

《湘軍志》　王闓運，宣統元年東洲重刊本，臺北，文苑出版社影印，民國五十三年，十六篇。

《湘軍記》　王定安，光緒十五年，江南書局刊版，臺北，成文出版社影印，民國五十七年，二十卷。

《湘軍新志》　羅爾綱，中央研究院社會科學研究所，民國二十七年初版，陽明山莊翻印，民國四十年，三七二頁。

《湘綺樓日記》　王闓運，民國十六年鉛印本，臺灣學生書局影印，民國五十三年，二冊。

《湘綺樓箋啓》　王闓運，臺北，文海出版社影印，《近代中國史料叢刊》第十八輯。

《湘鄉曾氏文獻》　曾國藩等，臺灣學生書局據原稿影印，民國五十四年，十冊。

《淮軍志》　王爾敏，中國學術著作獎助委員會，民國五十六年，四五七頁。

《淮軍志》　羅爾綱，香港書店，據民國三十四年稿本影印，民國六十二年，二二一頁。

《曾文正公全集》　曾國藩撰，王定安等纂輯，長沙，傳忠書局刊本，光緒三年初版，一六六卷。

《曾文正公全集》　曾國藩等撰，王定安等纂輯，民國六十三年，臺北，文海出版社據初版影印，並增入其他版本之家書家訓等，又增曾昭六撰《編刊考略》一冊。

《曾文正公全集》曾國藩，臺北，世界書局，民國四十一年鉛印本，十冊。
《曾文正公年譜》黎庶昌，臺北，廣文書局，民國六十年。
《曾文正公別傳》朱孔彰，《中興將帥別傳》，光緒二十三年刊本，臺灣中華書局，民國五十七年，臺二版。
《曾文正公七種》曾國藩，臺北，啓明書局，民國四十八年，六冊。
《曾文正公國藩文獻特展目錄》故宮博物院，民國六十一年，二〇頁。
《曾文正公批牘》曾國藩，臺北，華文書局影印，民國五十八年，六卷。
《曾文正公家書》曾國藩，臺北，新陸書店，民國四十五年二版，六、二二三頁。
《曾文正公詩文集》曾國藩，臺灣商務印書館，《萬有文庫》第一、二集，六卷。
《曾文正公雜著》曾國藩，臺北，廣文書局，民國五十八年，四卷。
《曾國藩評傳》何貽焜，臺北，正中書局，民國五十三年七月臺三版，六一七頁。
《曾國藩傳》蕭一山，中華文化出版事業社，民國四十一年，二〇二頁。
《曾國藩之生平與事業》蔣星德，南京，商務印書館，民國二十四年四月。
《曾國藩傳》王樹枏、馬其昶撰，《清史稿列傳》，北平清史館，民國十六年。
《曾國藩治學方法》胡哲敷，臺灣中華書局，民國五十年，六、一三四頁。
《曾國藩平亂要旨》陳啓天，上海，大陸書店，民國二十一年初版，臺灣商務印書館，民國五十六年修正版，一三八頁。
《曾國藩及其幕府人物》李鼎芳，上海，文通書局，民國三十六年，一九八頁。

《曾國藩文學理論述評》．莊雅州，臺北，撰者印行，民國六十一年。
《曾惠敏公遺集》 曾紀澤，臺北，文海出版社影印，光緒二十年上海刊本，《近代中國史料叢刊》第十九輯。
《能靜居日記》 趙烈文，國家圖書館藏手稿，臺灣學生書局影印，民國五十三年，六册。
《曾文正公手寫日記》 湘鄉曾八本堂家藏手寫本，臺灣學生書局影印，民國五十四年，六册。
《檢論》 章炳麟，《章氏叢書》，民國八年，上海印行。
《養知書屋遺集》 郭嵩燾，光緒十八年刊本。
《近代史料考釋》 沈雲龍，傳記文學出版社，臺北，民國六十一年。
駱雪倫 〈從曾國藩和魏源的經世思想看同光新政〉，《大陸雜誌》三十六卷一期，臺北，民國五十一年一月。
郭斌龢 〈曾文正公與中國文化〉，《天津大公報．文學副刊》，民國二十一年十一月七日。
沈雲龍 〈曾國藩之挺經〉，《近代史事與人物》頁五三—五四，臺北，自由太平洋文化事業公司，民國五十四年。
吳相湘 〈憂讒畏譏的曾國藩〉，《晚清宮廷實紀》頁一五三—一九四，臺北，正中書局，民國五十八年臺五版。
何烈 〈李秀成之死與曾國藩〉，《史繹》創刊號，《國立臺灣大學歷史學會會刊》頁七四—八六，民國五十三年六月。

郭嵩燾

陸寶千　著

目次

郭嵩燾

一、傳略

郭嵩燾號筠仙，字伯琛。晚年自號玉池老人，學者則稱之爲養知先生。湖南湘陰人。生於清嘉慶二十三年（西元一八一八年），他幾歷艱辛，始成進士。隨即遭逢雙親之喪，所以丁憂在家。咸豐元年，太平軍起於廣西桂平金田村，第二年進入湖南境內，他和左宗棠避亂於玉池。到了秋天，太平軍圍攻長沙，湖南巡撫張亮基延請宗棠相助。宗棠本來不肯答應，但是嵩燾勸道：做大官的人，已經很久沒有禮遇讀書人了，現在張巡撫居然有這一件舉動，你應當要成人之美。宗棠聽了，便到長沙去拜訪張亮基，亮基便請宗棠負責軍事。以後宗棠建功立業，成爲中興名臣，便是由於郭嵩燾一句話所激起的。這一年的冬天，太平軍占領了武昌。清政府命令曾國藩辦理團練。此時曾國藩也正守制在家，接到詔書後，擬覆疏懇辭。適逢郭嵩燾來弔喪，嵩燾於是極力勸阻國藩說：你本來就有澄清天下的大志，爲什麼不利用現在這個機會乘勢起來呢？並且古人也有墨絰從戎這件事，你不必爲禮所拘。同時又向國藩的父親陳說應當保衛家鄉的理由。國藩的父親乃對國藩說嵩燾所說的道理實在光明正大。於是國藩乃決定出山，後來終於平定了太平天國。這也是受了郭嵩燾的一番話而決定的。

其後曾國藩的湘軍訓練完成，出省援助南昌守軍，郭嵩燾也在軍中。南昌解圍後，他得以功授編修。按照那時的規定，由翰林而授爲編修，必須先經過散館考試。現在他未經考試而直接獲授此職，當時是一樁罕見的事。此後他爲湘軍擔任籌餉工作，奔走甚勞。咸豐七年，曾國藩因父喪回籍守制，他也離開湘軍，入京供職。

八年三月，英、法、美、俄四國使臣相繼率船至大沽口，要求修訂鴉片戰後所訂之商約。四月，奪據大沽砲臺，四使進抵天津。清廷迫不得已，與之訂約。四國兵艦既退，清廷便於六月命僧格林沁治防天津海口。這時嵩燾時常與人討論洋務。十二月，受命入值南書房。那時，凡入值南書房的人，都是文學侍從近臣，以翰林進士爲多，學試各差，往往儘先簡放。他這次能獲此優異的差使，因有兵部尚書陳孚恩的奏薦。孚恩說他「通達時務，曉暢戎機，足備謀士之選。」可見他之所以能入南書房，是因爲海防緊急，客觀情勢上需要這位洋務人才的緣故。所以次年春天，便受命隨僧格林沁赴天津辦理海防。但是他對洋務的意見和僧格林沁相忤。十月，受命往煙台查辦釐收，不久被僧格林沁奏劾回京。十年春，便辭職回里了。

過了二年，李鴻章爲江蘇巡撫。因爲上海洋商萃集，江蘇司道必須能通達外情，明知政事者，方克勝任，於是便保奏郭嵩燾爲蘇松糧儲道。郭氏於同治元年十月接任。次年五月，即擢爲兩淮鹽運使。八月，更命署理廣東巡撫。這是因爲廣東爲湘軍重要的餉源所在，希望郭氏能加以整頓，以裕餉源。後來湘軍克復南京，太平天國的餘黨李世賢、汪海洋等由江西進入廣東。他奏陳廣東軍務貽誤的原因，歸咎於兩廣總督瑞麟。清政府命左宗棠查辦。宗棠覆奏時，責粵軍會剿不力。並稱郭嵩燾「勤懇篤實，廉謹有餘，而應變之略，非其所長。」於是清廷將他內召回京，另候簡用。他便於同治五年六月辭職回里了。

此後家居八載，從事於著述和講學。十三年春，日本藉口臺灣生番殺害琉球遭風難民，派兵侵犯。由恆春登陸，進攻番社。清廷命沈葆楨爲欽差大臣，前往辦理。五月，清廷嚴令沿海各省籌防。七月，又命郭嵩燾、丁日昌等來京陛見。因爲他們兩人在當時都是以通達洋務見稱的。光緒元年二月，嵩燾受命爲福建按察使。七月，又受命爲出使英國大臣。他回京以後，又署兵部侍郎，並在總理各國事務衙門行走。次年八月，署禮部侍郎。十月，啓程赴英。十二月，到達倫敦。這是中國第一位駐英使節。三年三月，清廷正式任他爲兵部左侍郎，仍留倫敦。四年正月，兼任出使法國大臣。他抵英以後，不斷與副使劉錫鴻發生齟齬，後來劉錫鴻調爲駐德大臣，二人依舊互相攻訐。於是清政府命令曾紀澤爲使英大臣。他便在光緒五年正月返國了。此後先後主講於城南書院、思賢講舍。光緒十七年（一八九一年）卒。年七十四歲。

西方文化之第一次進入中國，是在明代中葉。這一個自西而來的文化浪潮，因清聖祖之禁教而中止。西方文化之第二次進入中國，是在鴉片戰爭前後。這一次文化浪潮之湧進，國人之初步反應，大抵是出於鄙夷之情，詆毀排拒，很少有人能平心靜氣，究其長短者。郭嵩燾在當時以精於洋務知名，他便是少數卓識之士中的一個。但是識見由於學問，他之所以精於洋務，即是由於他的深於學問而來。我們要研究郭嵩燾的思想何以在當時能迴異於流俗，便需要從他的學問根底說起。

二、理學

郭嵩燾青年時期最要好的朋友是劉蓉和曾國藩。劉蓉少時並不從事於科舉之學，他所致力的是理學。郭嵩燾少時則從事於詞章之學。劉蓉常常勸他：文章之道，在乎「積理而鍊識」。假如它的內容，無關於世道人心，那正如花草之美，錦繡之文，這種文章仍然不是重要之物。讀書的人，立身處世，應當從大處著眼。假使你專門研究文藝而不講正學，道德和事業皆沒沒無聞，即使做到了文章和班固、司馬遷一樣，詩歌超過了曹植和劉楨，對於自己的身心，仍然沒有好處，對於社會仍然沒有什麼關係。自己苦心孤詣，消耗了一生的精力去從事文藝，不過給別人鑒賞罷了，站在整個國家和社會的立場看來，有它也好，沒有它也好，無足輕重啊。曾國藩考取進士以後，在北京服官，認識了唐鑑、倭仁等理學家，也從事於理學的實踐。從曾氏的日記上可看出他克己工夫的努力。由於郭嵩燾和劉、曾二人交往之密，他不能不受到理學的影響。道光二十三年，他在湖南辰州坐館。那時辰州的鱔魚價錢是一斤三十文，兼爲去刺。他的僕人買了半斤佐餐。他吃了以後，告訴僕人以後不要再買了。因爲湘陰的鱔魚高於肉價，他的父母一年中不過吃一、二次。現在他一人享用獨優，於心不安。而且「方隨事勉自刻勵，每食厚味，必不宜」。可見這時他已在從事理學工夫了。道光二十四年，他赴京會試時，曾直接拜訪唐鑑。初聽唐氏的言論，似覺很是平易，後來讀了唐氏的省身日課，纔知理學「惟在日用行習之間，辨之明而守之嚴」，「天下事物之待理者，求之一身，而固無待於外也」。光緒十四年二月十五日，王闓運過訪他，他正在靜坐。靜坐也是理學工夫之一。這時他已七十一歲了，可見他直至老年，皆在實踐理學之中。

嵩燾之於理學，不但躬親實踐，而且著有性理精義札記，可惜生前並未付梓，後人無從知道其內容。但他尚有《大學》和《中庸》的章句質疑。從這二書中，可知他對於理學在義理上也有所發明。第一、他反對朱子的《大學》章句中綱領條目分疏之說。原來朱子把《大學》本文分爲十一段，稱第一段爲經，第二段至十一段爲傳十章。但郭嵩燾另有分法：他把朱子之所謂經稱爲第一章，把朱子所稱之傳首章至第六章合稱爲第二章。以下再改朱傳之第七章爲第三章，第八章爲第四章，第九章爲第五章，第十章爲第六章。他以爲第一章的內容是「首明大學之旨，歸本誠意致知，而先釋致知之義」。而朱子章句中把綱領條目分開解釋，「未足以貫通聖經之全，而或失之纖曲」。

第二，嵩燾反對朱子的致知補傳。他以爲《大學》一書，主要內容是致知和誠意。其所新定的第一章是解釋致知的，第二章則是解釋誠意的。被朱子認爲是傳之五章者「此謂知本，此謂知之至也」一句，仍應當在第一章「未之有也」一句之下。因爲《大學》本文「致知在格物」，並不說致知「先」格物，此表示「格物即是致知」，所以此下結「此謂知本，此謂知之至也」，就是朱子所補格物致知一章的內容。「經文本自無缺也」，用不著再補傳了。

第三，嵩燾十分重視「勇」德。《中庸》上說「知仁勇三者，天下之達德也」。他認爲朱子解釋這一段時，說得十分惝怳無歸宿。自宋代張載以下，許多人都把勇字看得太輕了。「經文分明言知、仁、勇三者天下之達德，如何輕易低昂」？他又以爲此三者各有知、行之別。例如自知一方面來看，求明理是知中之知；求勝私是仁中之知；求養氣則是勇中之知。又從行一方面來看，那麼據理以行就是知；秉公以處就是仁；以全力任之，那便是勇了。

第四，嵩燾認爲中庸之德，必須以禮爲表達的形式。他說《中庸》一書的內容，主要是論禮之精意。所謂禮之精意是什麼呢？乃是對一個人的行爲「裁其過，輔其不及」。由於禮，一個人可以「復其性之善而歸於中」，所以君子有崇禮之功。

三、禮學

郭嵩燾既然以爲「君子有崇禮之功」所以他寫了一部《禮記質疑》。《禮記》本來有鄭玄的註，郭氏以爲其中有可疑的地方，值得討論，所以把他自己對《禮記》的研究所得取名《禮記質疑》，在這本書中有很多新的見解。

第一，嵩燾認爲制度是範圍人心的。《禮記‧禮運》有一句話：「大人世及以爲禮」，他以爲這是指三王家天下而言，即指三代傳子之法而言。自從傳子之法確定後，「唐虞禪讓之風遂不能復行」，但是「聖人辨上下而定民志」，也就因爲這個禮（制度）成立了，抑止了人民的爭奪政權之心，減少了戰爭。所以他結論說「制度者所以範圍天下之人心而不過其則者也」。

第二，嵩燾認爲禮必須要適應時代。〈禮器〉篇上說「禮，時爲大，順次之，體次之，宜次之，稱次之」。他的解說是這樣：順和宜的意思相近。「順」是對外而言，乃指天理自然之秩序。「宜」是對內而言，乃指人心中之秩序，即人於事物的安排覺得合乎義而安於心。「稱」和體的意思相近。前者是對外而言，是指器物和儀式的切當合適。後者是對內而言，乃指人心中的別異作用。所以禮是運用適當的器物表達內心的秩序感和別異感的。並且表達這種秩序感和別異感的儀式是合乎天理自然的。把這種儀式定爲條文，也就是稱爲典章制度。所謂「時」者，便是每一時代的典章制度和前代相比，一定有相同的，也有改革的。如果生長在現代的社會裏，卻要一成不變地依照前代的典章制度來行事，那就不合時宜了；所以說「時爲大」。

第三，嵩燾認爲法制必須適於人情。〈表記〉篇有一句話：「是故君子議道自己，而置法以民」。他作了這樣的解釋：道就是仁。君子以身任道，就是實踐仁。議道，就是明道之當然。而制定法律，則必須通乎愚賤之志，不可以把制定法律者本人之道德標準，勉強加之他人。因爲制定法律的目的，是在「裁成天下」，和道德的目的在完全一己的人格，並不相同。

第四，嵩燾認爲國家之間應當互相通曉彼此的制度。〈曲禮〉篇上說：「越國而問焉必告之以其制」。他解釋道：越國二字可有兩種說法。一種是本國人到別國去辦事。在這種情形下，此人應當要向該國的人請教他們的法令制度，以便決定處理事情的方法。假如他們的法令制度和本國所有的相乖忤，那該以本國的法制爲準，不可以曲從他人。所以最好自己先把本國的制度法令告訴別人，讓別國人有所斟酌。一種是別國人到本國來辦事。在這種情形下，也該把本國的法制告訴他，使別人有所參考。

清代的學者精於考據之學。儒家的經典都有新的注疏。譬《爾雅》有郝懿行之《爾雅義疏》，邵晉涵之《爾雅正義》；《尚書》有孫星衍之《尚書今古文註疏》；《詩經》有陳奐之《詩毛氏傳疏》；《儀禮》有胡培翬之《儀禮正義》；《周禮》有孫詒讓之《周禮正義》；《春秋》有陳立之《公羊傳義疏》，劉文淇之《左傳舊注疏證》；《論語》有劉寶楠之《論語正義》；《孟子》有焦循之《孟子正義》；《孝經》有皮鹿門之《孝經義疏》。總之，十三經中僅《易》、《穀梁傳》及《禮記》沒有新疏。而郭嵩燾的《禮記質疑》，當時學者李慈銘等以為即等於新疏。李慈銘是一個目空一切的人，對此書如此推崇和心折，則郭嵩燾禮學造詣之深，也可以想見了。

四、史學

郭嵩燾於道光二十三年，在湖南辰州與張景垣論禁煙始末，恍然知道自古邊患之興，都由於措理失宜。此後便開始「讀書觀史」。到了咸豐八年供職翰林院時，有機會讀到《聖祖實錄》，十分欽佩清聖祖的制御俄人之道。後來曾與史地學家何秋濤討論洋務，覺得何氏對於洋務問題的看法，深中肯綮。便問何氏對於洋務是否曾有實際經驗？何氏說：「經史傳記，先儒百家之言，昭著燦列，用不著直接參與洋務纔能知道啊。」他驚嘆何氏之言，此後便從事於歷史的研究了。後來出使英國時，行篋中曾帶了《史記》、《漢書》同行，可見其對於歷史寢饋之深。他曾經寫過一部《綏邊徵實》。這是他取秦漢以來中國和外夷交涉的史實，「辨證其得失，發明其經世致遠之略」。書雖成稿而並未出版。後來光緒元年，他見到鴉片戰爭以來不斷增加通商口岸，洋人的勢力內達長江。於是要想寫一本書上之總理衙門，希望能頒行天下學校。此書的內容是「推求古今事宜，辨其異同得失，條具其所以致富強之實，而發明其用心」。但是這本書似乎並未成稿。我們今日所能見到有關郭氏史學方面的著作，祇有一本《史記札記》。這是他閱讀《史記》時隨手批註於書本上的話，經後人清理而編成的。郭氏生前或並未有意加以問世，所以其中有很多意見是深觸當時忌諱的。但我們今日看來，正足以表現他思想的超俗。他於讀畢《史記》後自記道：「讀其文，推求當時事實，考知世變」。郭氏所謂的「世變」是什麼呢？

第一，他認為禮樂是「聖人所紀綱萬事，宰制羣動」的。但三代以後禮樂便沒有了。所以太史公的〈禮書〉、〈樂書〉都是采綴荀子的禮論和樂論而成，並沒有具體地記述禮樂的內容。乃是太史公表示三代的禮樂已無從明白，只能明白其「義」而已，「秦漢以下，并其義失之，不足與於禮樂之事也」。舉一個例子來說，三代有祭天之禮，乃是表示天子「事神保民，祇承敬畏之心」的。但是秦漢以後，「天地百官之禮，亦皆出於方士之說，垂至於今」，「誣民而瀆天之紀，二十餘年而未有已」。我們只要想一想清廷祭祀堂子等種種荒誕的典禮，便知郭氏感慨之深了。

第二，郭氏對於君主專制政治表示了十分不滿的態度。《史記．趙世家上》記載趙襄子於晉陽圍解滅掉知伯以後，論功行賞，以高共為第一。其理由是在晉陽危急的時候，祇有高共不敢失人臣之禮。郭嵩燾加以案語道：「戰國之君，積驕以臨其臣，實趙襄子此言為之倡。春秋時無有也。秦漢以來尊君卑臣之風，實開於是時」。因為尊君卑臣，所以到後來君主的言論變成法律。〈酷吏列傳〉記載杜周的意見道：法令從那裏來呢？以前的皇帝認為是的，那便是律。後來的皇帝所認為是的，那便是令。郭嵩燾加以案語說：秦漢以後皇帝的地位漸被尊高，但在漢朝初年，政府中的大臣尚能自舉其職，皇帝有時也不能強迫改變廷臣的意志。後來使「人主一言皆垂為律令，由杜周此言階之厲也」。君主專制的結果是怎樣呢？〈蕭相國世家〉記載蕭何故意受賄自污，以避免劉邦的猜忌一事，郭嵩燾以為劉邦以匹夫有天下，心理常恐別人效法自己，所以誅戮功臣。「於是聖人以道經營天下，奠定生民之盛軌，不可復見於世。由高帝以下自私而不聞道，貽禍若斯之烈也」。

第三，郭嵩燾以爲夷狄侵略中國，自中國而言，有兩種弱點存在，所以爲敵所乘。一是中國的法令煩苛，使上下離心。《史記》載秦繆公問由余：中國以詩書禮樂法度爲政，仍然常有變亂；戎夷的文化低落，並沒有這些東西，如何能安定國家呢？由余則以爲「此乃中國所以亂也」。因爲有了禮樂法度，時間一久，政府以法度責督人民，人民以仁義怨望政府，上下交爭，國家焉得不亂。至於戎夷方面，「上含淳德以遇其下，下懷忠信以事其上，一國之政，猶一身之治」，簡而易行，所以反而政治安定。郭嵩燾以爲「自漢以來，夷狄侵陵中國，其勢常勝，中國常不足以自給，其原實由於此，莫能易其說也。」中國方面另一弱點是人材缺乏。《史記．齊太公世家》記田乞僞事齊國貴族高氏、國氏，最後反殺高昭子。郭嵩燾加以案語道：六朝五代的時候，政府中不斷出現篡殺的情形，一定是先有一個大臣擅權，「盡舉朝之士大夫而玩弄之」。等到政府中沒有人敢反對時，然後陵蔑天子，終於形成篡殺。「夷狄之侵擾中國也亦然」。這是他身經鴉片戰爭和英法聯軍，發現清廷法令煩苛，朝內無人而作的感慨。

第四，郭嵩燾主張中國與別國應和平相處。《史記．孝文本紀》記文帝與匈奴和親。下詔說：「夫久結難連兵，中外之國將何以自寧」？郭嵩燾以爲孟子稱贊商湯事葛、周太王遷岐、文王事昆夷爲樂天。「文帝此詔至誠惻怛」，和孟子的意義一樣。因此批評「南宋以後諸君子於漢唐規模全不一考」。此外，《漢書．匈奴傳》後，班固寫了一個贊，中間有幾句話。大意是匈奴來侵略中國，則中國「懲而御之」。匈奴被逐出以後，則中國「備而守之」。如果匈奴「慕義而貢獻」，那麼中國應該「接之以禮讓」。總之中國方面的態度是「羈縻不絕，使其曲在彼」。郭嵩燾最喜歡這幾句話，常常引用之以抨擊當時虛憍的對外主戰之論。

第五，郭嵩燾很重視工商業。《史記．貨殖列傳》稱農、工、商、虞四者爲「民所衣食之原也」。他加以案語道：「天地自然之利，一出於虞人」；太史公的話和《周禮》「以九職任萬民」的意思相合。漢朝興起後，「始爲重農抑末之說以困辱賈人」。因此感慨「人無復有能知此義者矣」。此外，〈貨殖傳〉中記載很多富人以鐵冶起家。他認爲鹽、鐵二者是漢朝政府「制用之經」而「後世言富貴者皆莫能知，此中國所以日趨於貧也」。可見他又主張重要的生產業應由國家經營的。

五、洋務思想

郭嵩燾的洋務思想，可從外交與內政兩方面來談。就外交原則講，第一個重要的觀念是「循理」，這個觀念在他的心中，起源甚早。遠在未中進士前，於辰州坐館與張景垣談論禁煙事本末時，他已恍然悟「自古邊患之興，皆由措理失宜」。後來居僧格林沁幕中，清政府因英法海軍進至大沽口，被迫訂約，英法艦隊既退，清政府意欲毀約。這時朝野一致主張下次英法再來時對之作戰。而郭嵩燾不以爲然。他曾向僧王上了十七次說帖，大意是「今時意在狃擊。苟欲擊之，必先自循理。循理而勝，保無後患；循理而敗，亦不致有悔」。此後他不斷地申說此一觀念。曾有信與友人方子聽說：西洋人的一切情形，廣東人大多數能夠知道，因爲他們已與洋人接觸很久的緣故。但是「僕則衡之於理，審之以天下之大勢，而其情亦莫能遁焉」。又曾於覆兵部尚書沈兆霖的信中說：「天下事一理而已。理得而後揣之以情，揆之以勢，乃以平天下之險阻而無難」。直至光緒元年他奏參雲南巡撫岑毓英引起使館繙譯官馬嘉理（A. R. Margary）被戕事件時，仍說：「士大夫蔽於見聞，不考古今之宜，不察事理之變，習爲高論，過相詆毀，以至屢生事端」。出使前夕，又欲疏陳辦理洋務機宜。以爲辦理洋務不越理、勢二者。「理者，所以自處者也。自古中外交兵，先審曲直。勢足而理固不能違，勢不足而別無可恃，尤恃理以折之」。在使英途中，又說：「所謂道理無他，以之處己，以之交人。行焉而宜，施焉而當，推而放之而心理得，舉而措之而天下安」。光緒十年，清廷以法國占領越南河內，屢與法國交涉無效，勢將起釁。他致書李鴻章反對用兵。以爲中外的民情是一樣的，所以大家都是可以理喻的：「夷狄之民，與吾民同也。趨利避害同，喜諛惡直同，舍逆取順同，求達其志而不樂阻遏其氣同。賢者以理折衷，可以利之順之，亦未嘗不可直言之，因而阻遏之。取足於理，強者亦可使退聽」。這時他已六十七歲了，可見「循理」這一觀念，在他是至老未變的。

郭嵩燾處理外交的第二個觀念是「以德服人」。主張以誠信、平等對待洋人。從理論上講，對外交涉既要「循理」，則誠、信、平等自是題中應有之義。因爲不誠、不信，以洋人爲異類，則爲不「循理」了。但郭氏此一觀點之正式形諸文字，則在咸豐十一年，那時兵部尚書沈兆霖給他一封信，中間有一句話：「一誠可使豚魚格」。他在覆信中稱沈氏「所見精卓」。足見他同意沈氏的見解。這一年，他又有覆信給友人方子聽，中有一段敘述中國歷代控御夷狄之道是：太上以德，其次以略，其次以威，其次以恩。而「信與義貫乎四者之中而不能外」。光緒元年，他於〈擬銷假並論洋務疏〉中，引用宋儒程頤的話，宋時朝廷有五不可及，「一曰至誠待敵國」。他解釋道：「夫能以誠信待人，人亦必以誠信應之。以猜疑待人，人亦即以猜疑應之。此理無或爽者」。使英以前，又在上海上疏稱：辦理洋務沒有什麼特需用心之處，「言忠信，行篤敬，以立其體。深求古今之變，熟察中外之宜以致其用」。使西途中，又說：「處今日之勢，惟有傾誠與各國相接，舍是無能自立者」。中法戰爭時，又條陳交涉西洋通商事宜，「可以理屈，萬不可以力爭。可以誠信相孚，萬不可以虛僞相飾」。可見這一觀點，他也是至老不渝的。

就内政方面而言，郭嵩燾十分重視本末之辨。何謂本？最早他認爲吏治紀綱是本。他入值南書房以後，曾奏陳致理之原。當時太平天國的勢力日益擴大，他以爲「小民何所怨咨、何所憤激而競趨從逆？實緣吏治隳壞，銷磨善氣以有今日」。以天下之大，貪汚劣蹟者之多，而終無一能正其罪者，紀綱廢弛已非一日。所以「當盜賊橫決之時，推求政本，仍以整飭吏治爲首務」。光緒元年，他赴福建按察使之任，行前上書恭親王奕訢條議海防事宜。其第四條即爲「先明本末之序」。他以爲中國自漢代以來，每當全盛時期，即使邊患相尋，仍能宴然無事。等到衰亂纔有外患。所以「政教之及人本也，防邊末也」。這時他進而更以「教」爲本了。使英期間，他曾寫信與沈葆楨，自稱讀書涉世垂四十年，「實見人才國勢，關係本原大計，莫急於學」。光緒十一年，他已退職家居。這時清廷設海軍衙門，他告訴李鴻章，以爲此事徒耗經費。「富強者，秦漢以來所稱太平之盛軌也，行之固有本矣，漸而積之，固有基矣。振厲朝綱，勤求吏治，其本也。和輯人民，需以歲月，汲汲求得賢人而用之，其基也。未聞處衰敝之俗，行操切之政，而可以致富強者」。這時他又注意到「衰敝之俗」了。兩年之後，有信與瞿鴻機中稱「未有人心風俗流極敗壞，而可與言富彊者也」。此後他又說富強有本有末，「本者乎？人心風俗而已矣。末者何？通工商之業，立富強之基，凡皆以爲利也」。光緒十五年，兩廣總督張之洞議造蘆溝橋至漢口鐵路。他告訴李鴻章鐵路宜逐漸推廣，若一舉營治數千里，恐國家物力不能負擔。且「國於天地，必有與立，豈有百姓窮困而國家自求富強之理」。此時他又更以社會經濟爲本。後來他又評論張之洞在鄂中的新政，以爲富強者，「其源由政教修明，風俗純厚，百姓家給人足，樂於趨公，以成國家磐固之基。而後富強可言也」。終於把政、教、風俗、社會經濟，合而言之了。

由於郭嵩燾明於本末之辨，所以他對於西方文化的看法，亦從分別本末著眼。他在廣東巡撫任內，曾和英領事羅伯遜（Brooke Robertson）籌商製造輪船之方，故已間接與西方文化相接觸。後來赴閩時，向恭親王條陳海防事宜中，曾說「西洋立國，有本有末。其本在朝廷政教，其末在商賈。造船製器相輔以益其強，又末中之一節也」。所以「竊以爲中國與洋人交涉，當先究知其國政軍政之得失，商情之利病，而後可以師其用兵製器之方，以求積漸之功」。可見這時他於中國自強之道，顯然已知輕重先後之所在了。後來使英途中，不斷與洋員馬格里（Holliday Macartney）討論西洋政情，並在香港、新加坡等地參觀學校、監獄、法院等。乃以爲「西洋立國二千年，政教修明，具有本末，與遼金崛起一時，倏盛倏衰，情形絕異」。抵倫敦之後，覺得英國政教風俗氣象日新，「其官民相與講求國政，白其君行之，蒸蒸日臻於上理」。證實了往日的見解：「蓋兵者末也，各種創制，皆立國之本也」。回國以後，又告王闓運：「英吉利有程朱之意，能追三代之治」。並評論張之洞新政之仿行西法爲不知本。因爲泰西富強之業，資之民商，「其國家與其人民交相維繫，並心一力，以利爲程。所以爲富強者，民商厚積其勢以衛國家」，「今言富強者，一視爲國家本計，與百姓無與。抑不知西洋之富專在民，不在國家也」。他這種見解，和當時一般醉心於船堅炮利的人相比，真敻乎絕遠了。

由於郭嵩燾對西洋文化了解之深，所以他主張取法西洋。認爲「其強兵富國之術，尚學興藝之方，與其所以通民情而立國本者，實多可以取法」，「誠得其道，則相輔以致富強，由此而保國千年可也。不得其道，其病亦反之」。但是如何著手呢？他既然認爲西洋之富強其本在政教，則應當從政教之取法開始。他在英國時曾參觀過議會，對民主政治有相當的了解，「推求其立國本末，其始君民爭政交相屠戮，大亂數十百年，至若爾日（George）而後定，初非有至德善教累積之久也。百餘年來，其官民相與講求國政，白其君行之」，「泰西立國之勢，與百姓共之。國家有所舉廢，百姓皆與其議。百姓有所爲利害，國家皆與贊其成而防其患」。但是他並未在這一方面從事鼓吹。不過他私下對中國君主專制之不滿，在英倫讀《史記》時，隨手發揮於紙上了。他對外公開的建議，是效法西洋的「教」。在其出使以前，已知「西洋之法，通國士民，一出於學，律法、軍政、船政、下及工藝，皆由學升進而專習之」。所以「彼土人才，實勝中國。爲能養之而使盡其學，用之而使盡其職也」。途經香港時，參觀大學，深贊「其規條整齊嚴肅，而所見宏遠，猶得古人陶養人才之遺意」。所以主張先在通商口岸開設學館，求爲徵實致用之學。並提示幾點：⑴分堂以立爲學之程。⑵計時以示用功之準。⑶明定規則以使有依循。⑷分別去留以使知勸戒。這已不是舊式的私塾，而是新式的學校了。他主張如果行之有效，再漸次推廣到各省以達縣鄉，「期以廣益學校之制，通其變而濟其窮」。學校之外，他又主張設立博物院。因爲他在倫敦見博物院「所在有之，分門別類，羣聚考求，爲學問所從出」。

學校以外，郭嵩燾注重於社會經濟之發展。首先他主張重商。光緒元年，他在上書恭親王條議海防事宜中，即已建議急通官商之情。他說「西洋立國，在廣開口岸，資商賈轉運，因收其稅以濟國用。是以國家大政，商賈無不與聞者」。所以中國「當師洋人之所利以利民」。令沿海商人廣開機器局，使輪船、機器歸於民營，亦即因民之利而爲之制。清廷自同治以來，造船製器，都是官辦；而他則主張全由商辦。顯然是取法於西洋。出使以後，對於「西洋以通商爲義」這一點，認識更深。乃更主張加強對外貿易。他說「自古經國之計，專務招徠商賈，無以閉關絕市爲義者」。所以每遇外人要求增開通商口岸時，他總是主張迎機理喻，反對率爾稱兵。這和當時號稱清流者的一味排外主戰，太難於相合了。

由於注重商業，郭嵩燾又注意到貨幣。當時中國民間尤其是江浙一帶，都使用外國的銀圓，「洋商得操其奇贏，以罔市利」。他到倫敦以後，知道貨幣的鑄造權操之於國家，鼓鑄精而人民無能作僞。所以他主張在上海設立洋銀局，「略仿洋圓形式而易其花樣，編列字號」。暫時頒發江浙兩省，歸招商局承辦。若能行之有常，那麼數十年之後，必可遍及天下，政府可以收到很大的利益。後來清廷議由各省自鑄銅錢，他表示反對。因爲用「六觔餘之銅，鑄錢一千，銅價已逾一千之數」，根本不經濟。他認爲「錢法由國家利之，當使費錢一千，可得二千之用，然後出錢多，圜法自然流通」。換言之，他是主張政府操鑄幣之權的。

重商以外，郭嵩燾又主張開煤、鐵，造鐵路、設電報。前三者，他在出國以前已有此種想法了。光緒二年正月十三日，他拜訪翁同龢時，曾言「欲天下首開煤鐵，又欲中國皆造鐵路」。後者他到英國後纔知道。曾告訴李鴻章，英國的富強，始於造火輪船。後來「又因其法䊸爲火輪車，起自嘉慶十八年。其後益講求電氣之學，由吸鐵機器轉遞書信，至道光十八年，始設電報於其國都，漸推而遠」。現在中國應當急圖內治以立富強之基，這鐵路和電報二者，「可以立國千年而不敝」。後來又奏請清廷先在新疆舉行電報及火輪車，使「各城聲息畢達，如在咫尺。商賈百貨，到處流通。十數年後，關外各城盡成都會，即可漸次推行其法於內地」。回國以後，又作〈鐵路議〉以爲鼓吹。至於開採煤礦，他主張利用洋人的機器。因爲煤質愈深愈佳，機器開煤，可以深入。「中國開煤務旁通，洋人開煤務深入。同一開採，淺深一也，有何妨礙？」進一步，他主張礦產應由民營。因爲「天地自然之利，百姓皆能經營，不必官爲督率。若徑由官開採，則將強奪民業，煩擾百端，百姓豈能順從？而在官者之煩費，又不知所紀極」，所以這些事情「不必上煩大府之經畫」。

六、結論

以上所述郭嵩燾取法於西洋的意見，都是從「本」著眼。他從來不談當時一般士大夫所樂言的船堅炮利。足以表示他見解之卓越。而且除電報和銀幣二者外，都是在他未出國以前就已蘊之胸中的。我們推究他的循理和推誠觀念，推究他的本末之辨，實在都由於他的理學和經史之學而來。因爲他之「勇」於任事，「勇」於建議而不顧時人訕笑，當然由於理學修養而來。至於推誠及於洋人，也是理學中應有之義。他奏參岑毓英處理馬嘉理案不當時，一開始即引用《周禮》。《周禮》中的大宗伯以賓禮親邦國，列於軍嘉二禮之上。他以爲三代聖王享國長久，其源皆在於此。因爲「萬里之情畢達，邦國之事宜，生民之疾苦，鉅細皆得上聞」。他之特別注意西洋的政教，正是他研究《禮記．曲禮》「越國而問焉，必告之以其制」解釋的實踐。他之建議取法西洋，正是〈禮器〉篇「禮時爲大」觀念之應用。他之注重學校，因爲這是「周官成均教國子之法」。他一再地説，自有洋務以來，無通知其本末者。「由三代遞推至秦漢以下，利病奚若？所以爲異同奚若？經史傳記之言具在。觀其會通，以辨其得失，而後知兩漢承三代以後之規模一變，唐宋規模又一變，元明以來又一變，而外人所以憑陵中國局面亦變而日奇」。而慨歎道：「吾何足言學識哉？宋朝史册具在，世人心思耳目爲數百年虛憍之議論所奪，不一考求其事實耳」。可見他自稱其洋務思想是由於讀史而來的。因此我們認爲理學和經、史是郭嵩燾學問的根底，他的洋務思想是由於他的根底之學而來的。

郭嵩燾的理學，由於他闇然自修，所以不求人知。他的史學，所有著作，生前未曾刊布，所以不爲人知。他的禮學，雖爲時人推重，亦僅視爲經生之作而已。他的洋務思想，則生前備受訾毀。當他奏參岑毓英時，即其摯友門弟子對其所受詬謗，沒有人能出一言爲解。出使前夕，湖南謠傳洋人入湘傳教，居於上林寺，乃是由他所主使。湖南鄉試諸生，幾乎要羣起毀掉他的住宅。他在京師亦不理於眾口。當時流傳一付聯語譏誚他：「出乎其類，拔乎其萃，不容於堯舜之世。未能事人，焉能事鬼，何必去父母之邦」。後來他自上海啓程後，就沿途見聞、及與隨員談話、並自己的感想，都錄爲日記，送呈總署。總署使同文館出版，書名《使西紀程》。本意供研究洋務者之參考，不想引起軒然大波。王闓運說他「殆已中洋毒，無可採者」。李慈銘說此書「記道里所見，極意夸飾」，「凡有血氣者，無不切齒」。編修何金壽疏劾他「有二心於英國，欲中國臣事之」。結果清政府竟下令毀《使西紀程》書板。侍講張佩綸說「民間閱《使西紀程》者，既無不以爲悖，而郭嵩燾猶儼然持節於外，則人心之患，直恐有無從維持者」，建議將他撤回。他身故之後，政府尚不允爲其立傳賜諡。可見他生前寂寞之一斑。一直等到甲午戰爭以後，中國的海軍盡毀，纔稍稍有人佩服他的先見，但他已不獲知之了。

以上所述，僅是郭嵩燾思想之大概，要想進一步研究，則應先從他的著作入手。他的重要著作（未刊行者不列）有：

《禮記質疑》四十九卷　光緒十六年思賢講舍刊
《大學章句質疑》一卷　同右
《中庸章句質疑》二卷　同右
《使西紀程》二卷　小方壺齋輿地叢抄本
《玉池老人自敘》一卷　光緒十九年養知書局本
《史記札記》五卷　民國四十六年刊
《養知書屋遺集》奏疏、文集、詩集　光緒十八年刊
《湘陰縣圖志》　光緒六年湘陰縣志局刊

此外，下列三書中，皆收有郭氏的書信：

《陶風樓藏名賢手札》　民國十九年國學圖書館影印
《郭筠仙手札》　《中和月刊》，一卷十二期
《花隨人聖庵摭憶》　民國五十四年香港龍門書店影印

近人研究郭嵩燾者有二篇論文可供參考：

柳定生〈郭嵩燾傳〉，《史地雜誌》一卷一期。
彭澤益〈郭嵩燾之出使西歐及其貢獻〉，《文史雜誌》第三、四期合刊。

至於收集郭氏之言論並考定其行事者，則以中央研究院近代史研究所郭廷以先生所編的《郭嵩燾年譜》最爲完備，想要對郭嵩燾作進一步研究者，這一本年譜是必需參考的。

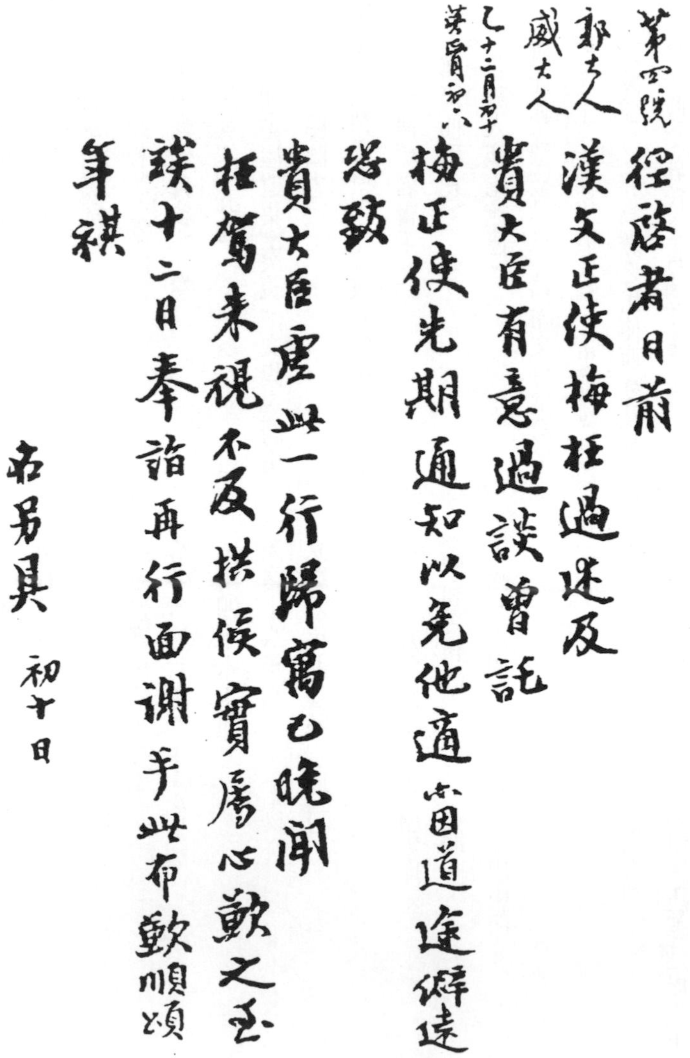

第四號
逕啓者日前
郭大人
漢文正使梅枉過述及
威大人
貴大臣有意過談曾託
乙十二月初十
英曆月初八
梅正使先期通知以免他適亦因道途僻遠
遲致
貴大臣塵此一行歸寓已晚聞
枉駕來視不及拱候實屬心歉之至
謹於十二日奉詣再行面謝手此布歎順頌
年祺
名另具　初十日

郭嵩燾墨蹟
（本文件採自英國外交檔案）

王韜

呂實強　著

目次

王韜

一、生平

王韜，本名利賓，後改名瀚，又取名韜。晚年寫作都用此名，人們遂將其作為正名。①他生於道光八年（西元一八二八年），卒於光緒二十三年（一八九七年）。在他一生的七十年間，經歷了鴉片戰爭（一八三九—四二年）、太平天國（一八五〇—六四年）、英法聯軍（一八五八—六〇年）、中法戰爭（一八八三—八五年）與甲午戰爭（一八九四—九五年）等重大的外患與內亂；年輕時期就開始居住於當時中外接觸最大的中心上海，繼而又生活於英人統治下的香港，並有機會去英國居留兩年半，訪問日本四個月，目睹西方國家的富強，與受到西方勢力衝擊之後，日本朝野的奮發有為，卻又眼見中國的萎靡不振，甚至每況愈下，基於強烈的民族意識，濃熾的愛國熱情，乃一直以探求研擬國家富強方案，並鼓吹實現，為其最大的職志。因此，雖然他才華卓越，興趣廣泛，經歷豐富，感覺敏銳，著作等身，但仍以他有關變法自強的思想，最為當時以至後世所重視。以下本文即先就其生平與著述加以簡介，然後再以變法自強為中心，對他的思想與影響，加以探討。

① 他的字號很多，如子九、懶今、仲弢、子潛、子詮、紫詮、无晦、弢園；別號如蘅華館主、甫里逸民、松濱逋客、滬北賓萌、松北逸民、華鬘居士、天南遯叟、遯窟廢民、弢園老民、瀛洲釣徒、泰東詩漁、歐西詞客、淞北玉魫生，都曾用過。

一、生平

王韜於道光八年（一八二八年），出生於蘇州附近的甫里村。父昌桂做塾師維持家庭，生活相當困窘，但對王韜的教育則十分重視。據王韜自言，他自小就好學不倦，資賦穎敏，迥異常兒。道光二十五年（一八四五年），參加縣考，獲中第一名秀才，甚爲主試者所稱賞。但次年秋天，到南京鄉試，竟名落孫山。

道光二十七年（一八四七年），他父親到上海教書。次年，他去滬省親，聽說有一位英國教士麥都思（Walter H. Medhurst, 1796–1857）所主持的墨海書館（London Missionary Society's Press），能用活字版機器印書，爲好奇心所驅使，他特往參觀。據他自己記載，入其室中，但見到處陳列圖書，琳瑯滿目。到印刷之所，其印刷機器，有車床用牛曳動，使車軸旋轉如飛，一日可印數千張。這是他第一次看到用機器印書，雖然牛力遠不如蒸氣機，但已給他以深刻的印象。在這次參觀中，他還認識了另外幾位著名的教士如慕維廉（William Muirhead, 1822–1900）、艾約瑟（Joseph Edkins, 1823–1905）等。這幾位通曉中國語言文字的英國教士，似乎都對他有良好的印象。道光二十九年，他父親去世，麥都思迅即爲他安排了一項工作，在墨海書館擔任中文編輯。

從道光二十九年（一八四九年）起，直到同治元年（一八六二年），除曾數次返回故鄉，和短期外出遊覽，他一直都在上海；所從事的工作，主要爲幫助麥都思翻譯聖經，及協助教士偉烈亞力（Alexander Wylie, 1815–1887）、艾約瑟等翻譯西方科學書籍，有時也爲這些教士們講授中文。在當時，中國士大夫對外人多心存鄙視，他受雇爲外人工作，雖然抱有研習西學的目的，但畢竟主要爲受衣食所迫；加以他滿腔熱情，志在用世，僻居滬上，自難免有落寞之感。日久，情形漸有改善，與滬上名流姚燮（梅伯）、張鴻卓（嘯峯）、周騰虎（弢甫）、龔橙（孝拱）、李善蘭（壬叔）、蔣敦復（劍人）、管同（小異）等，或因慕名而相識，或屬館中同事，均以性情相投，而結交莫逆，但直到居住上海十年之後，仍然時感怏怏不快。

爲望獲得經世致用的機會，並改變此種生活環境，他曾經於咸豐五年（一八五五年），返回省垣蘇州，再度參加鄉試，但結果又告落榜。此後，鑒於太平軍勢力的蔓延，英法聯軍的進逼，他曾多次上書於江南有關大吏，包括蘇松太道吳煦、江蘇巡撫徐有壬，以至兩江總督曾國藩等，綜論中外局勢，臚陳應付方策。他見解透闢，詞鋒犀利，態度誠懇謙恭，這些建議應該會發生相當的影響，他本人卻依然未能獲得一個舒展抱負的機會。

可能是由於內心的鬱憤，同治元年（一八六二年）初，他突有上書江蘇太平軍將領的舉動。先是咸豐八年（一八五八年）至十年，《天津條約》與《北京條約》簽定後，英法等國爲維護其既得利益，乃開始改變其對華政策，由中立而轉向協助清政府保守各通商口岸，並打擊太平軍。咸豐十一年（一八六一年），英國駐華外交官員與海軍指揮官，屢次向太平天國當局表示，不得進攻通商口岸，尤其上海。太平天國則僅允在一八六一年底以前暫不攻擊。一八六二年元月一日，即咸豐十一年十二月二日，太平天國拒絕了英方再延進攻上海時限的要求，隨後，忠王李秀成即率大軍進至上海外圍。鑒於此項戰略對太平軍甚屬不利，王韜乃於同治元年正月初四日（一八六二年二月二日）上書蘇福省（即蘇州，太平軍於咸豐十年四月間攻佔之後，即稱爲蘇福省）守將逢天義劉肇均，建議忠王李秀成暫且不要進攻上海，以免與外人發生衝突，俾能將兵力集中使用於內地。應先取鎮江與南京鄰近各地，對上海採取徐圖緩困的策略，等待其瓜熟而自落；然後以大軍主力西上，攻取安慶，進佔九江、黃州、漢口，與已經獨樹一幟在川鄂桂黔一帶流竄的翼王石達開部會合，再向黃河流域拓展。

這項戰略對當時的太平天國，關係十分緊要。因爲英法既已改變其中立立場，並進而決定協助清軍，而且在上海駐有相當數量的海陸軍隊，準備直接參與保衛上海的戰鬥，另外還給予由上海紳士商人雇用美人華爾（Frederick T. Ward, 1831–1862）所組成的洋槍隊（旋改稱爲常勝軍）以適當的支援。太平軍在缺乏攻堅的新式武器，又沒有海軍配合的情況下，不僅難以攻克，即佔領也不易防守。且其時正當湘軍攻克安慶之後，方積極進行整補擴充準備東下直薄南京。如其將兵力消耗於上海，何不把握時機，先對付於天國威脅與日俱增的湘軍。此一建議未被李秀成所採用，而王韜卻因此幾遭殺身之禍。

自咸豐十一年十二月中旬（一八六二年一月中）起，太平軍對上海及其近郊，展開猛烈的攻擊。由於英法軍的直接參加戰鬥，始終未能達成佔領的目的，相反的，兵力卻有大量的損耗。同治元年（一八六二年）三月，清軍在攻破上海附近王家寺太平軍的營壘之時，無意中獲得這封王韜的上書。江蘇巡撫薛煥閱後大感震驚，即行向朝廷奏報，並下令緝捕王韜。幸有教士慕維廉和英駐上海領事麥華陀（Walter H. Medhurst, 1823–1885，即墨海書館前館主麥都思教士之子）等的幫助，乃得於避居上海英國領事館四個多月之後，搭輪船到達香港。

由於王韜在墨海書館工作所獲得的聲譽，在慕維廉教士等的安排下，甫抵香港，即受聘於倫敦佈道會（London MIssionary Society）教士英華書院（Ying Hua College）院長理雅各（James Legge, 1815–1897），協助其翻譯中國經書。理氏深通中文，雅愛中國文化，立志將中國經書全部譯爲英文，以便西方人得以閱讀。在王韜到港之先，理氏已經譯完《論語》、《大學》、《中庸》、《孟子》，並已於咸豐十一年（一八六一年）出版，稱爲《中國經典》（*The Chinese Classics*）第一、二卷，所以王韜的助譯工作，自《書經》開始。隨後，爲《詩經》、《春秋》、《禮記》、《周易》等。同治四年（一八六五年），《書經》譯畢出版，爲《中國經典》第三卷。

由於工作繁忙，香港氣候又濕熱，理雅各漸感健康不佳，於同治六年，決定返回蘇格蘭家鄉暫住，行前表示，要爲王韜安排前往英國，繼續譯書工作。理氏返國後，果然來函正式聘約王韜前往。是年十一月，搭乘輪船離港，沿途經新加坡、檳榔嶼、錫蘭、亞丁至蘇彝士，換火車，經開羅至亞歷山大，再換船入地中海到馬賽往巴黎，然後渡海抵倫敦。在上述各地，均曾小作停留，以觀光遊覽。在巴黎停留十日，得以會見他慕名日久的法國漢學家儒蓮（Stanislas Julien, 1799–1873）。王韜認爲儒蓮從未到過中國，僅在其國內從事研究，竟能翻譯中國儒釋各書，風行於世，誠屬難能。儒蓮對王韜——一位中國著名的學者的來訪，也感到十分高興，對之優禮有加，視爲上賓；參觀大學、圖書館，讚佩法人之重視學術，與其藏書之豐富；看博物館，認爲其收藏包羅萬象，幾無物不備；遊覽名勝古蹟，觀賞戲劇歌舞，於其建構之宏偉，技藝之精湛，均留有深刻印象。

在倫敦，由理雅各的安排或陪同下，王韜得暢遊各處。他曾去倫敦以南約二十五里的水晶宮（Crystal Palace），對此一十一層，高約四十丈，所有甎瓦椽樑門窗楹欄全部用玻璃做成的巨大建築，感有極大興趣。參觀大英博物館（The British Museum），盛讚其藏書之豐富，與閱覽之方便，謂其中有世界五大洲輿圖與古今典籍不下五十二萬部。其前部廣堂，排列几椅，可坐數百人。几上筆墨俱備。男女在此看書者，每日有百數十人。晨入暮歸，書任檢讀，僅不准帶走。對於館中所藏各國繪畫、古董、珍奇、標本等的完備，曾發抒觀感說：此類收藏，並非僅供人們炫奇好異，或悅目怡情。主要是因爲人類限於方域，阻於時代，足跡既不能遍歷五洲，見聞更不能追及千古。雖然可以從書本中知道許多東西，但究竟未能看到其實體的形象。現在廣行蒐羅，胥聚於一館。而讓士庶任便前往觀覽，以輔讀書之所不能及，用意至爲深遠。

對於英人科學技術，也乘機加以觀覽體會。他參觀電信總局、兵工廠等，所至無不與其有關人員，詳爲懇談，力求深入瞭解。一位鐵路公司人員告訴他：當英國初創火車之時，毀謗到處蜂起，民眾羣聚阻撓，聲言全國從事人力畜力運輸之人，均將因此而失業。豈料鐵路興起之後，貿易益形發達。而火車所不能到達之處，仍然需用馬車和人力，結果獲利更多。

所以鐵路實在是富民裕國的利器。再就軍事與治安方面來看，如有變亂，聞報調兵，朝發而夕至，費省而效速。從前行旅時遭盜匪搶劫，自建鐵路，人行萬里，極少有意外發生。

在倫敦，他最感得意的一件事，當爲被邀請在牛津大學講演。當時牛津大學早已是歐洲著名的學府，學生已達一千多人。他以華語發言，由理雅各作翻譯。他先追溯中西交通情形，贊揚英女王以利沙伯（Elizabeth I, 1553–1603）遣派英人到廣東，開啓中英間之貿易。繼而稱道斯當東爵士（Sir George L. Staunton, 1737–1801）領先學習華語，之後英人來中國者，遂漸通曉中國的語言文字。以中國地處亞洲東部，英國處歐洲的西方，相去七萬里之遙，三百年前，中國從無人至英土。今則越重洋如渡江河，視中原如堂奧，主要由於兩國能和平相處。深望嗣後能益趨和睦友好，共享太平盛世。最後勉勵聽講之學生，既能在此一全國之高等學府肄業，均屬俊秀之士，其已經畢業而獲得學位者，更皆出類拔萃，年少而志盛，學博而文富。他日出而用世，上則輔翼王家，下則流傳聖道，必均能有益於中國，是爲所厚望。由於他立論正大，措詞得體，獲得普遍的稱讚，如雷的掌聲。講畢之後，復答覆學生問詢有關孔子之道與西方所傳天道之異同，諸發問者皆感滿意。

停留於倫敦的時間，雖然短暫，但王韜對當地風俗人情，已有相當的體會。他的印象是幾無慵惰之民。一般人多誠懇謙讓，很少有欺凌爭鬥之事。即外國旅居其地的客民，也從無遭受欺侮訛詐者。此類實地經驗，對其日後鼓吹變法態度之愈趨積極，與內容之益加充實，自有密切的關係。

抵蘇格蘭後，寓居於克來克曼尼省（Clackmanan Shire）的杜拉村（Dallar）理雅各家中，爲時約兩年餘。他主要的工作，爲協助理雅各釋譯《詩經》、《易經》、《禮記》與《左傳》。這些工作進行得似乎相當順利，其中《詩經》與《左傳》於同治十一年（一八七二年）出版，分別爲《中國經典》第四、五卷，《易經》與《禮記》大約當時未及完成，但後來也在光緒八年（一八八二年）與十一年，先後印出，分別爲《東方聖書》（*The Sacred Books of the East*）第二十六卷，與第二十七、八卷。

旅居異國，特別是對當時的中國傳統知識分子而言，語文隔閡，習俗迥異，不僅在生活上有許多不便，精神上難免有孤寂而無所安頓之感。但王韜卻似乎很快就能適應，自謂在此期間，遊覽之奇，山水之盛，詩文之娱，朋友之緣，足以自豪，幾乎忘記其身在海外。他於工作之暇，遊蹤幾遍於蘇境各地，自言足跡未及者，僅海中一些島嶼而已。他與當地英人來往甚多，於社交之外，更致力於文化交流，促進中西瞭解。曾應邀在金亞爾鄉與亨得利鄉講學論道，在愛丁堡教堂宣講孔孟學說。於一次宴會之中，他說明鴉片之爲害中國，引起在席的一位下院議員決心糾集同志，組織禁種罌粟之會。他在蘇格蘭地區，長期的觀察體驗，對英國政教的優點，瞭解更深。返國之前，並將他攜帶來英國備供譯經參考的書籍，一起捐贈給一家博物館，以志留念。

在英國工作告一段落，於同治九年（一八七〇年）二月，與理雅各一同經巴黎返香港。可能是由於在歐洲所見所聞的刺激，回港之後，王韜很希望能返上海，直接的爲自己的國家做一些事情，但並沒有成功，這自然仍與他從前上書太平軍一事有關。同治十年，理雅各受聘任香港政府所設皇仁書院院長，英華書院因無適當之人接替而暫時停辦，譯書工作也難以照常進行，爲舒展其抱負，王韜乃決心自行創辦事業，與友人黃勝（字平甫，爲與容閎同時赴美國留學三人之一）合資購買英華書院附設之印刷廠機器，成立中華印務總局。次年，他開始擔任《近事編錄》（日報，創刊於一八六四年）的編輯。是年底，他與黃勝就印務總局的基礎，進而創辦《循環日報》。他自任主筆，重要的助手有洪幹甫、伍廷芳，和他的女婿錢昕伯等。

《循環日報》爲早期國人創辦少數民營報紙之一，內容略有三類：新聞、廣告與雜文。新聞欄首先爲《京報》選錄，次爲羊城（即廣州）新聞，再次爲中外新聞。此報一項最大特色爲每天報頭必有一篇論說，有如今日報紙的社論。此項論說多由王韜執筆，內容著重於議論時政，介紹西方的成就，包括西學西政，與鼓吹中國改革自強。以王韜才思的敏捷，知識與閱歷的豐富，以及筆鋒的犀利，他所撰寫的論說，不僅在香港、廣東，得廣爲流傳，上海的中文報也時有轉載。

在由英返港後幾年之中，王韜曾完成兩部重要的著作——《法國志略》與《普法戰紀》。兩書分別於同治十一——十二年間刊行。出版以後，風靡一時，後者傳入日本，爲日人屢加翻刻。《普法戰紀》傳入日本，引起許多知識分子對王韜的仰慕。於是在學者名流栗本鋤雲、重野安繹、龜谷行、岡千仞、寺田士弧、佐田白茅、中村正直等聯合邀請之下，於光緒五年（一八七九年）閏三月間，到達日本。停留近四個月，除遊覽名勝古蹟外，主要爲接受日本學者、文士、官員及中國駐日公使、領事署人員的訪問與宴會。賓主之間，極盡歡洽愉快。其情況如中村正直所說：都下（東京）名士，爭與先生訂交往還，文酒談讌，殆無虛日。山遊水嬉，追從如雲，極一時之盛。又說：清國之人，遊歷日本者，歷來都有，但一般都是商人，且又限於長崎一地。近來讀書之人來東京者，間或亦有。但其身未至而大名先聞，到達後傾動都邑，如王韜先生者，則從未曾有。賦歸的前日，由重野安繹等安排盛大宴會，為他餞行。參加者日本文士名流及中國駐日公使、參贊以次，不下百人。酒酣之際，王韜作歌留別，有「秋風起兮遊子歸，萬重山兮千重水，離情渺渺兮愁淒淒，相思不識何時已」之句。與會日人，亦紛紛即席賦詩相贈，其中如「自是各天對孤月，相思惟付斷鴻聲」；「忽聞驪歌激秋風，白雲慘淡雁橫空，一別萬里恨參商，幾時追逐學雲龍」，均充分流露其純摯之友誼。他與黃遵憲訂交，也在這次訪問期間。

訪問日本之行，往返均經過上海，並得返回蘇州故里小住，可以看出官方對於昔年他上書太平軍之事，已不擬再行追究。光緒八、九兩年，均曾回蘇州居住數月。終於光緒十年（一八八四年），至上海定居，不再去香港。回滬之初，任《申報》編輯，為該報撰寫論說。次年，創辦弢園書局，以木刻活字印行書籍。旋應唐廷樞（景星）、傅蘭雅（John Fryer, 1839–1913）等的聘請，任格致書院（The Chinese Polytechnic Institute and Reading Room）的監院，二年後改任院長。此一書院建立於同治十三年（一八七四年），由教士傅蘭雅、偉烈亞力，英領事麥華陀，中國科學技術專家徐壽與其子徐建寅、實業鉅子唐廷樞等所發起，宗旨為介紹傳播西方科學技術與中國。院中主要有兩個部門，一為置備圖書儀器，開放供人參觀閱覽；一為招收學生教授科學知識與技術，以及與當前國計民生有關問題的研討。王韜擔任此職，直到光緒二十一年（一八九五年）或稍後。

在返回上海定居這十幾年中，他仍然從事於文章、專書的寫作與刊印。有關變法自強的論說，繼續見諸於報刊和致友人函牘之中。在格致書院的工作，則除講學之外，於任職之第二年起，請上海或各地區與洋務有關的官員，如各海關道、江南製造局總辦、南北洋大臣等，每年分四季，分別出與格致及與當前國家興革有關的題目，課試院中學生與附學士子，成績優良者給予獎金鼓勵。並將錄取的文章，連同批閱之評語，一起彙集，按年印出，公開發售，以廣流傳。此項課藝之編刊，一直繼續到甲午戰後，王韜將行離任之時。

光緒二十年（一八九四年），他已年近七十，健康相當不佳，但於國事的關懷，卻一如往昔。是年， 國父孫中山先生擬赴天津上書北洋大臣李鴻章，建議革新變法圖謀富強的方略。過上海時，在香山同鄉、當時倡議模仿西法自強的先進鄭觀應家中，見到王韜。二人談論十分歡洽，王韜特爲致函李鴻章得力的幕友羅豐祿，託其設法爲 國父引見。同年，廣學會舉辦一次論文競賽，題目爲興築鐵路、鼓鑄銀幣、整頓郵政、敦睦中西關係等五道，向直隸、江蘇、浙江、福建、廣東五省徵求作者，王韜爲主要審定之人。二十一年二月，結果發佈，廣東有康長素（康有爲號）等獲得錄取。

甲午戰爭失敗，使王韜的心情感到十分沉重。在《馬關條約》簽訂之後，出版的格致書院癸巳年（光緒十九年）課藝序文之中，他表示：每聽北方來人談及戰事的失利，即感憤怒而眦裂髮指，至於痛哭流涕，嘆息而不能已。今和議已定，不容再行置言。惟有亟圖整頓，奮刷精神，更革舊章，痛除積弊，庶幾可再復中興。我個人老病困頓，惟望英賢繼起，院中肄業諸生，益加奮勉，備將來爲朝廷遣使絕域，修睦鄰近強國，聯絡友好各邦，廣結厚援，以冀一洗此恥。光緒二十二年，《萬國公報》主筆教士林樂知（Young J. Allen, 1836–1907）所編著以記述並檢討中日戰爭的《中東戰紀本末》將行出版，請他作序，他於文中再行呼籲：前車之覆，後車之鑒；前事不忘，後事之師。現在中國力圖變法自強，仍然可及。應切記以堂堂絕大之中國，反厄於藐然日本一小邦，是如何可恥！恥心生，悔心萌，踔厲奮發，以求日益上進，即此一戰而迫我不得不變。他日轉敗而為勝，因禍而為福，均基於此一變。

光緒二十三年，王韜因病去世，享年七十。

二、著作

王韜著作甚豐，就今日所知者，專著已不下四十餘種。以下茲分類加以簡介。

屬於經學方面，著有⑴《皇清經解札記》二十四卷，⑵《毛詩集釋》三十卷，⑶《春秋左氏傳集釋》六十卷，⑷《春秋朔閏考（辨）》三卷，⑸《春秋至朔表》一卷，⑹《春秋日食辨正（圖說）》一卷，⑺《周易集釋》，⑻《禮記集釋》，⑼《國朝經籍志》八卷。這些著作，只有《朔閏考》、《至朔表》、《日食辨正》與《經籍志》曾刊行，其餘都僅爲稿本。其中《毛詩集釋》、《禮記集釋》和《周易集釋》三種手稿，迄今仍存放於紐約市立圖書館（New York Public Library）中。

從王韜的生平和性格看，顯然治經並不是他志趣的所在。所以在這方面有如此豐碩的著述，主要是爲了幫助理雅各解釋與翻譯所需要。由於他根基良好，資稟穎悟，雖然成稿多屬倉促，仍能具有特出的優長。像《毛詩集釋》，從開始到完成，不過十個月。但理雅各對之則十分稱賞，在譯本《詩經》的書目中，說明曾經用爲參考；於致友人的信中，更道出他內心的實情。他說：我所譯的《詩經》，即可出版。我開支很大，包括給付華籍助手王博士的薪水每月約一百零五元。爲節省開支，很想不再繼續雇用，但有時卻非他不可。尤其在翻譯〈詩序〉

的時候，他的貢獻更爲顯著。我所做的這項工作，只有第一流的中國學者，才能對我有幫助。我從未見有人能與王博士相倫比。

王韜所作的《經解札記》，對理氏翻譯《尚書》，自應也甚有裨助。理雅各在譯本的序文中表示：譯者不得不衷誠的感激蘇州秀才王韜的幫忙。這位經學知識遠超過譯者所知任何中國學者的王君，於一八六三年（應爲六二年）抵達香港，對工作滿懷熱忱，或解釋，或辯論，不僅貢獻良多，而且使勞碌的生活，富有了生氣。

再如《左傳集釋》，與其他幾項與《左傳》有關的著作，也都爲理雅各所參考引用。由於王韜早年在上海時，曾與偉烈亞力合譯過《西國天學源流》，使他對西方的天文曆法，作過一番基本的瞭解，乃能在上述幾種有關春秋天文曆法考訂的著述中，具有融匯中西的特點。曾在廣東傳教多年，對中國古代天文曆法頗有研究，著有《幽王以來日食表》的湛約翰教士（John Chalmers, 1825－1899），對王韜所著春秋朔閏至日的考證，歎爲傳世之作。謂其可以定古曆之指歸，決千古之疑案。於春秋時期二百四十二年中之日月，瞭如指掌。王韜自己也以爲：推日食有圖有說，而又以中西日月對勘，另爲一編，務欲鎔西人之巧算，入大統曆法之模型，而以實測得春秋之日月。晚近國人與日本學者也認爲王韜的考證，確爲中國經典研究中的一大進步。

屬於史地方面，著有(1)《法國志略》二十四卷（初爲八卷，稱爲《法蘭西志》，增訂後改稱爲《法國志略》），(2)《普法戰紀》二十卷（初爲十四卷），(3)《瀛壖雜志》六卷，(4)《甕牖餘談》十二卷，(5)《華英通商事略》一卷，(6)《俄羅斯志》八卷，(7)《美利堅志》八卷，(8)《西國史》四卷，⑼《四溟補乘》三十六卷，⑽《臺事竊憤錄》三卷，⑾《西事凡》十六卷。這些著作，除前五種，其餘都沒有刊印。

王韜之立意寫法國歷史，是因為法國素以文明著稱，制度文物的完備，宮室建築的壯美，為各國所不及。及拿破崙（Napoleon I, 1769－1821，任法王時期為1804－1815）出，更訂法律，其精審為歐洲冠。其通中國亦最先。文人學士，自明季即航海而來中國。但近時英人慕維廉已譯《英吉利志》，美人裨治文（Elijah C. Bridgman, 1801－1861）譯《聯邦志略》，談遠略者，無不以先睹為快。而法國史志竟仍闕如，誠為憾事。因此，當他在英國譯經的時候，就曾寫信給法國漢學家儒蓮，希望能二人合作，寫一部法國史，但未為儒蓮所接受。

他由英國返香港後不久，便爆發了普法戰爭，法國於短短數月之內，失城喪師，卒至與普人簽訂城下之盟，割地賠款。這更使王韜深為感慨，如其在《志略》序文中所說：往返英國，皆取道法境，得兩經法國都城，目睹其宮室之雄麗，廛市之殷盛，人民之富庶，兵甲之精壯，未嘗不歎服其外觀之顯赫光耀。及徐進而察其風俗之侈靡，習尚之誇詐，官吏之驕惰，上下之猜忌，乃不免慮及其國勢之難以持久，但未料其失敗竟如此之速。於是，為探究其盛衰之理，以為鑑臬，更決心於此書之撰寫。乃於同治十年，撰著完成。此書不僅在當時為介紹法國歷史惟一的專著，而且說明詳細，議論透闢，極少有史實的錯誤，再加上文字典雅優美，出版後一直甚為流行。

《普法戰紀》一書的撰寫，其動機與《法國志略》大致相同，不過特別著重於戰爭的記述與檢討，以及以法國爲主體，而觀察分析整個歐洲的國際關係，與未來世界前途的展望。他蒐集了大量的有關普法戰爭的西方資料，包括報導、評論與分析檢討等各方面，由他的朋友張芝軒等幫他翻譯，再加上他撰寫《法國志略》所用的資料，憑藉他對中國春秋戰國時期的歷史認識，與對當時歐洲各國間之關係與情勢，加以對照，形成他對全書所作的架構，然後開始撰寫，很快的於同治十年六月，普法戰爭後不過幾個月，便完成此書的初稿十二卷。隨後補成十四卷付刻。再加增輯，於同治十二年，復以二十卷刊行。

《普法戰紀》成書之後，王韜曾自謂：歐洲全局之樞機，盡括於此；所見所聞，皆足與戰事相關，可謂毫髮無遺憾。並自信此書必可傳於後世。果然，刊行之後，佳評雲集。一位一向留心時務的前輩林昌彝説：夙遊燕京，獲交楚南奇士魏默深（源），嗣客嶺南，又得識吳中奇士王紫詮。二君均通外國掌故。默深著有《海國圖志》，紫詮著有《普法戰紀》，實爲聞所未聞。日人重野安繹則云：默深所著《海國圖志》等書，其憂國之心甚深，但於海外情勢，未能洞澈瞭然。默深未足以與王韜相比倫。在當時，比較能積極模仿西法以圖自強的封疆大吏李鴻章等，對此書也大爲稱許；丁日昌則謂其兼具史家典型之才、學、識三長。日本學者因此書對他的仰慕，已見前敘。日本陸軍省則倩人將此書加以句讀，於光緒四年，翻刻印行。

《瀛壖雜志》和《甕牖餘談》是兩部類似掌故、札記，也兼有時論、短評與風土、人物介紹等彙集而成的書。前者爲他早年在上海時所作，後來在香港又加以補充，於光緒元年（一八七五年）出版，主要是記載上海的歷史沿革與風土人物。其價值應如他的朋友們所說：「於滬上土風之醇樸，俗尚之好異，物產之恢奇，人文之瑰偉，瞭然如掌上；於風俗人心，微寓勸懲，可以備志乘採擇，亦可自成一家之言。」後者也刊行於光緒元年，其內容甚爲廣泛。林昌彝爲其作序說：凡忠黨之殉節，貞女之死難，各國之風俗，各賊（謂太平天國之領導人物）之源委顛末，無不詳載。其所論當代之時事，所記史事、人物，不僅均有其特色，更往往將他自己的抱負與見解，含寓其中。尤其是對於西方人物的介紹，像倍根（Francis Bacon, 1561－1626），侯失勒（John F. W. Herschel, 1792－1871）等，自甚有裨於國人對西方科學瞭解。所以《螻蘩仙史》說，《甕牖餘談》爲王韜經世之書。

與史地密切有關的遊記，他著有⑴《乘桴漫記》一卷，⑵《漫遊隨錄》三卷，⑶《扶桑遊記》三卷。其中後二種於刊布之後，流傳甚廣。晚清時期，國人去外國公幹或遊學者漸多，撰寫遊記的風氣很盛，僅《小方壺齋輿地叢鈔》書中所錄，屬於在外國的遊記，便不下一百多種。不過王韜的遊記，至少有以下幾項與眾不同的特點：第一，他在外國期間，與當地人士往還，幾乎無異於在國內，頻繁廣泛，不拘形式，所以他的遊記，最能有裨於當時人士對於西方社會實地情況的瞭解。第二，他似乎已經著眼於大眾傳播的方式，用以介紹他的見聞與觀感給自己的同胞。他將《漫遊隨錄》一書，另用文圖對照的方式印出，每段遊記均按照其中主要的描寫對象，請精於畫圖之人將其情景畫出，並加一生動的標題，如「錫蘭佛跡」、「亞丁夜讌」、「改羅小駐」、「巴黎勝概」、「法京古蹟」、「保羅聖堂」、「蘇京故宮」等等，務使其對讀者更具有吸引力，更易於瞭解（即見附圖）。第三，他訪問日本，純出於日本文人學者的邀請，沒有任何功利的因素。他居住於邀請者家中，一直是壺觴之會，文字之飲，殆無虛日。彼此友誼，乳水交融，非一般遊覽者可比。至於他記述此行的《扶桑遊記》，

王韜應理雅各教士之邀，訪問英國，1868年初路過法境，對馬賽港市印象甚佳。

王韜於1868年春抵達倫敦後，對當地交通尤其是火車與電話電報備極稱道。

係由日人爲之寫序作跋，訓點排印出版，更爲從所未有。自然，這部遊記，不僅可以幫助瞭解當時日本社會與若干知識分子的情況，更提供了如今日所謂「國民外交」的良好途徑。

在西學方面，他編譯的書有，(1)《重學淺說》（與偉烈亞力合譯），(2)《西國天學源流》（與偉烈亞力合譯），(3)《西學圖說》，(4)《西學原始考》，(5)《泰西著述考》，(6)《火器略說》（與黃勝合譯編）(7)《格致新學提綱》。這些譯著，據記載均已出版。他對西學並非有深厚的造詣，所作不過爲一般性的介紹，但仍然也有值得稱道之處。如《火器略說》一書，內容包括鍊鐵、造模、置爐、鑽砲、驗藥等法，及測量各表、鎗說，並論及天空風氣的阻力。稿成，於同治三年，由香港寄給蘇松太道丁日昌鑑評。丁氏向以善造火器見稱，時正在上海爲李鴻章督造軍械，閱讀之後，擊節稱賞，勗爲不易之才。

文集方面，他自己輯有(1)《弢園文錄》八卷，(2)《弢園文錄外編》十二卷，(3)《弢園尺牘》十二卷，(4)《弢園尺牘續鈔》六卷。其中除《弢園文錄》散佚，其餘則《文錄外編》於光緒八年印出；《尺牘》於光緒二年刊行八卷，光緒十二年補成十二卷；《尺牘續鈔》於光緒十五年刊行。《文錄外編》主要爲選錄光緒八年以前他在《循環日報》所撰寫的論說。《尺牘》則包括自道光年間他尚未去上海之時，直迄光緒十五年。這三種著作，均爲研究王韜對時政與變法意見的重要資料。另外在詩詞方面，王韜似頗自謙。於《扶桑遊記》之中，觀其與日本士大夫相唱和，無不出口成韻，清雅越俗。但所刊詩集，似只有《蘅華館詩錄》一種，且多爲道光二十九年去滬以前之作。詞也僅有《眉珠盦詞鈔》一種。

在小說方面，王韜先後撰有(1)《遯窟讕言》十二卷，(2)《淞隱漫錄》十二卷，及《續錄》十二卷，(3)《淞濱瑣話》十二卷，均經刊行，世人稱爲王氏之三說部。三書都是以人鬼精靈爲主角，以愛情與因果報應爲內容，與蒲松齡的《聊齋志異》相近。何以要撰寫這一類的書籍，他在《遯窟讕言》的序文中說：用世與遯世並非兩途，識大與識小亦無二致。曼倩詼諧，可通諫諍，莊周遊戲，並入文章。前人詼諧之作，瑣異之端，其得列入《七錄》，登進《四庫》者，指不勝僂。其間神仙怪誕，狐鬼荒唐，直欲賅括八紘，描摹六合，洽聞殫見，鑿空矜奇，曾何足以供實用？而所以不遭擯棄，亦因旨寓勸懲，意關風化，以善惡爲褒貶，以貞淫爲黜陟，俾愚玩易於觀感，婦穉得以奮興。則南史、董狐之史筆，何異於朝廷政教之令宣。斯篇所寄，意即在此。在《淞隱漫錄》序文中，更表示：現實久已爲勢力、齷齪、諂諛、便辟籠罩，所以我以直道徑行而不通，以坦率處世而遭困，以激越論事而受挫。但困極則思以變通，鬱極則謀以興奮，及終於無以扭轉，則惟有入山必求其深，入林必至其密而已。道，求之於中國而不能得，則求之於遐陬絕嶠異域荒裔；求之於並世之人而不能得，則上溯之亙古以先，下極之千載以後；求之於同類同體之人而不能得，則求之於鬼狐仙佛草木鳥獸。昔者屈原扼制於左徒，則寄其哀思於美人香草，莊周困於漆園吏，則以荒唐之詞而鳴，東方曼倩窮於滑稽，則有《十洲》《洞冥》諸記產生。是王韜之寫作小說，亦可視爲其寄情寓志之一途。

由於其文筆優美，且故事多富有真實的情趣，所以三書刊行之後，都深受讀者歡迎。王韜自己也深以爲慰。他高興的說：我向作《遯窟讕言》，見者謬加許可，江西書商竟將其改名（《閒談消夏錄》）翻版，藉以圖利。《淞隱漫錄》重刊行世至再，或題曰《後聊齋圖說》（按此書也每篇均附一精美之畫圖），售者頗眾。前後三書凡數十卷，使蒲君留仙見之，必欣然把臂說：你已超過我，聊齋之後有替人了。

其餘著作，尚有⑴《海陬冶遊錄》七卷，⑵《花國劇談》二卷，⑶《眉珠庵憶語》，⑷《老饕贅語》八卷，⑸《歇浦芳叢志》，⑹《三恨錄》三卷。刊行者僅前三種。均屬才貌女子與青樓佳麗。著作旨趣，大致如其友人在《海陬冶遊錄》序文中所說：所載或幼淪樂籍，或長隸教坊，或為奸謀所騙，或為惡少所誘，或遇人不淑，被逼入青樓，或大婦難容，而離家出走。其始則覯閔受侮，事非一端，其終則勞悴升沉，狀尤百出。其中固有意為耽樂，專恃利交，然亦不乏久思脫出，甘為情死。王氏為之傳述，極欣戚悲愉之致，著激昂慷慨之詞，動人生羞恥之心，寄世運盛衰之感。每慨地經烽火，野起刀兵，喪亂頻仍，流離失所。式微官裔，間閻背禮私奔，貧賤婦女，甚至貪財賣笑。試問春辰秋夕，回首何堪，何竟暮送朝迎，辱身如此。斯則飄泊者得有所鑑觀，豪華者可有以棒喝。

除上述外，王韜的短篇論著，散見於報刊或輯書中者，於此不擬細列。其手稿墨跡之類，以王氏之勤於寫作，必當仍有留存者，惜未能發見。目前所知者，僅中央研究院歷史語言研究所的傅斯年圖書館，藏有一部，題名為《蘅華館雜錄》，共有六冊。內容為日記，包括道光二十九年，咸豐四—五年；《滬城聞見錄》；《蘅華館印譜》；《夏日閨中雜詠》；《石經考文提要》等。日人增田涉言，他曾在東京舊書攤上，見到有兩部王韜在香港天南《遯窟》手稿之存本，惟未提及其內容。另外，尚應於此提及者，為王韜編輯的兩部書，⑴為《格致書院課藝》，⑵為《自強齋保富興國論》。前者為格致書院課士之論文，擇優而集刊，起自光緒十二年（丙戌），迄於光緒十九年（癸巳），共計十三冊。其論文內容，全與當時國家社會實際問題有關。後者則為選集甲午戰後倡議變法之論文而成，內有梁啓超、汪康年、陳虬等之著作。此書於光緒二十三年（一八九七年），由上海強學會出版。

三、思想

王韜的著述，已經如上所列，可謂十分豐富。就其內容，更可看出，他的志業興趣，也極爲廣泛，他的思想，涉及到許多方面。不過，能構成系統，而且被公認爲最有裨於國家社會的，則爲其以自強爲目標的變法思想。

在述論其變法自強思想之時，首先須將他對當時所謂「變局」的體察，加以說明，因爲他所以毅然決然倡議變法，可以說是導源於對變局的認識。約在同治三年（一八六四年）五月，他代友人黃勝上江蘇巡撫李鴻章的信中，明確的指出：「當今光氣大開，遠方畢至。海舶估艘，羽集鱗萃。歐洲諸邦，幾於國有其人，商居其利。凡前史之所未載，亙古之所未通，無不款關而求互市。我朝亦盡牢籠羈縻之，概與之通商立約。近聞呂宋、日本又將入請矣！合地球東西南朔九萬里之遙，胥聚於我一國之中，此古今之創事，天地之變局」。嗣後，於其〈變法自強〉文中，更言：「居今日而論中州大勢，固四千年來未有之創局也」。於致友人信函內，與各項論著中，不時對此一中國有史以來空前的遽變，加以強調，以促使大家注意。

繼而他復根據經書的啓示、歷史的經驗，而提出社會文化變易的道理。他引述《易經》所說：「窮則變，變則通」，而說明天下事未有經久而不改變者。他檢討中國的歷史，以爲：「有巢氏、燧人氏、伏羲、軒轅開闢草昧，應爲創制之天下；唐堯、虞舜繼統，號曰中天，應爲文明之天下；三代以來，至秦而一變；漢唐以來，至今日又一變」。即以至聖孔子而言，觀其答覆顏子問爲邦之道，說「行夏之時，乘殷之輅，服周之冕」，這便是於三代的典章制度，斟酌選擇，惟求不悖於古，而能適用於今。孔子並嚴戒「生今之世，而反（返）古之道」，更見其堅決反對泥古以爲俗。於是，他結論說：中國何嘗不變。

再就當時世界與中國的情勢加以衡量，王韜認爲，中國已非變不可。他指出：世人都明瞭過去，而昧於未來，只有深思遠慮之人，才能默揣體察而知道。如今「天心變於上，則人事變於下，天開泰西諸國之人心，而畀之以聰明智慧，器藝技巧百出而不窮。航海東來，聚之於一中國之中。……諸國既恃其長自遠而至，挾其所長以傲我之所無，日從而張其炫耀，肆其欺淩，相軋以相傾，則我又烏能不思變計哉」！更具體的說：「中西同有舟，而彼則以輪船；中西同有車，而彼則以火車；中西同有驛遞，而彼則以電音；中西同有火器，而彼之槍砲獨精；中西同有備禦，而彼之砲臺、水雷獨勝；中西同有陸軍、水師，而彼之兵法獨長；其他則彼之所考察，爲我之所未知，彼之所講求，爲我之所不及，如是者直不可以僂指數。設我中國至此時而不一變，安能埒於歐洲諸國，而與之比權量力也哉」！

更進一步，他分析時效與空間，強調：「用兵以刀矛一變而爲鎗砲，航海以舟艦一變而爲輪舶，陸行以車馬一變而爲火車，工作以器具一變而爲機捩。雖刀矛鎗砲同於用兵，舟艦輪舶同於航海，車馬火車同於行路，器具機捩同於工作，及其成功一也；然而緩速利鈍，難易勞逸，不可同日而語矣」！「使我無彼有，而彼與我渺不相涉，則我雖無不爲病，彼雖有不足誇，吾但行吾素可耳。獨奈彼之咄咄逼人，相形見絀也。且彼方欲日出其技以與我爭雄競勝，絜長較短，以相角而相凌，則我豈可一日無之哉」！乃斷然表示：「即孔子而處於今日，亦不得不一變」。甚至他相信：「不待百年，輪車鐵路將遍中國，鎗砲舟車互相製造，輪機器物視爲常技」；「中國不及百年，必且盡用泰西之法，而駕乎其上」。

經書與歷史雖已證明中國並非不變，時勢又顯明中國必需改變，但如果採行西法，會不會對數千年來中國所賴以安頓民生，延綿國運的優良文化傳統，有所傷害呢？這仍然是必需嚴肅考慮的問題。王韜對於此一問題的解答是：不但不會傷害，而且大有裨益。世界局勢發展至此，中國既無法閉關以自守，擴大傳統「天下」的範圍，把全球與將來作爲目標來看，從事於採擇西法以變易革新，不僅可以保衛目前的中國，更有裨於達成世界的大同。

本諸《易經》道器的理念，他將永恆不變者限於道，此外，凡屬器者，均無不可變。而所謂道，即係孔孟之道，亦即人道，而人道就是三綱五常。在〈原道〉一文中，開章明義即說：「天下之道，一而已矣，夫豈有二哉？道者人人所以立命，人外無道，道外無人。故曰：聖人，人倫之至也。蓋以倫聖，而非以聖聖也。於此可見，道不外乎人倫」。在〈變法〉一文中說：「孔子之道，人道也。人類不盡，其道不變。三綱五倫，生人之初已具」。所謂器者，則指具體事物，下自工具器皿，上至典章制度，並包括其中，均得隨時而變革。王韜明確的表示：「綱常則亙古而不變，制度則遞積而逾詳」。

就道器的關係分析，天地間的事理雖有道器之別，但二者卻並非截然相分，實係同體兩面。道需因器而運行以彰顯，器也須由道運作以成功。王韜說：「形而上者曰道，形而下者曰器，道不能即通，則先假器以適之。火輪舟車，皆所以載道以行者也」。道有隱顯，器有盛衰，但道器既爲同體，終必有顯盛而相合於一，當其合一之時，亦即大同世界來臨之期。所以王韜說：「天下之道，其始也由同而異，其終也由異而同。……今日歐洲諸國，日臻強盛。智慧之士，造火輪舟車以通同洲異洲諸國，東西兩半球足跡幾無不遍，窮島異民幾無不至。合一之機，將兆於此。民由分而合，則道亦將由異而同」。

根據道終將由異而同，他乃相信：所有利器，今日泰西諸國所挾以淩侮中國者，均應爲後世聖人所作，備用以混同萬國之方法與器物。因此，中國只要致力於器物的改良擴充，藉以載道運行，在將來，道器合而爲一的時候，便可以形成「天下車同軌，書同文，行同倫。……天之所覆，地之所載，日月所照，霜露所墜，舟車所至，人力所通，凡有血氣者，莫不尊親」，也就是大同世界來臨。在大同世界中，道已全顯，器已通用，人已無分乎東西，地亦無別乎南北，自無所謂夷夏之別了。

以上已經說明王韜對於變局的體察，變易道理的闡釋，以及採擇西法以補舊創新的看法。由於王韜在其著述之中，不時用到「物極必反」、「天道循環」，以及「天心」、「天命」之類的詞語，難免不使人以爲他的思想，於變易之外，並富有循環論與命定論的色彩。如此，將形成矛盾。但如果綜觀其全文，當不難看出，他使用這些詞語，多半是爲了增進與鼓舞人們的信心與意志，以使其積極努力，從事於掌握和創造自己的命運和前途。而在此一掌握與創造的進程中，武力非不重要，但必須依道德與道理的基礎而使用，不然，不僅將造成別人之災害，其本身亦將蒙受損失。因此，他所說之循環、必反、天心、天命等，有時或不免有所強調，但於他的變易之理，當無妨礙。以下茲略加舉例說明。

在《普法戰紀》前序中，他就戰爭的結果，作前途的展望，認爲：「善觀國運者，毋以勝爲吉，毋以敗爲凶，盛即衰之始，弱即強之漸」。這種看法，頗似循環與命定。但再看其下文，則可知道並非如此。他繼續說：「勾踐臥薪嘗膽，卒以沼吳，燕昭禮士求賢，卒以覆齊。法於此時，正當撥亂求治，勵精蓄銳，先盡其在我，而後可以得當一洒其恥。故普毋狃乎勝有所恃，則驕心乘之矣！法毋惕乎敗有所沮，則怠氣中之矣！驕則必覆，怠則不興」。其著重於鼓舞激勵，至爲明顯。於《法國志略》序文中所言，與略同。在《戰紀》前序另一段中，說得更爲具體，並且提到國運與天心。他表示：「顧我所尤深感者，不在國運，而在天心。……善體天心者，無虞鄰國之難，而益勵其修。奮武衛，振邊防，習戰守，練水攻，造艦砲，精藝術，師長技，明外情，先自立於無間之地，而後敵乃不得伺間以乘我。……若普法今日之戰，雖爲歐洲之變局，而亦庶幾普法之轉機」。

鑒於武器的發展，與戰爭的頻仍，他乃有火器之廢，將必不遠，屏力尚德，勢將必至的看法。他檢討當前歐洲大勢，可謂事事講求，物物精審，似可雄視一切，不可限量。但智巧愈極，機詐愈深，情僞相感，利害相攻，禍患之來，氣機已召。所以他認爲：「人皆謂其強之至者，吾正謂其衰之始。即彼自以爲遠勝於古者，而殘殺之慘，吾正謂其遠不古若。蓋徒講武備，尚兵力，刻鷙奮厲，以相傾軋而懾制，則必有一蹶者矣！……天道循環，斷不或爽。嗚呼，……天地生人之變，至於如斯，而尚聽其流而不返，造物亦恐無以供其鐫劖。然則去雕琢而歸醇樸，屏詐力而尚德行，將在此百餘年間矣」！於是，他乃呼籲「慎用兵」，謂「古往今來好大喜功之主，每思窮兵黷武而弗戢，自焚必至顛覆，非惟人事，抑亦天道。……故聖王在上，必先慎于用兵」。可見其所以有上述之推斷，乃在於期大家警惕，共盡心力以挽救日漸擴大的生靈塗炭，而非在於如此發展之結局。

於天命、天心，其含意有時或有不同，但多用之於鼓勵變易，亦甚明顯。譬如，他論及中國之變局，即謂：「此豈出於人意所及料哉？天心爲之也。蓋善變者，天心也。天之聚數十西國于一中國，非欲弱中國，正欲強中國，非欲禍中國，正欲福中國。故善爲用者，可以轉禍而爲福，變弱而爲強」。於〈答友人苞荇洲〉信中，論及變局，也說：「蓋天心變，則人事不得不變。……所望豪傑之士，及早而自握此一變之道也」。其他如「天心變於上，人事應如下」類似的語句，隨處可見。

即其在〈中國自有常尊〉文中，言中國雖或有時而弱，但弱亦足能久存，中國未嘗無時或衰，但衰亦必有終極。外患之侵犯中國，即有如洪水排山倒海，猛獸之咆哮擊撲，而洪水無有不消退之日，猛獸亦無有不殲殛之時。中國卻依然爲中國，屹立不搖。又於〈天命不可妄干〉文中，言中國乃天命有在，外人無能妄據。這似乎很類命定之論。但究其持論之根源，仍在於鼓勵與警惕，不過偏重於道德與道理方面。誠於他在《普法戰紀》後序中所說：「天下大勢，惟理可以持之，豈徒尚力哉！……夫欲闢土疆、廣財賦以厚自封殖，此私也，非公也。恃其力而縱橫自恣，適足以招鄰國之怨而已，即使力不敵，一旦必有羣眾聚以起釁而斃之者矣！若夫睦大國，保小邦，以欺相安於無事，維持於不敗，此公也，非私也。一旦苟有敵國外患，雖力不足以與之相抗，而理足以勝之。理之所在，眾自助之。能集羣力以爲力，能合眾心以爲心，則又何兵寡之足慮」？故又言中國爲「彝倫所繫，統紀所存」；「中國之有聖人」。

總之，王韜雖不時用必反、循環、天心、天命等詞語，並不足形成循環與命定之論，亦不至於其變易之理，有所妨礙。

面臨著有史以來空前的變局，中國既並非不可變，又不得不變，且變而有利無害，當然只有變了。那麼應該變些甚麼，如何去變，王韜的見解，顯然由其經驗與知識的累積，隨時而有所改變與進步。大約在咸豐年間，即一八六〇年以前，他因居住上海，與外人接觸，對西方事物，亦有所瞭解，但對整個的中外情勢，尚未能深入體察，於近代變局，感覺尚不夠充分。所以在這一段時期，儘管他對西方科學技術，已甚加稱道，但卻並不以爲中國有大量採行的必要。自同治元年，即一八六二年，去香港後，對西方事物見聞大增，於世界情勢瞭解日深，乃迅速改變其態度，轉向積極主張利用西方科學技術，以達成中國的富強。同治六年（一八六七年）去英國，兩年多後再返香港（一八七〇年），由於親歷西方政、經與社會，看出西方國家富強的根本，嗣後乃更從事鼓吹政治制度方面的革新。

王韜早年在上海時期對西方事物的態度，可以從咸豐八年（一八五八年），《天津條約》簽定之後，他寫給周騰虎（弢甫）的一封長信中看出。在信中，他肯定西方技藝學術之優良。謂：西人船堅砲利，制度精良，所造火輪舟車，便於行遠，織器田具，事半功倍。學有實際，天文曆算，愈出愈精，利氏（利瑪竇譯）幾何之學，已不足數。其觀察地理，辨別動物植物，興築水利，講求醫學，均盡力於毫芒細微，窮究其原理本末。是以有識之士，樂與西方學者交遊，甚或尊稱其爲西儒。也承認其器械造作之精，格致推算之妙，非無裨於民生日用。但卻不主張中國多加採行，理由爲中西國情不同，有益於西方者，未必即有利於中國。

在此一信中，王韜分析中西國情不同之點，及其不適用於中國之故，顧慮似甚周詳，實際則多誤解。他說：西方各國地小民聚，政事簡易，凡有所聞所見，易於郵遞，且水有輪船，陸有火車，萬里遙隔，則有電氣通信。而中國則地大民散，政事繁劇；如仿西國月報，必至日不暇給。水之大者，海而外雖有江、淮、河、漢，而內地支流仍甚狹淺，即小型輪船，亦不能行駛。全國各地，半係塗泥，土鬆氣薄，久雨則泥濘陷足，車過則立成溝穴，而輪車之道，必鎔鐵爲衢，取徑貴直，高地須剷平，卑窪須墊高，遇河則填塞，遇山則鑿洞，不獨工資浩繁，於地利亦有所未能。農家播穫之工具，如改以機器運轉，能以一人抵百十人之用，應該有利於農民，但中國貧窮之人甚多，皆藉爲富有者耕作，以養其身家，一行此項新法，將有數千萬貧民因而無從得食，誰敢保不發生意外之變。如令其改徙他業，爲工爲商，自不至淪爲游惰之民，但天地生材數量有限，民家所用亦必有時而足，將使其成品必至壅滯不通。況且中國所用水碓、風篷等甚易而巧，人尚以爲貪天之功，省己之力，或因不勞而致病。鐘錶測時，固精於銅壺沙漏諸法，但其精良者一具幾值銀一百餘兩，貧苦者無力購買，富有者雖能置用，亦近玩物傷志。其他器技淫巧，概爲無用之物，何足珍重。所以他認爲，上述各項，即中國不加採用，亦不足爲病。此外，他更對西方的政教制度，深致不滿。

謂其大謬者有三：政教一體，男女並嗣，君民同治。

至於他所主張向西方學習者，僅有三項，即火器、輪船（兵艦）與語言文字。所以要學習的原因，他解釋說：火器用於戰爭。兵凶戰危，自古聖王皆不得已而用武，演變至使用火器，可謂極其不仁。但既已使用，就不得不求其精，如果以不精之火器，讓士兵去從事於戰爭，等於置其於死地。輪船用於海上，船身高大，衝風破浪，攻守均便。沿海悉置砲臺，以聯絡形勢，一旦有事，緩急可恃。禦寇禦戎，一舉兩得。語言文字，則用以通彼此之情。必於通商各口設立翻譯館，使佐貳雜職人員，入其中專心學習，以備將來酬對遠賓，或翻譯月報。西國之學習翻譯官員，多喜與中國官員交際，多與往還，自可免除隔閡。西國月報，備載近事，如能譯出，可藉以瞭解泰西各邦國勢之盛衰，民情之向背，習俗之善惡。於其虛實，可以大致知曉。不過，他仍然認爲，即使以上三項之學習，只不過爲用其法以制其人。苟非西人遠至中國，又何需如此？

但自同治元年（一八六二年）到香港後，態度迅速改變。於同治三年代上李鴻章書中，不僅提出「變局」之說，並於所建議應變之方中，主張廣泛的仿行西方科學技術，以臻中國於富強。以日本爲例，王韜指出其與美國訂約通商，不過七八年，已能精心構製鎗砲船車機器，不下西人。中國竟反不如東瀛一島國。他寄望李鴻章肩負起這一項變法自強的時代使命。

在此一信函中他所擬具的應變之方，主要爲兩大項，即治中與馭外，不論治中與馭外，都需要大量參酌西法。治中之方，雖有多端，其最要者爲：變通取士之法以拔出有用之人才：開闢生財之源，以厚植國家富強之基礎。於取士之法，他建議分爲八科：

(1)直言時事，以覘其識。

(2)考證經史，以覘其學。

(3)試詞賦，以覘其才。

(4)詢刑名錢穀，以觀其長於吏治。

(5)詢山川形勢，軍法進退，以觀其能兵。

(6)考曆算格致，以觀其通。

(7)問機器制作，以盡其能。

(8)試泰西各國情事利弊，語言文字，以觀其用心。

於開闢財源，則希望能裁冗去煩，開源節流，革奢從儉，以培本復元。使民間與政府，均得漸有餘力，然後可購買西方以汽力發動的紡織機器，精心仿造，能使絲棉之鄉，每十家有一具，則一具可兼百人之工，一家即可享數十家之利。並廣行採用西方各種農具，使力省工倍，以盡地力。

馭外之方，大端在於握利權與樹國威。王韜以爲，西人來中國通商，主要在於謀利。要和他們對抗，必須從興利入手。除廣泛使用機器，增加農工產品之外，尚須振興商務，推廣貿易。西方商民，因受其國家支持與保護，其業務乃能日趨發達，政府得收其稅賦，財用乃不虞匱乏。中國商民則政府不僅不予支援，且不時加以遏抑剝削，至於上下交失其利。今欲振興商務，必須反其道而行之，充分給予支持與鼓勵，並購置輪船，以從事於遠程貿易。爲掌握利權，除擴展輸出，並需節制輸入，以累積財富，增厚國力。檢討漏卮最大，且對我有百害而無一利者，爲鴉片煙，歲糜銀數千萬兩。以限於條約，既無法禁其入口，則除禁民吸食，似可暫許國人自種，以資抵制。至樹立國威，自須加強國防力量。練兵在精而不在多，但使武器優越，訓練精良，戰力必可大增；沿江沿海，概用西人新法建築砲臺，以資防衛；開局製造輪船，用以巡洋禦盜，運糧傳信。但使戰守有備，外人便不敢率行狎侮。

這封上李鴻章的信，可以代表王韜變法思想發展的一項重要突進。從此以後，他於模仿西法，以圖中國富強之事，一直熱心鼓吹，態度從未稍改，對於西法的選擇範圍，也逐次擴增，由科學技術，推展至政治制度。大約在去英國後，對西方政治制度開始嚮慕，歸來之後，於同光之際，進而向國人介紹。爲敘述的方便，並避免重複，以下將其全部變法思想，直迄甲午（一八九四年），分別從軍事、外交、政治、經濟、教育、社會等各方面，加以說明。

1 軍事方面

王韜之倡議仿用西方軍事利器，咸豐年間已經開始。同治三年上李鴻章書中，復擴充其內容，均如前述。及去英國，目睹西方軍械製造，士兵訓練，以至軍官養成等情形，歸來之後，益感外人進步迅速，日新月異，中國之軍備改良，卻仍破車牛步，差距愈趨擴大。不改弦更張，決無法與之抗衡。其亟須改革者，如購造堅船利砲，增設堡壘砲臺，淘裁軍隊中之冗弱而選練精壯，提高俸餉以鼓舞士氣等等，與當時一般倡言自強者略同，於此不擬贅述。茲擇其意見比較特出者，加以介紹。

㈠練兵

陸營必盡廢弓矛，水師必盡廢艇舶，一律以鎗砲爲先，輪船爲尚。陸軍需分別步、騎，步兵更須分爲鎗隊、砲隊，各應有其專長；鎗砲均須能命中及遠，攻堅蹈瑕。水師必須能衝涉波濤，稔悉颱颶，測量風雲沙線，所有輪船駕駛攻守，必須熟練而有把握，然渡海入洋，御風破浪，務使其於海上生活，習以爲常。不論水陸練兵，概以西法爲準。

士兵來源，也須一反原來綠營由父死子繼的世襲，與勇營需用時臨時招募的方式，而改由國家於省、府州設立武學塾，施予基礎的軍事教育，而後方可備徵募。

㈡選官

所有幹部，均須經相當期間的教育。宜由國家設立武備院（即軍官學校）、繁術院（即各種業科學校），以爲培養。水師應另設學校，教以司砲、駕駛、布陣，以及修造武器、機械，務使各有專長；並於沿海要區，設立水師學館、舵工學館，選擇聰穎健壯少年，幼而入其中學習（即幼校），以備長而任用。

武科考試，須完全廢棄原來的拉弓、舞刀、舉石等，一律改試新式武器。並按其學識能力，分爲三等：上等爲智略，以能諳熟韜略，深明地形地物，善應敵人機宜，能制敵人要害爲主；次等爲勇略，以能折衝禦侮，斬將搴旗，克敵致果爲主；再次爲製器，以能造戰守之具，明堵禦之方，建築砲臺，製造機器爲主。總之，必於自身戰鬥武藝之外，復具有科學與技術方面之專長。

2 外交方面

㈠外交本質的闡釋

外交爲內政的延長，今日幾可謂盡人皆知。但在百年之前，能深解此意者，卻屬罕見。他解釋於此，王韜曾指出，不論國際公法與條約，如果沒有國力爲後盾，都屬絕不可靠。他解釋說：萬國公法爲泰西聯與國、結鄰邦，俾眾咸遵其約束之大法。但卻並非均肯奉守。如俄國依法邀請各國討論有關戰爭之事，英國拒絕出席，俄卒亦無可如何。日人吞併琉球，對他刺激尤深。他憤慨的說：海外萬國，星羅棋布，各逞其私心，謀其私利，以大制小，以強凌弱，奪人之國，戕人之君，無處無之。雖有公法，徒爲具文。日本之翦滅琉球，將其夷而爲縣，泰西各邦通商於國中者，無一仗義執言，秉公論斷，甚之反從中袒庇，隨聲附和，揚波助流。日人竟強辭奪理，辯論不休，喋喋嘵嘵，幾於唇焦舌敝。所以如此，無他，理不足而力有餘。因而，他說：「萬國公法，乃萬國之強法也」。又說：國家強盛，則公法可以由我廢棄，也可以由我建立；國家軟弱，我需用公法，而公法不爲我用。處今日世界，兩言足以蔽之，一曰利，一曰強。誠能富國強兵，則我與泰西之交，自無不固，無懼其有意外之虞，無慮其有非分之請。一旦有事，不能爭之以口舌，則可鬥之以甲兵，自可無往而不利。

條約雖較公法之效力爲強，但也不盡可恃。王韜以爲：立約一事，本非有所甚愛而敦輯睦之誼，亦非有所甚畏而聯與國之歡，不過勢均力敵，彼此無如之何，或意有所欲取，而姑以此款之，或計有所欲行，先以此嘗之，若利無所得，則先將不能遵守。條約雖立，己強人弱，則己不肯永守，己弱人強，則人不能永遵；或彼此皆強，而其約不便於己，亦必不欲久守。即如黑海之約（此指克立米戰爭後的《巴黎條約》），自普法戰爭法國戰敗，俄國遂不再遵守。英法亦無可如何。豈俄不畏諸國之責議，誠以此約於俄不利，而俄正日趨富強，英法難以實力制止，故知約不可恃，道在自強。

㈡使領人才的培養

於派遣使領，敦睦邦交，聯繫內外，保護僑民，於同治年間，王韜已經向江蘇巡撫丁日昌建議。嗣後亦屢有論及，其中比較突出的見解，爲關於人才的培養。在當時，一般所要求於使領人員者，多著重語言文字。但王韜則認爲隨時勢之發展，使臣之責任日益加重，上述任務之外，凡有裨益於國家之事，均須留意從事。故西方使才，均極一時之選，派來中國的公使，亦均屬千人之俊，萬人之傑。即其參贊、繙譯、隨員，也無不具有實學。舉凡輿圖象緯格致曆算無不兼曉，至語言文字，乃其末端。使領等人員之任務，於純屬交涉之外，凡駐在國之吏治兵刑大要，朝廷之沿革，政事之得失，習尚之美惡，風俗之醇漓，財賦之所入，物產之所出，山川之阨塞，形勢之險要等等，均須能默察通曉，以爲其業務之基本參考。故欲培養外交人才，宜使聰明才智之士，多從事於西學西藝之研習，然後方可望傑俊輩出，足當重任。

3 政治方面

於當時政治之腐敗，冗員之充斥，效率之低落等等，王韜亦如當時一般圖謀自強的士大夫，加以批評，力促進行改革。如裁淘冗員，精簡律例，停止捐官，安置旗民使其能從事生產，撤廢胥吏改以士人充任等等，於此不擬多述。惟其最爲重要者，於民本的重視，與民主的嚮往，則需加以介紹。

王韜本乎中國傳統的民本思想，在居留英國期間，復能以平民的身分，至各處參觀遊覽，訪問交際，廣泛接觸，深刻觀察，乃能於英國富強形象之外，體會其風俗之醇厚，與政治制度之優美。於〈紀英國政治〉一文中，發揮其見解說：英國僻處海外，屹然三島，峙於歐洲西北。其甲兵精壯，財賦豐饒，物產繁庶，諸國莫能與之倫比。一般論者乃極誇言其水師的熟練，營務的整飭，火器的精良，鐵甲戰艦的縱橫馳騁，以見其強；讚稱其工業的繁茂，煤鐵的充裕，商賈貿易轉輸遍及遠近，以見其富。遂以爲其立國之基本，即在於上述各端。其實則並非如此。以上所列者，均屬富強之末，而非其本。其本在於上下之情通，君民之分親，乃能使其本固邦寧，富強歷久而不衰。

英國政治，於官吏的任命，採取薦舉的辦法。非品學兼優，聲望卓著，難以獲得閭里鄉黨的支持，以入仕宦之正途。既獲任命之後，如擅作威福，行一不義，殺一無辜，則必受民意的制裁，非僅不能保持爵祿而已。故其官不敢枉法虐民。其民之犯法者，按律定罪。審案從無敲撲笞杖血肉狼藉之慘；在獄供以衣食，無使飢寒，教以工作，無使嬉惰，七日之間，有教士爲之勸導，使其悔悟自新，獄吏亦從無苛待之者，獄制之善，爲三代以來所未曾有。國中死罪，歲過數人，亦止於絞，從無梟示；叛逆重罪，亦止及一身，父子妻孥皆不相累。民間因事涉訟，從未有株連遷延，曠日廢時，致傾家失業者。

國有大事，君不能獨斷專行，必集議於上下議院，待衆論咸同，而後舉行。如有戰爭之事，必遍詢於國中，民欲戰則戰，民欲止則止，故能兵不輕出，衆志成城。即國君生活，亦有所限制。用費年有限額，不得任意奢侈；所居宮室，概從樸素，從未有規模宏大之離宮別館；國君只有一后，從不置妃嬪，更無有所謂後宮佳麗者。但於人民之照顧，則相當周備。一切慈善事業經費，橋樑道路等公共建設，悉由政府撥付，以爲養民便民。國中鰥寡孤獨，老弱廢疾，均有所養；盲聾殘缺，也均使其有所安業，無一夫流離失所。總之，其待民可謂極其優厚。其政治之良善已可與中國上古盛世比美了。

在〈重民〉一文中，王韜分析比較西方各種政治制度，以闡揚民主政制。他說明西方國家的政體，共有三類，一爲君主之國，如俄、奧、普魯士、土耳其等，一人主治於上，百官萬民從命於下，令出而必行，言出而莫違；一爲民主之國，如法、美等，國家有事，決定於民選之議院，衆以爲可行則行，不可則止，其統領但總其大成而已；一爲君民共主之國，如英、西、葡等，所有大政，必集於上下議院討論，君可而民否不能行，民可而君否亦不能行，必君民意見咸同，而後頒令實施。在上述三種政體之中，以君爲主，則必有如堯舜之君，方能長治久安，政無缺失；如民爲主，則心志不齊，法制紛更，將不無流弊；惟君民共治，可以上下相通，和衷共濟。泰西各國，凡其財用充裕，兵力雄強，國勢駸駸日盛者，類多爲君民一心。

事實上，王韜之說英國，論西方，其內心所關注者，實在中國。所以他在〈重民〉三篇之中，首先即說明，中國民數有三億之多，泰西各國，類皆不足中國之十分之一，如能善爲維繫，上下團結一致，必可天下無敵。然後推介西方民主制度，最後乃檢討中國。中國的情形如何呢？王韜率然的指出：三代以下，君與民日漸疏遠，自秦朝開始尊君卑臣，君民疏遠愈盛。於是堂廉高深，輿情隔閡，民之視，如高遠在天，雖疾痛慘怛，無由得達，哀號呼籲，絕難上聞。災歉頻仍，即使幸得有詔書諭旨蠲免租稅，或發錢幣救濟，亦因官府視爲具文，吏胥從中侵飽，民得實惠均沾者，十不及一。天高聽遠，誰得能將實情告聞？即有一二御史諫官，風聞上奏，而各省大吏，或徇情袒護，或不願認真查究，亦往往含糊了事。君既被尊爲無上，則其所任命之官，自然也被尊崇，於是乃亦自視爲其權威隆重，不可侵犯。民惟當順從其教令，或有不遵，不惜置之於死地。耗民財，殫民力，敲膏吸髓，無所不至，私囊既飽，飛而颺去。能實心爲民者，幾乎無有。

中國自秦而後，民之境況一至於此。與西方民主政治之國，特別如英國，相去已不啻霄壤。王韜再繼續表示，中國從前也並非如此。他說：三代以上，君與民親，政治甚爲優美。又說：古代里有塾，黨有庠，鄉有校，讀法懸書，每月必有一察舉，如有不洽於民情者，民均得自由陳述其意見。上無私政，下無私議，是以親民之官，不敢大拂於民心，誠恐一爲眾民所不許，即不能保其身家。

最後復引《書經》之言「民惟邦本，本固邦寧」，而作結論說：「苟得君主於上，而民主於下，則上下之交固，君民之分親矣！內可以無亂，外可以無侮，而國本有若苞桑磐石焉。由此而擴充之，富強之效，亦無不基於此矣！……今合一國之人心，以共爲治，則是非曲直之公，昭然無所蒙蔽，其措施安有不善者哉！」其後，更明確表示：「泰西議院之設，亦與中國皇古之道暗相脗合。故中國而行此，足立富強之本」。

4 經濟方面

謀國家人民之富，王韜雖然亦不忽視節約，但其主要之途徑，則在於興利。其所有有關經濟方面的論著，幾乎無不加以強調。而興利的目的，亦不僅限於供應國民自己本身的需要，尚要行銷外國，賺取外人的金錢，累積自己的財富，而爲繼續發展的基礎。他的經濟思想，甚具有主動與進取的意向。自同治三年代上李鴻章書中，提出「握利權」，以後，不斷的加以擴展與發揮。於其所著〈興利〉一文中，首先即批評一般士大夫之未能從事於開源，與禁忌言利。王韜說：中國地大物博，於地球四大洲中，最爲富有。特當政者不能自握其利權，自濬其利藪，而亟爲之興利；迂拘之士，復動言朝廷宜閉言利之門，謂中國自古以來，即重農輕商，貴穀賤金，農爲本富，商爲末富，如行泰西之法是舍本而逐末，況中國所產，足供中國之用，又何需外求，出洋與外人貿易。以上所言，爲今日士大夫之通病，國家何由而得治！因此，王韜乃力主興利。至興利之方，他所論甚多，涉及也甚爲廣泛。茲依農、工礦、交通、商業，順序加以說明。

㈠農業

中國以農立國，民以食爲天，一向論農業者，大致均爲著重食糧之生產，王韜於此點亦未忽略。不過他卻更進一步，將農業的目標，擴展到配合工業、商業，共同致力於與外人利權的競爭，俾國家能臻於富強。欲達成上述的雙重目標，王韜乃倡議建立農業學校，廣泛利用科學知識與機器工具，推廣經濟作物，發展畜牧，開發西北等各項，希望能迅速舉行。

培養農業人才，須於各地方普設農藝學塾。其經費可仿照書院之例，由地方官紳公捐。更於科舉之中，設置農業一科，應考士子，須於西方植物學、水利學、化學與中國農政、水利等書，深加研習。如此培養鼓舞，學用相輔，久而必有出類拔萃，如古代先聖之神於農、神於水者，相繼產生，農業自可望大爲興隆。

使用機器耕具，前此已經述及，於此可不必復贅。經濟作物，爲配合絲及絲織品、棉及棉織品與茶葉等之市場競爭，於養蠶、種桑、植棉、栽茶等，都須力行改進與推廣。泰西於農務、種植俱有專書，且均由政府爲之教導鼓勵，中國自宜仿行。品質改良，生產增加，再配合繅絲、紡織、焙製等技術的革新，則此類產品，不僅可在本國之內，抵制外貨，保衛利權，亦可在外國銷售，增加利權。

畜牧亦爲興利之一端。美國牛乳一項，販運出口，每年值洋銀約五千萬元。其乳牛之極大者，日出牛乳八百四十兩，華牛則遠不能及。如以美牛雜華牛交配，改良其品種，則以中國土地之大，氣候之宜，推廣發展，其利安見不能與美國相比?牛乳既增，則奶油、乳酪等之生產，亦將成爲大宗，而爲販運行遠之商品；蒙古之馬，口外之羊及羊毛，無不可增加殖產而運銷於外人。

此外，西北有廣大的土地，古昔爲帝王興業之基地，豈能不宜於種植。徒因河道日遷，水利不講，遂至於天旱則赤地千里，多雨則汪洋一片，農人無法播種，漸成廢棄。於今科學昌明，技術進步，只要能善加利用，興修水利，改良品種，必可推廣種植，大有裨於國計民生。

㈡工礦業

論發展工業，王韜時常與礦業並提。他認爲英國工業所以能發達，與其豐富之煤鐵，密切有關。他認爲：英國不過蕞爾三島，而卻富甲海外，其所恃者，主要爲煤鐵。自然，其他各礦也爲發展工業所需要。他在〈興利〉一文中說：「利之最先者爲開礦，其要者一爲鐵，二爲煤，三爲五金。開採鐵礦之利甚爲明顯。中國鐵礦蘊藏甚豐，今已設立船廠、砲局、機器製造所等，無不需鐵以資鎔鑄。向外國購買，則利歸外人。如能自行開採，則不僅可減低成本，節省用費，並且取用方便，技術亦可因而改進。於鑄造鎗砲，建製鐵甲戰艦、火輪兵船，生產各種機器，興築火車鐵路等各種國防與重工業的建立與發展，可有無限的裨益。

至輕工業，他最重視紡織業，因其不僅爲民生所必需，並且與農業中的絲、棉與羊毛等的生產，可緊密相接，並進而促進商業的開拓。他強調：紡織必須使用機器，不僅可省力省時，而且精巧細密，產品質地大爲提高。惟能提高品質，方能開拓銷路，與外人競爭。在他的思想之中，生產與市場，已密切相關連。工業生產，必須能有銷路，方能有利，方能發展。因此，也指出，銷售之不如外人，並非僅因推銷之不力，主要係因製造之未精。而呼籲必須不斷的改進，並力行降低其成本。爲配合原料，他主張儘量就各產地附近設立工廠，如織絨設於天津與直隸各處，以取用口外的羊毛；織布設於上海、蘇州等處，以就其附近的棉花；織綢設於湖州、杭州等處，利用當地的蠶絲。其他如磁器、紙料、繪圖儀器、燈盞、各種鐵器，凡有裨於日用民生者，都需要加以研究改良，提高其品質，增加其產量，俾支持貿易的發展。

關於經營方式，他希望儘量由民間從事。不論開採煤鐵五金等礦，興築鐵路，建造輪船火車，以至各種機器製造，均可由民間投資舉辦。如需資本較多，可以設立公司，以廣行募集經營。政府則僅按照其盈餘而課以輕微之稅金即可。應嚴禁官吏干預掣肘。務使富民能出其資本，貧民能貢其勞力，既均蒙其利，國家亦得以富裕。

尤其重要者，不論工、礦，均必需有專門人才，方能勝任其事，進而研究發展。以此，王韜於其〈論宜興製造以廣貿易〉一文中，首先說明：欲精製造，必先自上開其端，予以教導與獎勵，而後在下者方能鼓舞奮勉，形成風氣，共同致力於繼續不斷的改良與創造。宜設立工藝塾（即工業學校），使願從事工業製造之人入而肄業。其課程以工業技術爲主。其設備舉凡有關機器、格致的圖書儀器、報紙、雜誌，無不廣爲羅致，俾供其師生閱讀參考，以充實其學識，熟練其技能。凡能發明創造新的器物或技藝，有益於民生日用或軍事國防者，即給與數年或十餘年之專利。即國家欲使用其法，也須給以優厚獎金，以資鼓勵。一般士農工商，任何人於器藝有所發明，均得向工部報請試驗，證明屬實者，亦予獎勵，並酌予不次之擢用。如此則聰明才智，可向各方面施用，不必盡趨於原有士之一途。工藝製造，同樣可出人頭地，可報效國家，則工礦各業，必可因人才的充實，而得以發達進步。

㈢交通

於〈變法〉篇中，王韜既已指出，帆船與輪船，馬車與火車，不僅遲速殊異，其負重行遠，相去均不可以道里計，自然非棄舊取新不可。輪船之用於交通，非一人一家之力所能經營，王韜倡議讓民間以公司方式舉辦。其業務範圍，必須外而遠及外洋，內而遍及內河。輪船航行外國，可與外人爭利，一般人多不反對。但航行本國內河，則有不少的士大夫，持有相反的看法，他們或以為，將奪原有帆篷各船之生計，增加交通意外事故，或恐怕中國輪船一經航行，外國輪船必將跟踵而至，沿海與長江之利已失，內河豈可再與外人。但王韜則表示，此均不足為慮，通行輪船，將使貨物流暢，經濟繁榮，國人謀生更易；一國之內河，自有其主權，豈能因自己航行，外人即可闖入。

火車之設，於國內而言，其利較輪船為普。不僅可省販運之勞，縮行旅之遠，而且可因其捷速，聯全國為一氣。利民利國，莫可勝言。在當時，反對興築鐵路者甚多，其所持理由，如謂易為敵人所用，反可長驅直入；肩挑負販失業，形成社會不安等等，不一而足。王韜亦逐一辨正，鐵路雖蜿蜒千里，輪車雖勢如奔電，但僅拆除其中任一小段，即無法行駛，甚至投石斬木，亦可阻塞，敵人不可能隨意利用。其無礙於民間生計，有裨於地方興隆，如輪船而尤過之。並且斷言，不出百年，中國必鐵路四通八達，舉國均可搭乘。此外，電線、郵政，亦需舉辦。

㈣商業

王韜對商業之重視，在其同時代中，罕有人可與倫比。他既將工業製造，甚至農業之目標，均指向銷售或市場，則惟有擴展商務，工業才能發達。所以他說：「通商本爲利國第一要著，泰西各邦皆恃此以坐致富強」；「治國以富強爲先，而富強必自振頓商務始」。

鑒於中國知識分子多鄙視理財，歷代政府甚至往往抑商，他乃引據經書，加以辯論。他說：《易》稱天地之大德曰生，聖人之大寶曰位，何以守位曰人，何以聚人曰財。財者帝王所以聚人，守位，養成羣生，奉順天德，治國安民之根本。士農工商四民各有專業，而農商尤爲財之所生，自古以來有天下者，賴之以足用。然則何以士竟會賤農輕商，主要爲泥於孔子之言：「曰耕，餒在中，焉用稼。賜不受命而貨殖。」但大舜耕於歷山，伊尹耕於莘野，是否爲餒？大禹懋遷有無，化居貨殖，豈以不受命之事，懋於天下？是知《論語》多爲記錄者之言，並非全爲孔子之言。孔子之言，以農商始於神農，以富利天下，著易大傳。士不信經而信子，遂使趙宋以來千餘年之中國，數患貧弱。有欲返貧弱爲富強，起而講農商者，或且譏爲務財用之小人，類以李悝、商鞅、孔僅、桑羊之名加之。遂置帝王守位聚人之財而不知理。究其實際，聖人理財用與小人務財用，豈可同日而語？理之者，使上下俱足，以天下之財，公天下之用；務之者，損下益上，以天下之財，私一人之用。天下既知此兩者之不同，然後天下之財用可得而理，而農商亦得因而興。他又解釋《大學》所言：「長國家而務財用者，必自小人矣」，其意僅在戒務財，而非忽視於理財；「有土此有人，有人此有財」，自不漠視於財；《中庸》言：「未有府庫財而非其財者」，可知財者一國之所公有，而非一人之所私有，上有以裕下，下亦有以奉上，如此則君民均得富足。

自廣開口岸，准許西人通商，外人在中國之商務日益擴充，而中國民生則日趨艱困。爲謀起衰振敝，挽回利權更須盡力發展商務。

至於發展之道，除農工之配合，於商務本身，王韜提出兩項重要的建議：一爲設立商務局，專司推動貿易，將範圍擴展到世界各地；一爲設立商業學校，培養專門商業人才。他說明西方國家之重視商務，國中專設商部。其商人所至之處，動輒集千百人爲公司，以充裕其財力，其國家則設官戍兵，以爲之保衛。故其初雖惟重開拓市場，不務爭城奪地，但日久則利權漸爲其所握，土地亦漸爲其控有。今欲重商，自必設立商務局，以國家之力，加以推展。由於時勢的變化，貿易範圍自亦需隨之而改變。從前商業僅望普遍於國中，今日市場必須拓展於境外，與歐美各國競爭。鑒於東南洋諸島及新舊金山等處之華僑，多能自行從事貿易，與外人競爭，則華商如能有商務局的支持輔助，王韜相信必能逐漸拓展。

貿易的性質與範圍既已均與從前不同，自必須培養此種從事商業的專門人才，尤其在國際貿易方面。王韜建議：應由政府設立商藝塾（即商業學校），招收有意從事商業者入塾，授以算學、輿圖及各國語言文字等，然後使其經商外洋，並審察各國民情與市場實況，告知國內工商界，從事於生產，並運往銷售。

5 學術教育方面

對於學術的含義，王韜有其獨特的看法。雖然，他也同樣的與一般士大夫使用中學、西學、中法、西法等名詞，但他的基本觀念，則頗不相同。他認爲中學與西學其本原並無不同，所不同者，其發展的過程而已。所以他不主張中體西用，而倡議中西學合一。他心目中的中學，主要爲五經與四書，如果將四書也作爲一經，則爲六經；西學則主要爲幾何學、化學、重學、熱學、光學、天文地理學、兵學、動植物學、公法學等。他說：「六經載道，窮經所以行道，中國數千年精神，悉具於六經。而西學者，續六經之未具，又非中國諸子百家所能言，故淺而用之。西學，皆日用尋常之事，擴而精之；西學，即身心性命之原」。又說：「中國格物致知之說，始於《大學》，然於格致之旨，實無所發明」。西學既爲六經所未具，亦爲身心性命之原，則中西學自應合爲一體。分之則均有所缺，惟有合之乃可臻於完美。

基於以上的理解，王韜自然主張，在教育方面，應中西合一。於是，他倡議改變科舉的內容，以中西學合璧而取士。中學以《易經》爲首，次爲《書經》，《詩經》，《春秋》合《左氏》、《公羊》、《穀梁》三傳，四書，《禮記》合《周禮》、《儀禮》；西學以幾何爲首，化學、重學、熱學、光學……等如上所述者，依次而列。中西學一人全通者爲全才。不能，則一人通中學兩經，西學兩學爲限。通兩經者，必通《易經》，其他任習；通兩學者，必通幾何，其他任習；

但其他四經與其他各學，亦須能知其大義，不然則不錄取。即武科，也本中西合一的原則，術科於原有弓、馬、刀、石之外，增加槍砲擊刺；學科須明六經大義、中西兵法。總之，改科舉的目的，在於使士子能擅中西之長，挹全球之精，中國人眾而多才智之士，如能循此途而進，五六十年後，當可成爲世界學術之中心。

國家取士，既以中西學兼通爲原則，學校講授，自然也須密切銜接配合。除各種專業專科，如軍事、農、工、商業等校，已見前述，一般學校，則以文藝爲主。文即文學，應包括經、史、掌故、詞章。經學使知古聖先賢之緒言訓詁，史學使明百代之興亡得失，掌故則藉以瞭解政事之紛更，制度之沿革，詞章用爲記事傳述。藝學即輿圖、格致、天算、律例。輿圖能識地理之險易，山川之阨塞；格致能知造物製器之微奧，光學、化學悉所包含；天算爲機器之權輿；律例爲任官出使之所必需，小者定案決獄，處理政事，大者應對四方，折衝樽俎。士子肄業於校中，必學立藝成之後，方可離開出而任事。

男校之外，王韜復倡議設立女校，延請女師，也教授六經西學，如上所列。他認爲只要設立女校，給女子以受教育的機會，婦女人才必可脫穎而出。

此外，王韜對於西方科學，除上述的數理化生物等本身外，尚有兩點，於此亦須一提，即其開始留意科學精神與方法——懷疑與實證，與科學發展的源流。他曾介紹過數位西方的科學家，如倍根（Francis Bacon, 1561–1626）、侯失勒（John F. W. Herschel, 1792–1871）等，對他們的成就，備加讚揚。在〈倍根小傳〉中，他指：其立言不欲取法古人，而務必求自己能有所創見。其言古來載籍，不可深信膠守，以免自己之聰明才智，爲其所囿。必脫出此藩籬，然後澄思深慮，獨察事物，以極其理。其言務在實事求是，必考物以合理，而非造理以合物。此種精神與方法，影響甚大。西方從事於格物致知之學者，咸奉其說爲指歸。乃有哈爾非始爲血絡周流之學，醫術爲之一變。觀象儀器，製造更精，其術益驗。哈略（Thomas Harriot, 1560–1621）測日面有黑點。又有人測水星過日面，爲今時新法之證。紐敦（Issac Newton, 1627–1691）始爲光學。客勒格力（Galileo Galilei, 1564–1642）始爲遠鏡，始造反照之器。弗藍斯得始明行星、定星旋轉排列之理。哈力（Edmond Halley, 1656–742二）始考察彗星往還，別一軌道，按時而至。總之，英國諸學（按上述並非全爲英人）蒸蒸日上，無不勤察事物，講求真理，祖倍根之說，參悟而出。其後梁啓超氏撰〈近世文明初祖二大家之學說〉，言數百年來，爲學術界開一新國土者，首推倍根與笛卡兒（René Descartes, 1596–1650），因綜論其精神與方法，國人乃亦大受其影響。然王韜實爲其前導。

於科學發展源流，在晚清之世，盛行西學源出中國之說。王韜起初亦同此見解。於其〈原學〉一文中，謂不獨文字，即禮樂制度天算器藝，無不由中國流傳而出。且舉借根方（即代數學）猶稱爲東來法以爲例證。但後來他對西方科學發展的情況瞭解更爲清楚，便完全放棄了這種看法。他不僅說明了代數學（Algebra）之所謂東來，歐人是指來自阿拉伯，並非來自印度與中國，而且更以希臘哲學家載利士（Thales, 640？–546B.C.）建立天文學，而否認了因墨子（約西元前四六八—三七六）學說西傳，西方乃建立天算的說法。他並且認爲，各種科學發明，並非在於一地一國，而是有許多來源。這種毅然修改自己或他人在學術方面的錯誤或偏失，不僅提供給國人正確的知識，更呈現一項嚴肅客觀的學術研究態度。這在當時傾向西學的學者中，仍屬十分突出。

6 社會方面

屬於社會方面，王韜思想之較爲重要者，有下列三項。

㈠倡一夫一妻，反對納妾

王韜此種觀念由來，很可能受到西方的影響，但他所引據的道理與證明，卻在於中國的經史。他在〈原人〉一文中，首先即引《易經》之言：有天地然後有萬物，有萬物然後有男女，有男女然後有夫婦，有夫婦然後有父子，有父子然後有君臣上下，而知禮義之所措。再就《大學》之義而發揮，謂其言治平天下，必本於修身齊家，乃以治平必從齊家開始。欲齊家則惟有一夫一婦。天之道，一陰一陽，人之道，一男一女。然自後世媵御之制興，自天子以至於士，正嫡而外，無不有陪貳。爵位愈崇，妾媵愈多。天子有三宮、九嬪、二十一御妻、八十一元士。卒至後宮佳麗，多至數千。而庶人之富有資產者，亦往往粉白黛綠，列屋而居，幾視婦女爲玩好之物，與天地生人，男女並重之旨，大相違背。即以歷代興亡而論，夏桀因妺喜而滅，商紂以妲己而亡，周幽王因寵褒姒而殞命，漢成帝因戀飛燕而戕身，陳後主以麗華而覆其宗，唐高宗因武氏而絕其傳，唐玄宗又以楊玉環而幾覆其國，一般皆謂係女色爲禍，實應歸咎其家不齊。總之，教化之原，必自一夫一婦，實天經地義，無論貧富貴賤，悉當如是。

㈡對基督教及其在華傳教問題之看法

王韜雖自青年時期，即開始與外國教士相處，但對其教義，尤其在華傳教，起初頗有不滿。約於同治末年，他於上廣州馮太守書中，尚建議杜異端以衛正學。其所謂異端，即基督教。他解釋說：不論天主、耶穌教派，均足爲人心風俗之害。所以官不予禁止，民不予斥責，乃是因爲其傳播之權，載在條約。欲使正學昌明，異端衰息，只有用明許暗禁之法：一爲編立教民戶册，二爲給予匾額，三爲異其服色。三者所以彰其羞惡之心，而絕其招徠之路。並宜在各處宣講聖諭、善書，其宣講之所，如能與天主或耶穌教堂比鄰爲尤佳。

但他的看法，逐漸改變，至光緒年間，他顯然轉趨於對教義與傳教，均給予客觀的評論，態度相當友善。他檢討其教義說：西人之教，大旨以悔罪爲宗，而歸其本於事天敬主。斥釋教爲寂滅鄙羽，流爲虛誕。崇信耶穌，終身不變。謂人世之福，如石火電光，不能恆久，宜修身立命，以躋於明宮，則我身之靈，庶幾常存。其教有新有舊，舊者曰加特力（Catholics），即天主教；新者曰波羅特（Protestant），即耶穌教。舊教盛事科儀，教旨反趨昧晦，新教惟尚清修，而無一切拘攣陋習，尚近於儒。西域（中東以至歐洲）遠處海域，敦龐初開，悍厲成風。而耶穌一人，獨能使之遷善改過，以範圍約束之。道垂於千百年，教迄於數萬里，豈非彼土傑出之人才！

對於教士，他也認爲尚值尊敬。他說：西方教士來中國者，須先經考試，非屬世家子弟，即係才俊之士，既已熟讀西國之典籍，又須學習中國之語言文字。其學問深邃者，或卓然可稱之爲專門名家；其性情品格，亦有藹然可親，純然超越常人者。惟對入教之華人，仍感不滿。他表示：華人入教者，大抵愚者多而智者少，明者寡而昧者眾，理趣既未能深造，言語亦未能圓融。動輒詆譭孔孟爲不足師，程朱爲不足道。此種言論如果發之西人，聽者尚能少忍，出自華人，則眾必認爲其數典忘祖，蔑侮先聖，羣起而攻，遂致形成衝突，而生慘案。

綜合上述，他乃希望民教雙方，均能冷靜理智，自行檢束。教民有罪，歸地方官懲辦，教士不得偏袒，地方官民，也不得對之苛待。能各盡其分，各安其業，何至再有爭執毆鬥？總之，不欺其傳教，無強其彼此往來，毋驕毋肆，民教安有不能輯睦相處者。

㈢對報紙功能的認識

王韜辦報雖在同治十一年（一八七二年），但其對報紙功能之留意，於咸豐年間已經開始。在咸豐八年（一八五八年）他寫給周騰虎的信中，即提到：西國月報，備載近事。如能譯出，可知其各邦國勢的盛衰，民心的向背，習俗的美惡。同治中期，上丁日昌信中，復強調報紙的功能，不僅能聯絡一國之上下，更可以通外情於內，正內情於外。他說：西國政事，上行而下達，朝令而夕行，幾迅捷如桴鼓之相應，主要爲有日報爲之傳播。日報之中，既備載國政、軍情、風土、人物、習俗，則國人欲瞭解外人之一般情況，只要將外人新聞，譯載入中國日報之中，即可廣供閱讀。外人對中國所知亦甚少。他們所知者，多半爲其國人來中國者所報導。此類報導，不僅範圍狹窄，瞭解不夠深入，立場尤難客觀公正。如中國刊行報紙，則西人亦得據以譯載，其必因此而對中國瞭解，大爲增進，中西間許多偏見誤會，將可因而化除避免。

尤其重要者，爲其對報紙本身與其從業人員之職責品格等的看法。在一篇專文中，王韜主張報紙的重要任務，爲反映民心趨向，發揚社會公論。他說：「今日雲蒸霞蔚，持論蠭起，無一不爲庶人之清議。其立論一秉公平，其居心務期誠正，如英國之《泰晤士》（*Times*），人仰之幾如泰山北斗，國家有大事，皆視其所言，以爲準則。蓋主事之所持衡，人心之所趨向也」。立論公正，居心誠正，既爲報紙服務態度之準則，亦爲建立其權威，獲致大眾敬重之基石，故王韜於主筆之人，要求甚爲嚴格。他說：西國之爲日報主筆者，必精其選擇，非絕倫超羣之人，不得入預其列。又說：秉筆之人，不可不慎加遴選。如非通才，未免識小而遺大，尚非十分重要。如其挾私而訐人，以自快其怨忿，則品流愈下，士君之當擯斥而不齒。於此可見王韜確爲中國報業與從業之人，提供一項極爲正確的觀念。

以上所述王韜的思想，儘管他對西方的認識與對中國的批評，有時不無誤解或過與不及之處，如言英國政治之美，有如天堂；美國總統，但總其大成，似並無實權；言中國政治之黑暗，官吏之虐民等等。然其用意，似在於以對比的方式，增加其說服力量，於其變法維新之本旨與方案之價值，當無妨礙。

四、結語

王韜對於當時以至於後世的貢獻，是十分顯著的。滿懷愛國的熱忱，憑藉中國歷史文化傳統，與廣泛的西方認識，他深深覺察到中國正面臨空前的變局，必須全盤籌劃，作適當的因應，才能解除當前的困境，步入富強的前途。運用他豐富的知識，清晰的頭腦，從國防、政治、經濟，以至文化、社會各方面從事檢討，擬具革新進步的方案，刊登於報紙雜誌，寄送給有關當局與親友，印成專書刊行，因喚醒朝野上下，共同努力以促其實現。儘管在晚清時期，所有變法維新的進行，速度是十分緩慢，王韜的目標，並不能立即達成，但他的鼓吹與呼籲，畢竟發生了很大的影響。

就自強運動而言，王韜的言論實具有啓發與呼應的作用。在英法聯軍後，迄甲午戰前，三十餘年間，李鴻章一直是推行各種洋務建設的中心人物。在自強運動前期，於模仿西法，籌劃最爲勤懇，推行最具熱情，而爲李鴻章得力的助手者爲丁日昌。此二人者，均深受王韜的影響。李、丁二人，不僅所舉辦的事業，所奉陳的建議，與王韜相近，有時甚至在他們奏摺之中，引用了王韜的大段文字。光緒中葉開始，王韜出掌格致書院，每年舉行策論課士，南北洋大臣及其他與洋務有關的官員等，經常爲之命題懸賞，並給予評語。王韜的影響，顯然較前爲擴展。

對甲午戰後的變法運動，王韜可以說爲其前驅。百日維新期間詔令辦理重大之事，如軍事方面的精練陸軍，增產軍械，復建海軍，培養海軍人才；政治方面的改訂律例，裁淘冗官；經濟方面的獎勵農工商業，修築鐵路，開採礦藏，改革財政，制定政府預算、決算，使旗民就業自行謀生；教育文化方面的普遍設立學校，積極加強西學，廢除八股，改革科舉制度，獎勵科學技術發明；社會方面的鼓勵創辦報紙，給予士民適當的言論出版自由，大體均爲王氏從前所論及。

甲午戰後維新派倡議變法，多論及民主政制。光緒初年王韜所倡議的君民共主——即君主立憲制度，亦爲他們所嚮往。在甲午戰前與王氏相呼應者，僅有鄭觀應一人。但戰後則維新派的重要人物如康有爲、梁啓超、汪康年、陳熾等，均如王韜同樣的主張採行英國式的民主制度。因此，追溯中國民主政治的演進，王韜當被視爲開拓時期的功臣。

國人於西方科學的態度，在晚清時期除若干極端保守者，始終堅執應該完全摒拒，一般大致傾向於中體西用。中體西用之說，自有其時代的意義，並非無裨於當時對西方學術的吸收，但由於體用的劃分，不免影響到深入的研究。民國以後，更有人主張全盤西化，使中國傳統的歷史文化，遭受深重的打擊。只有王韜所主張的中西合一，不僅爲中國，同樣亦爲世界文化的發展，提供一項深值採擇的方向。

思想言論之外，王韜尚有一項過去甚少爲人所留意的重要貢獻，爲他在無形之中，給中國知識分子，建立了一個新的立身處世的目標，對於過去幾千年來一般士大夫奉爲圭臬的原則，具有修正的作用。在過去，「達則兼善天下，窮則獨善其身」，一向爲中國知識分子視爲立身處世的標準原則。在此一原則之中，所謂「達」與「窮」的分野，實爲出仕與否：有機會獲得任官，便可以用政治權力，去達成其理想與抱負，否則，便只有歸隱田園，過其平淡而寧靜的生活。所謂「用之則行，捨之則藏」；「不在其位，不謀其政」，都等於上述觀念的補充說明。但王韜卻以他的行動，樹立了一項新的典型——那就是所謂達，是指任何有益於人羣社會事業的成功，決不僅限於獲得政治的地位與權力；所謂窮，更不應固守自安，必須以主動的、積極的態度，去轉變爲達，人生必須以達爲目標，窮不過是暫時的頓挫。

總之，王韜熱愛國家，學識淹博，目光遠大，理想高超，貢獻卓越，不僅爲一傑出的思想家，亦爲近代中國知識分子中，一位深值效法的典型。

參考書目

(一)王韜本人著作

《毛詩集釋》三十卷，手稿。
《禮記集釋》手稿。
《周易集釋》手稿。
以上三種均存放於美國紐約市立圖書館中
《蘅華館雜錄》六冊，手稿。
存於中央研究院歷史語言研究所傅斯年圖書館中。其內容爲：
①茗花廬日志　道光二十九年。
②茗鄉寮日記　咸豐二年。
③瀛壖雜記　咸豐二—三年。
④滬城聞見錄　咸豐三年。
⑤蘅花館日記　咸豐四—五年。

⑥蘅華館印譜
⑦夏日閨中雜詠
⑧石經考文
《春秋左傳集釋》（未見刊行）。
《春秋朔閏至日考》三卷。
《春秋日食辨正》一卷。
《春秋朔閏表》
以上三種爲光緒十五年上海松隱廬活版排印
《皇清經解札記》二十四卷（未見刊行）。
《國朝經籍志》八卷（未見刊行）。
《法國志略》二十四卷，光緒（庚寅）十六年上海松隱廬刊。
《普法戰紀》二十卷，光緒（丙戌）十二年陽湖汪學翰署檢本。
《瀛壖雜志》六卷，光緒元年刊。
《甕牖餘談》八卷，民國二十五年上海進步書局石印。
（在《清代筆記叢刊》第一一九—一二〇冊）
《四溟補乘》三十六卷（未見刊行）。
《西古史》四卷（未見刊行）。
《西事凡》十六卷（未見刊行）。

《俄羅斯志》八卷（未見刊行）。
《美利堅志》八卷（未見刊行）。
《臺事竊憤錄》三卷（未見刊行）。
《乘桴漫記》一卷，弢園老民自著書本。
《漫遊隨錄》二卷，在王錫麒輯：《小方壺輿地叢鈔》第十一帙（第六十二本）中。
《漫遊隨錄》三卷，文圖對照石印本。
《扶桑遊記》三卷，日本明治十三年，東京刊，栗木鋤雲訓點本。
《西國天學源流》偉烈亞力譯，王韜述。
《重學淺說》偉烈亞力譯，王韜述。
《華英通商事略》偉烈亞力譯，王韜述。
《西學圖說》
《西學原始考》
《泰西著述考》
以上六種，後合成《西學輯存六種》，光緒十五—十六年刊行。
《格致新學提綱》（未見刊行）。
《火器略說》與黃達權合著，光緒（乙酉）十一年敦懷書屋刊。
《弢園文錄》八卷（未見刊行）。
《弢園文錄外編》十二卷，光緒（丁酉）二十三年上海弢園老民刊（鉛字本）。

《弢園尺牘》　十二卷，光緒六年香港重刊。
《弢園尺牘續鈔》　六卷，光緒十五年上海刊。
《弢園筆記》　民國二十三年上海印。
《蘅華館詩錄》　五卷，光緒六年，香港刊弢園叢書本。
《眉珠庵詞》　一卷，在光緒元年上海《申報》館刊《四溟瑣記》中。
《遯窟讕言》　十二卷，光緒六年，上海重校本。
《淞隱漫錄》　十二卷，續錄十二卷，光緒十三年上海點石齋石印本。
《淞濱瑣話》　十二卷，光緒十九年，上海刊。
《海陬冶遊錄》　三卷，附錄三卷，餘錄一卷，在光緒四年王韜輯印《艷史叢鈔》中。
《花國劇談》　在同上《艷史叢鈔》中。
《眉珠庵憶語》　在民國四年，上海海左書局刊《虞初廣志》中。
《老饕贅語》　（未見刊行）。
《歇浦芳叢志》　（未見刊行）。
《三恨錄》　三卷，（未見刊行）。
《豔史叢鈔》（輯）　三十卷，光緒（戊寅）四年弢園主人選校刊行。
《瑤臺小錄》　在雙肇樓叢書之《清代燕都黎園史料》中。
《自強齋保富興國論》　（初編）（輯），六卷，光緒二十七年上海強學會印。
《格致書院課藝》　十三冊，自光緒（丁亥）十三年至（乙未）二十一年。

論文（未入專集專書之中者）

〈哥倫布傳贊〉《萬國公報》，光緒十八年六月。

〈救時芻議〉（上、下）《萬國公報》，光緒十八年閏六月，七、八月。

〈論宜興製造以廣貿易〉《萬國公報》，光緒十八年九月。

〈論宜得人以理財〉《萬國公報》，光緒十八年十月。

〈論川東設立洋務學堂〉《萬國公報》，光緒十八年十一月。

〈論遴選使才以重使事〉《萬國公報》，光緒十八年十二月。

〈論宜設商務局以旺商務〉《萬國公報》，光緒十九年正月。

〈論大地九州之外復有九州〉《萬國公報》，光緒十九年二月。

〈閱德國什好船廠章程書後〉《萬國公報》，光緒十九年三月。

〈歐亞金銀宜各自爲價論〉《萬國公報》，光緒十九年四月。

〈論巡閱砲臺〉《萬國公報》，光緒十九年八月。

〈論中國煤鐵之富美國金銀之富〉《萬國公報》，光緒十九年九月。

〈論出使須求真才〉《萬國公報》，光緒十九年十月。

〈論所談洋務終難坐言起行〉《萬國公報》，光緒十九年十一月。

〈中東戰紀本末序〉《萬國公報》，光緒二十二年五月。

〈去學校積弊以興人才論〉　在陳忠倚：《皇朝經世文三編》卷四十三，頁一三。

〈釐捐弊論〉　在陳忠倚：《皇朝經世文三編》卷三十六，頁三。

〈蘇福省儒士黃畹禀〉 載《掌故叢編》第十輯，民國十八年印。

㈡有關史料與著述

⑴中文

〈英國駐華公使卜魯士爲黃畹上書太平軍爲王韜辯護與總理衙門往來照會並附有黃畹書稿與蘇松太道吳煦便函〉 在英國外務部中文檔（Great Britain, Foreign Office, China Embassy and Consular Archiues, F. O. 228: 910）。

《循環日報》 香港，一八七四年。

《循環日報六十周年紀念特刊》 香港，一九三二年。

陳其元 〈黃畹上李秀成攻上海策〉，在其《庸閒齋筆記》卷十二，同治十三年刊。

鄒弢 〈天南遯叟〉，在《三借廬筆談》卷十，上海進步書局《筆記小說大觀》第二十三冊—六冊，光緒十一年。

戈公振 《中國報學史》（第四章記錄有關王韜辦報情形），商務，民國十七年。

洪　深 〈申報總編纂長毛狀元王韜考證〉，《文學》二卷六號，民國二十三年六月。

胡　適 〈跋館藏王韜手稿七冊〉，《國立北平圖書館館刊》八卷三期，民國二十三年五—六月。

羅爾綱 〈上太平軍書的黃畹考〉，《國學季刊》四卷二期，民國二十三年六月。〈黃畹考〉在其所著：《太平天國史記載訂謬集》中，一九五五年。

謝興堯　〈王韜上書太平天國事跡考〉，《北京大學國學季刊》四卷一號，收入其所著《太平天國史事論叢》，商務，民國二十四年。
吳靜山　〈王韜事蹟考略〉，在上海通社編：上海研究資料，中華，民國二十五年。
陳振國　〈長毛狀元王韜〉，《逸經》第三十三期，民國二十六年七月。
簡又文　〈長毛狀元王韜跋〉，《逸經》第三十三期，民國二十六年七月。
　　　　〈關於王韜〉，《大風》五十八期，民國二十八年十二月。
樸　庵　〈王韜與理雅各〉，《國風》第一卷一期，一九五〇年十二月。
吳雁南　〈試論王韜的改良主義思想〉，《史學月刊》，一九五八年四月號。
謝無量　〈清末變法論之首創者及中國報導文學之先驅者〉，《教學與研究》，一九五八年三月。
羅香林　〈王韜在港與中西文化交流之關係〉，《清華學報》新二卷二期，民國五十年六月。
賴光臨　〈王韜與循環日報〉，《報學》第三卷九期，民國五十六年十二月。
呂實強　〈王韜評傳〉，《國語日報》第六十一期：書和人，民國五十六年七月。
王維誠　〈王韜的思想〉，在《中國近代思想史論文集》中，一九五八年。
汪榮祖　〈天南遯叟王韜〉，《新知雜誌》第四年一—二期，民國六十三年二月，四月。

(2)日文

布施知足　〈王紫詮の扶桑遊記〉，在其遊記に現はれ爲明治時代の日支往來，《東亞研究講座》八四號，一九三八年十二月。

實藤惠秀〈王韜の來遊と日本文人〉，在其《近代日支文化論》中，東京，一九四一年。（本文經張銘三譯爲〈王韜的渡日和日本文人〉載《日本研究》三卷六期，民國三十三年）。

增田涉〈王韜について〉，大阪市立大學文學會編：《人文研究》一四卷七號，一九六三年八月。（本文經李永熾譯爲〈王韜試論〉載《大陸雜誌》三十四卷二期，民國五十六年一月）。

(3)英文

James Legge: tr. *The Chinese Classics.* 5 vols. Hong Kong, Hong Kong University Press, 1960.

——: tr. *The Yi King,* in F. Max Müller, ed., The Sacred Books of East, Vol. 26, Oxford, 1882.

——: tr. *The Li Ki,* in F. Max Müller, ed., The Sacred Books of the East, Vols. 27–28. Oxford, 1885.

Helen E. Legge: James Legge: *Missionary and Scholar,* London, The Religious Tract Society, 1905.

Roswell S. Britton: *Wang Ta'o.* in Arthur W. Hummel: ed., *Eminent Chinese of the Ching Period,* pp.836–9. United States Government Printing Office, Washington 1943–44.

——: *The Chinese Periodical Press,* 1800–1912. Taipei, 1966.

H. Mc Alevy: *Wand Ta'o: The Life and Wrightings of A Displaced Person.* The China Society, London 1953.

Knight Biggerstaff: Shanghai Polytechnic Institution and Reading Room: An Attempt to Introduce Western Science and Technology to the Chinese. *Pacific Historical Review*, Vol. 25, 1956.

Leong Sow–theng: *Wang Ta'o and the Movement for Self–strengthening.* Papers on China, Vol. 17, East Asian Research Center, Harvard University, Dec. 1963.

Paul A. Cohen: "Wang Ta'o and Incipient Chinese Nationalism." *The Journal of Asian Studies*, Vol. XXVI, No. 4, August 1967.

——: Wang Ta'o's Perspective on a Changing World. in Albert Feuer Werker. Rhoads Murphey. Mary C. Wright: ed., *Approaches to Modern Chinese History*, pp. 133–162. University of California Press, Berkeley and Los Angeles, 1967.

——: *Between Tradition and Modernity: Wang Taó and Reform in Late Ch'ing China.* Harvard University Press, Cambridge Mass., 1974.

薛福成

王爾敏 著

目次

薛福成

中國官員出洋，駐使外國，是一八七五年（光緒元年）以來，中國歷史上一個創新的制度。最初風氣，官場中安故守常，多數不願擔任使職，而且頗加諷議譏嘲。三十年後，漸有改變，其中固然因素很多，而早期出使的先驅，若郭嵩燾、曾紀澤、薛福成等人的開闢功勞，以及其所建樹的風範，均有重大影響。在此時代的駐外使者；尤其爲世人所敬仰的人物，在光緒末年已有「三星使」稱號，即指郭嵩燾、曾紀澤、薛福成三人。三人俱富有新思想，而以薛氏尤爲寬廣繁富，並具體系。

一、生平事蹟

1 家世

薛福成字叔耘，又號庸庵，江蘇省無錫縣人。生於道光十八年三月十八日（一八三八年四月十二日）。他的祖父名叫薛錦堂，是生員出身，世居無錫。福成的父親名叫薛湘，字曉帆，是道光二十五年進士。薛湘與兄薛沅在無錫地方同以文詞著名，薛沅僅爲貢生，而薛湘則以進士出身，外放湖南省，任安福（今名臨澧）知縣。咸豐四年（一八五四年）薛湘雖然升任潯州知府，卻因爲地方紳民勸留，並未前赴新任，咸豐八年（一八五八年）終於病死湖南任上。其時福成與長兄福辰均隨父親住在任所，故而曾國藩前來弔祭，福成乃得一見。實爲後來上書國藩，任職幕府的先導。

福成兄弟六人，均爲顧氏所生。長兄福辰，咸豐五年（一八五五年）舉人，曾任工部司員，後來在山東任官甚久，爲巡撫丁寶楨所器重，在光緒元年曾與徐建寅會同創辦山東機器局，開山東現代工業之先聲。故亦號稱熟悉洋務，歷官山東濟東泰武臨道。然其醫術之精，馳名全國。因此他曾爲慈禧太后診病，並且治癒。後來他在光緒十五年（一八八九年）病卒於故里。① 仲兄福同，同治六年（一八六七年）舉人，卒於光緒三、四年間。福成排行第三，同治六年中江南鄉試副榜。季弟名喚福保，縣學廩生出身，很富有才識，先由曾國藩薦與山東巡撫閻敬銘幕下。後爲丁寶楨羅致幕府，仍在山東巡撫幕，直至丁氏升任四川總督，始終追隨，丁氏並特別兩次疏薦人才保舉他。當知對福保的器重。可惜他在光緒七年（一八八一年）染患瘧疾病故了。福成尚有五弟福礽，六弟福庚，事蹟不易得知，只好略而不敘。

無錫薛氏望族，在當地很有名氣，但福成一家並非富有。雖然三代都有科名，而在他父親薛湘中進士以前仍然要連年四處奔走生活。道光末年在湖南任官縣令，家道稍爲充裕。咸豐八年薛湘病卒於湖南任上，福辰、福成兄弟相偕東返，當時因爲太平軍在江南活動頻繁，無錫並隨之淪陷，福成兄弟一家就陪同母親僑居江北寶應縣東鄉。一直到同治三年（一八六四年）江南平定，並未遷返故里。②

2 佐幕

薛福成自從奉養母親，避居寶應，在這七、八年間，兄弟們砥礪學業，研讀經史，可以說是一個從容進修的時期，在薛福成當是十分重要。因爲這是他進入仕途以前，個人充實知能的最後一段準備。恰在同治四年（一八六五年），兩江總督曾國藩奉命督師剿捻。曾氏乘舟自江寗（今名南京）出發，轉沿運河北上。曾氏並仿照往年在安慶時辦法，出征之際，在江南北各地張貼招賢榜文。薛福成在此情勢引誘之下，準備一封條陳，在曾氏船到寶應湖時，呈上這封萬言書。國藩閱讀之後，讚賞不已，於是就邀納福成在幕府辦事。③這是同治四年閏五月的事，薛福成方在二十七、八歲之間，也就是他生平任事開始歷練的一個機會。

福成在二十七、八歲開始佐幕，在學識準備上當然相當充分，在能力見解上也可以說達於成熟階段。福成古文基礎最好，尤其長於議論，一開始就受到曾國藩的欣賞，並且加以鼓勵，邀入幕府，立即介紹他和幾位長於古文的幕友相切磋。

福成既入曾國藩幕府，所執何項職司，已經無從考察。但就他自己文集所收錄代曾氏撰寫〈忠孝錄序〉及〈丹陽束氏族譜序〉，當可知道屬於文牘之類。國藩幕下，人才濟濟，職掌文類頗細，重要者如章奏，如牋牘，如錢糧，如刑律，當非福成所得參與。次要者如咨札，如啓帖，以至應酬文字，當不免有所代勞。而福成憑恃古文根底，則雜駁多樣的應酬文字，自必多所承擔。

福成自同治四年開始佐幕，直至同治十一年（一八七二年）曾國藩去世，前後號稱八年之久，俱在國藩幕下工作。初始二年爲戰時軍幕，隨於行軍大營，雖不免奔波勞苦，卻可因戰功銓敘官職。及同治五年十一月，國藩回任兩江，福成乘機而參與同治六年江南鄉試，得中副榜。僅次於舉人出身。同治七年曾氏總督直隸，同治九年又回任兩江，福成全都追隨幕府工作，始終其事。

福成佐曾幕八年，最初以同知任。同治七年因西捻平定保敘直隸州知州，加賞知府銜。但他最大收穫，尚不在於謀求任官資格。就一般而論，政事的歷練，在幕中觀摩學習，獲得豐富經驗，以爲後日任事的參考，實最爲重要。就做人處世而論，在曾國藩領導之下，幕友多以師長看待國藩，日常受其教導陶冶，於立身應世也學習不少。再就社會關係而論，國藩幕下人才眾多，同爲幕友，乘此交結不少賢俊。當時關係密切的有向師棣、黎庶昌、莫友芝、陳寶衡等。同幕尚結交李榕、錢應溥、屠楷、程鴻詔、劉翰清、王定安、方宗誠、吳汝綸等人。由幕友的切磋交遊，無論學問德行，自必有所增進。是以在曾幕八年，對於陶鑄品格，醞釀識見，歷練能力，對於福成實在均有重大幫助。

曾國藩去世之後，福成有兩年無所依附。但在光緒元年（一八七五年）爲直隸總督李鴻章羅致幕下，擔任重要職司，達十年之久。觀察福成各類文集，自光緒元年至十年，各年均有代擬的文件，包括奏疏最多，其次則有函牘、序文、墓誌銘等典雅文字。除此以外，更重要的文獻，就是參預李氏幕府機要而擬具的各種策略。如光緒二年所擬〈論與英使議約事宜書〉，是應付煙台議約的對策。光緒五年的《籌洋芻議》是應付當時一般外交的政策基礎。同年的〈論赫德不宜總司海防書〉，是爲避免赫德於財權之外再擴張軍權而提出的建議。光緒八年的〈論援護朝鮮機宜書〉，是應付壬午朝鮮之變的建策。光緒九年的〈論援救越南事宜書〉，是爲中法衝突而提出的援越對策。這些尤其足以代表他對重大事體的個人見解，並且顯示福成在李氏幕府中參預重要策畫的地方。

3 浙東籌防

薛福成久在直隸佐幕，追隨李鴻章。中間曾在光緒七年一度代理宣化知府，可以說是他直接處理政事的開始。但真正擔任實職，仍應算在光緒十年的受任寧紹台道。這時福成已四十六、七歲，無論才智閱歷，俱已十分成熟。尤其先後久在曾國藩、李鴻章幕府，自然見聞廣闊，經驗豐富。

光緒十年（一八八四年）五月福成在北京引見之後，趕赴浙江寧波任所，這時正當中法戰機緊張之際，沿海奉命加強防禦。福成到任，就必須承擔寧波、紹興、台州三府的海防任務。而且根據往事的經驗，浙江沿海是兵家必爭之地。一八四〇年代，中英鴉片戰爭，定海首先被英軍佔領，並且騷擾寧波、紹興兩府。這次對法備戰，寧紹台地區尤其要加緊防範。是以福成任事，一開始就要擔負艱鉅，必須兢兢業業。

當時浙江巡撫是淮軍舊將劉秉璋。巡撫駐紮杭州，杭州地區也必須加緊海防，當然無法離開杭州。劉氏用兵重點，也把寧紹台看得最緊要。當時就派令薛福成總理寧紹台營務處，統籌這一地區防守設備。浙江提督爲湘軍水師舊將歐陽利見，原來駐守此區，此時則統率楚勇二千五百人，及本標練軍一千人（就是提督所統率的親軍部隊，稱爲提標），鎮守大浹江海口（甬江下游稱爲大浹江）南岸險要金雞山。再派撫標（巡撫的親軍部隊稱爲撫標）親兵統領提督楊岐珍統率淮軍二千五百人，鎮守大浹江口北岸招寶山。海口北岸重鎮，就是鎮海縣城，沿岸南北有重要砲臺，稱做威遠、靖遠、鎮遠三砲臺，是由淮軍守備吳杰鎮守，並有兵船「元凱」、「超武」兩號巡防，專門防備海上船艦的進口。此外，又派淮軍舊將總兵錢玉興率淮軍二千五百人及練軍千人，沿甬江一路各要隘布防，並對金雞招寶作策應。這是劉秉璋對寧波海口的軍事布置。

軍事布置構成戰防的基本條件，而實際運用仍然是變化無窮。尤其法國軍艦在中國沿海游弋，乘機尋釁，不知何處會遭受攻擊。寧波沿海沿江布置，除軍力分配之外，實質上的防務，是在如何防禦法艦近岸，當然要看砲臺的火力，和對法艦行動的偵測。更麻煩的是如何阻截法船駛入海口，除砲臺以外當然要看中國兵船的防禦能力，和進口水面的攔截布置，這些都是福成主持營務處的重要工作。

福成對於寧海防務頗爲用心籌畫，全局的基本觀念以和眾爲主。因爲他雖爲主持防務之人，卻並不是指揮調度之人。指揮調度，大權在於巡撫。福成則代爲綜理一切防禦的經營，有責任而無實權。尤其浙江提督駐防這一地區，福成更是無從以小制大，故他在籌防任務的執行上，以聯絡眾志、集合眾力共同盡心爲入手。所幸這時有兩個能幹的同僚幫助福成，實心任事。一位是寧波知府宗源瀚，一位是試用同知杜冠英。是他策畫防備種種設施的重要執行者。此時又有兩個能幹的助手，在他手下處理與外國有關的瑣事，一位是洋務委員李圭，一位是幕賓楊楷。

自海口起，南岸有金雞山，北岸有招寶山，中間水道號稱蛟門，是進入甬江第一道海口。南北兩山各有重兵防守，並有重兵專管砲臺。而對海口水道防備則以北岸的鎮海城爲經營中樞。這裏一切行動，全由杜冠英駐在鎮海經理。首先防備是海口以至入江水道打樁沉石攔阻船隻進入。兩岸增修砲臺，添布砲位。口門中間，僅留華尺二十丈寬孔道，以備船隻出入，但在戰事吃緊之時曾一度填塞。另一重要設施，即自寧波至鎮海陸程四十里之間架設電線，使鎮海軍情能夠瞬息相通；鎮海設線之外，並架支線通金雞山歐陽利見軍營，使兩岸呼應更靈。這些設防，仍是通常之舉，而更爲周密的行動，是通知海關關閉海上燈塔，拆除外海浮標。由於七月福州馬江之役的教訓，福成把四位外國領港員先後以付酬金條件，訂立合同，使之不爲法軍利用。至於舟山島與鎮海隔海相望，實則孤懸海中，防守最難。福成乃利用道光二十六年（一八四六年）英國退還舟山的聲明，宣稱英人有協防義務，並繙成英文刊登英國報紙，用此聲勢，使英國不能坐視，而法軍也不敢進佔。這是福成實質上外交運用的成功。

戰事的吃緊，發生在光緒十一年（一八八五年）正月。先是在光緒十年七月初三日（一八八四年八月二十三日）福州馬尾爲法艦攻擊，中國兵船被擊沉七艘。南省海上防禦力量薄弱，為了協助閩臺防務，又自江南調派南琛、南瑞、澄慶、開濟、馭遠五艘兵輪，由總兵吳安康統率，進援閩海。他們在十二月二十九日（一八八五年二月十三日）駛行到浙江潭頭山洋面，突遇法國兵艦七艘來攻，倉促分散退避，南琛、南瑞、開濟三船馳入鎮海海口，馭遠、澄慶兩船則駛入三門灣內之石浦港。可是兩日後，就在光緒十一年正月初一日（一八八五年二月十五日）清晨，法軍用淺水輪船，駛入石浦港，施放魚雷，將馭遠、澄慶兩船擊沉。於是鎮海洋面就更形吃緊了。

當開濟、南琛、南瑞三艦駛入鎮海洋面，當然會招使法船來攻，薛福成更須加緊設計防禦與應戰。不久又因馭遠、澄慶沉於石浦港內，而法艦來犯，將更是不可避免。福成對此情勢，與海口各軍密切聯繫，沉著應付。由於福州馬江之役船首朝內的教訓，令購置三千五百磅重巨大鐵錨，分繫開濟、南琛、南瑞三船船尾，以使鷁首始終對向外敵，使船首重砲施放得力。此外則建議劉秉璋嚴電飭令吳安康（吳之座船即開濟輪）堅守海口，不得向口內逃遁，否則就地正法。三船官兵自此憤勵用命，不敢再有怯陣。

福成檢討馬江、石浦先後遭受法船攻擊，為時均在月初，都是利用潮勢最低之時，使中國港內之船不易輾轉，故而逆料敵軍必要利用潮汐進攻，故而特別注意月初和月中。急電海口砲臺船隻特別注意潮漲和潮退時的警戒。果然被他料中，正月十五日（一八八五年三月一日）下午（申刻）潮漲，法艦四艘進攻北岸招寶山，提督楊歧珍早已瞭望到法艦活動，通知砲臺及兵船防禦，於是岸上砲臺與開濟、南琛、南瑞三船施砲迎擊，鏖戰至晚，法主艦中砲數發，頭桅折損，船腰擊破，終未得逞而退。這次接戰之後，大浹江口通道遂再加填塞，僅留五丈寬供小船出入。十六日夜間，法軍又以淺水魚雷船進襲開濟等三船，但兩次偷襲，均被事先發現。並被三船擊退。十七日午前（巳刻）法艦又攻招寶山砲臺，被岸上砲臺與開濟等三船聯合反擊，又未得逞。二十日夜間法軍又乘舢板船兩艘，進攻南岸港口砲臺，為副將費金組率兵將兩艘舢板擊沉。此後直到二月初，法艦未再進攻港口。只是有時用砲遙射南北兩岸，沒有重大交鋒。二月中以後，中法之間和議漸定，終至雙方停戰罷兵，浙東防務到此可謂完全成功。④

4 出使四國

薛福成在寧紹台道任上前後五年，至光緒十四年（一八八八年）升授湖南按察使，但其本人在寧波任上並未卸職。一直到十五年（一八八九年）四月改授三品京卿任出使英法義比四國大臣，又開始獻身於外交事業。

早在光緒十年，福成與張富年、張蔭桓一同在京引見，就是被預備使才之選。⑤而經寧紹台道的實任歷練，特別是寧波口岸關係，對於洋務又多一層了解，這次出使四國，正是他進一步施展才能為國效力的機會。

福成在十五年五月進京陛辭，六月啓行南下，適逢長兄福辰中風，七月初病故，前後在無錫故里料理喪葬，一直忙到九月。可是福成就在十月染患瘧疾，治療一月之久方纔痊癒。十一月中趕到上海，預備啓程，又因應酬太繁，再度病倒，經調理治癒，已至十二月間。光緒十六年（一八九〇年）正月確定成行赴任。直到二十年（一八九四年）四月自歐啓行返國，五月末返抵上海，六月十九日（一八九四年七月二十一日）病歿。年五十六歲。前後實任出使大臣約有五年之久。

福成使命是出使四國，實際上駐英最久，對英交涉也最繁重，遠超過法義比三國的總和。法國尚時常巡歷，而在義比兩國的外交活動幾等於零。福成使任重點在於英國，是當時時勢自然形成，而他的績效貢獻也就全在此處。

福成外交才識陶鑄於北洋幕府，實更依恃他對世局的留心。故而對於奉使職責以及中外情勢，都有充分了解。先具自識自信，應付外交，自然敏快果敢。早在同治四年他已以分析中外情勢見長。光緒五年已確知中西交結，必須分清交際與交涉宗旨的不同，當時建議對待外國公使，禮貌上儘管優崇，對於公事交涉絕不能絲毫大意，輕易通融讓步。後來到歐洲使任，比較西方外交行爲慣例，更發覺來華使節之恃強挾制，欺愚中國，強詞奪理，得寸進尺，幾至任所欲爲。對於英國威妥瑪（Thomas Francis Wade）、巴夏禮（Harry S. Parkes）及法國巴德諾脫（Jules Patenotre）等人在華的狂妄逞強，都曾作多次分析批評，最後歸因於中國不明外情，不懂外交，爲根本大病。福成在歐洲使任，遇事據理力爭，鍥而不捨，頗能以剛正改變外人觀感。須知雖爲弱國，實在更需要外交，更需要有堅忍遒勁的外交人才。

福成出使五年，勇於任事而積極進取。在此期間做事不少，他的最大成就，在於對緬甸界務的處理。當光緒九年、十年之間，中法正爲越南問題引起戰爭，已使中國窮於應付，英國乘此機會在光緒十一年（一八八五年）吞併緬甸。並開始向中國商討中緬界務商務問題。

英國吞併緬甸，未受中國阻止，在外交上已是一大勝利，一旦擴地千里，尚須和中國辦理分界問題。當時英國議界正式向中國表明：除全緬領土之外，要將自薩爾溫江（即潞江）南至暹羅北界，與中國東西分界，江東之南掌國（即今日寮國）和擇人土司，全歸中國，江西各種土司，全附屬於緬甸。當時駐英公使曾紀澤立即建議政府，南掌擇人向來就是向中國朝貢的附屬，正可乘英國聲明，公開宣告中國上邦之權。但紀澤計畫，更要向英國聲明以厄勒瓦諦江（即怒江）爲中緬之界，以保持八莫地區（就是中國向稱之新街）主權。此外由於緬甸向爲中國屬邦，每十年向中國進貢一次，紀澤要求十年朝貢之制，必須繼續執行，並要求仍爲緬甸立王。在光緒十二年春間，英國外部回覆曾氏，對於立王一事不能接受，但允派緬甸職位最高之官吏，每十年向中國進貢一次。而西界八莫地區也不同意歸中國管轄，但允許厄勒瓦諦江爲兩國共管，中國並可建立一個埠頭，設官收稅，中國船隻也可以通向南海。於是在光緒十二年六月，由總理衙門與英國代理公使歐格訥（Nicholas R. O'Conor）在北京議定約章五條，第一條申明十年朝貢之制。第三條申明中緬邊界由中英兩國派員會同勘定，於邊界通商事務另立專章。協議至此告一段落，並未再作繼續行動。

在這裏有兩個問題必須注意，第一個問題是英併全緬，已爲貪得，而緬甸以北，實中國屬土，然英人也加以兼併，佔領若干擇人地區，推展界線至中國所領各土司地帶。然後再要求議界。紀澤循英人所請求，已經中其詭計，而總理衙門在北京訂約，竟連英人所承諾的議界原則和地區，也不曾敘入約文。後來英人果然推翻承諾，使薛氏議界時發生極大困難。這真是兩度失算，曾氏在於不明邊情，而總署王大臣議約之混沌含糊，真表露十足的昏庸無能。第二個問題是既然在約中敘明邊界通商派人會勘，另立專章，卻只是紙上空言，毫不派員會勘，自然不會另立專章。日子愈久，英國在緬甸控制已穩，更向中國方面擴張，而過去初併緬甸時所許中國的諾言，一概推翻，不肯履行。中國外交之麻木被動，敷衍官場，坐待情勢惡化，在中緬問題上真是表露無遺。

福成開始過問中緬界務，並非由於英人提議，也非出於清廷命令，而是主動面對這個難題，一力承擔，百折不回，一直達於界約的議定，真不愧於他所負的使命。福成在光緒十六年三月到英，五月查閱舊卷，開始注意到滇緬邊界問題。自此與英政府展開議界交涉，英人據光緒十二年的《北京條約》第三條派員勘界的空洞內容，把當初所提議的承諾一概推翻。福成則根據英國舊日來文，堅持責成實踐，中間十分艱難周折，幾度停議，正如福成自己所稱「穎禿脣焦，筋疲力盡」，前後磋磨三四年，終於在光緒二十年正月二十四日（一八九四年三月一日）簽訂界約二十條。不到半月，就在二月初六日（三月十二日）結束使館工作，赴法國等候交卸使任。就當時而論，福成盡心竭力，已是不辱使命。但後人研究邊界問題，仍能指出喪失邊地之處。

自光緒十一年英國吞併緬甸，中國雲南自此在通商問題以外又增添更複雜數倍的邊界問題，若能及早迅速解決，固然不免喪失領土，而愈遲解決，除使問題更加複雜外，喪失領土也是愈遲愈甚。基本上中國國勢積弱，實頗受列強欺凌。但並不是重要因素，國弱而不明外情，不務邊防，不精地學，不懂外交，則是一切失敗主因。這又全可歸因於各方面沒有人才，但若有人才如福成之積極經營，而中央首要、邊疆大吏仍是全不能配合，自然就必至歸因於政治風氣的苟且敷衍。故福成議界成就，只能單就他個人表現和此種政治環境而論。因爲在薛氏簽約後不久，又有光緒二十三年（一八九七年）正月簽訂的「中英滇緬界務商務續議附款」十九條。把福成拼死力爭回的領土又喪失不少。此後在光緒二十四、五兩年，中英雙方實地會勘邊界的一部分，並在光緒三十二、三年間會立界碑。而仍留北段片馬、江心坡未定界，南段丁江、南板江未定界。但其中已定界部分，未照福成界約勘畫，卻又喪失領土不少。後來直到民國十八年（一九二九年）中英交涉北段未定界，以及民國二十四年（一九三五年）中英交涉南段未定界，中國政府均始終堅持根據薛氏所訂界約勘畫。最後在民國三十年（一九四一年）六月，終於確定了南段邊界，當時中國雖忙於應付抗日，卻仍使南段地界，大致符合中國所要求的界線。⑥

邊防經營的根本，在於政策方針的確立，實心實地的經理，尤其要能在基本認識上有所澄清，然後再計較領土得失，才會有真正意義。福成交涉界約固然重要，而足以啓迪後世的地方，實更在他的邊防認識。因爲在他經驗中所得的識見，可以釐清不少固有觀念。福成與英人交涉滇緬界務，遠離邊地萬里之外，對於當地情形急需了解。恰好此時有一位駐德使館隨員姚文棟，駐外十年，期滿返國。福成就在光緒十七年正月初五日札委他取道印緬入滇，一路探勘中緬兩界情形。姚氏十分能幹，一路履勘，把邊地情形詳加考論，各作節略，報告福成和雲貴總督。他後來刊印《雲南勘界籌邊記》二卷，就成爲最權威的滇邊參考書。由此並可見出福成辦交涉所作知識上的努力。

對於邊防基本觀念，福成曾有四次以上辨析「勤遠略」這個問題，他解釋《春秋左傳》譏諷齊桓公「不務德而勤遠略」，所譏重點實在於「不務德」。後人引重經典，偏偏注意於「勤遠略」一點，形成牢不可破的義理。使闒茸誤國者有了遁辭；而竭誠謀國奮身籌邊者，反被誣陷爲貪功好名，真是顛倒黑白。歷史上人物，他推重唐代裴行儉、李德裕，宋代韓琦、富弼，並著專文爲李德裕申辯。認爲當今列強眈眈環視，邊地日蹙百里，若不勤遠略，自必不免誤國亡國。這是福成對於邊防的基本主張。

根據福成的邊防觀念，雖然出使域外，而對於邊地經營，凡能力爭者決不放鬆。有一件事項，在今日看來並不重要，實則在外交家立場來看，卻顯示代表中國之不任欺騙。這就是福成所力爭緬甸每十年朝貢一次的事體。福成到任後，根據光緒十二年中英條約第一款所定，要英國實踐條約，決定朝貢的年份。照一八八五年呑併緬甸起算，朝貢年份至少當在光緒二十年（一八九四年），英國果然表現出帝國主義作風，一味推宕，不願踐約。福成堅持條約，鍥而不舍。英國政府推避不過，答應派緬甸大員在光緒二十年作第一次進貢。這個問題透露出多方面歷史教訓。其一，中國喪失固有藩屬，廣土眾民，不能保護，已完全喪失宗主權威嚴，單單爭一個朝貢虛名留於條約，使中國中心制度尚存一線痕跡。用此換來國勢的退縮，邊防的暴露。已經等於用百萬金贖回糞土，皇皇條約，英國尚要抵賴，若無福成爭持，實已等於具文。由此當知國際條約徒然是強國對弱國之枷鎖，強國決無意履行，弱國若不講究外交，若無具膽識的人才負外交任務，當必更受欺侮。其二，英國迫於條約約束，應允照約向中國進貢，實充分表現現實作風。一則由於福成據約力爭，不得不辦。二則正爲滇緬界務交涉斷斷爭持之際，用此朝貢方式，又可交換福成對界務的退讓。實仍爲英人外交運用的一環。當知英人外交技術的巧點。其三，英國爲當時第一強國，仍能願意向中國朝貢，亦正可見國際政治的靈活變化，富有彈性，遷就實利，雖強大國家也願屈就。但若弱國盡是猥瑣昏庸者從事外交，必被強國欺侮玩弄，怎能會像福成所能達成的任務。

另有一件有關中國宗主權問題，就是與英國會同選立乾竺特酋長之事（乾竺特，喀楚特均清代官方正名，後人多譯稱坎巨提）。自一八六〇年以來，中國西境屬邦，大多爲俄國吞併，昔時的浩罕、布魯特、哈薩克、布哈拉等，中國素稱回部屬邦，均落入俄人之手，其次英國也吞併不少。自英人吞併阿富汗，而附近的巴達克山、魯善什克、南瓦罕諸小部，也連被吞併。稍南面的克什米爾也被英所吞併。在光緒十八年（一八九二年）初，英軍又打敗乾竺特，由於其部眾逃向中國邊境求援，於是而引起中英交涉。總理衙門電告福成辦理此事。英政府表示無意侵滅乾竺特，也無意擱阻他們向中國朝貢。最後由英方選出原來酋長的弟弟繼任，與中國商定，於七月二十五日（一八九二年九月十五日）由中英雙方派員會同立新酋即位。此一交涉，一則避免英人之佔據乾竺特，一則仍維持中國宗主權地位。中國國勢衰弱，西疆數百年藩屬，漸爲俄英瓜分，若不能保境外的安定，英俄內侵之勢又怎會中止。

① 翁同龢：《翁文恭公日記》，第十五冊，頁五七，光緒二年閏五月二十九日記：「夜，薛君福辰來。此人薛曉帆之子，能古文，通醫，十年前工部司員也，今爲濟東道。其政事未可知，獨於洋務言之甚悉，以爲中國無事坐失厘金每年千萬，是大失計。」

② 關於薛福成家世，除薛氏個人著作外，並參考《無錫金匱縣志》卷十六、十七〈選舉表〉；卷二十二〈文苑

傳〉。

③曾國藩：《曾文正公手寫日記》，頁二〇四二，同治四年閏五月初六日：「閱薛曉帆（薛湘）之子薛福辰所遞條陳，約萬餘言。閱畢，嘉賞無已。」至福成上曾氏書，已收入《庸庵文外編》，卷三。光緒十七年九月，福成復加識語云：「按求闕齋乙丑五月日記云：故友薛曉帆之子福成，遞條陳約萬餘言，閱畢嘉賞無已。余在莫府，嘗見文正手藁。近閱湖南刊本，歸入品藻一類，而訛爲伯兄撫屏之名，想由校者之誤。恐後世考據家世或生疑義，故並及之。」此即已辯正曾氏日記手書所誤寫其兄福辰名字矣。

④浙東防守與鎮海海口交戰，除薛氏著作之外，俱可見以下各書：

歐陽利見：《金雞談薈》各卷。

劉聲木：《異辭錄》卷二，頁三四—四四。

《中法越南交涉檔》（中央研究院，近代史研究所出版，一九六二年）第一二八七、一二九九、一三五八、一四二六、一四三九、一四四〇、一五〇〇、一五三六、一五八三、一五八四、一五八五、一六〇四、一六一三、一六二五、一六三四、一七九二、一七九三、一八二〇、二〇五八、二〇七四各號文件。

⑤翁同龢：《翁文恭公日記》，第三十二册，頁三六，光緒十年五月初六日記：「寧紹台道薛福成（行三，叔耘，撫屏之弟，向在曾侯幕最久，能古文小學，楊性龍高第弟子也，熟洋務。近時與張富年、張蔭桓同調引見，備出使外洋。）來見，人穩實。」

⑥滇緬界務爲中國近代重大邊防問題與外交問題，中國努力奮鬥不懈，雲南地方人士尤其成立保界會、死絕會，沉痛呼籲，喚醒國人。中國反抗一分，英人就讓步一點，前後六十年中英交涉，故不盡限於薛氏一時。在此問題上除薛氏著述外，尚須參考以下各書：

姚文棟：《雲南勘界籌邊記》，二卷。

周光倬：《滇緬南段未定界調查報告》。

中英滇緬南段界務換文。中華民國外交部，白皮書，第六十一號。（中英文件對照）
張誠孫：《中英滇緬疆界問題》。
張鳳岐：《雲南外交問題》。
劉伯奎：《中緬界務問題》。
王婆楞：《中緬關係史綱要》。
謝彬：《中國喪地史》。

二、世界眼光

1 世界變局的認識

薛福成自咸豐八年（一八五八年）父親去世以後，由於江南動亂，一家兄弟奉養母親避居江北寶應縣境，直到同治四年（一八六五年）就聘曾國藩幕府，實際有七年時光，得以充實學問，默察天下局勢。然在這種偏僻地方，竟能使他醞釀出卓越的識見。

福成一開始出山，就提出他對當前世局的了解，認爲中國正面臨古今以來的重大變局。在他上曾國藩的書啓中說道：「方今中外之勢，古今之變局也。」①代表他對世界局勢敏銳的觀察，就同治前期具有世界眼光的人物而言，只有黃恩彤、徐繼畬、夏燮、王韜、丁日昌、李鴻章數人同時有這種見解，福成可以說是一位時代前驅了。

福成生平最注意觀察世界大勢，對變局的了解提出既早，領悟也深。單就「變局」這個觀念的警覺而言，他生平提到不下十次之多。然而他對變局的了解，也可以分成好幾個層面。

就觀察重點而言，福成對變局的領悟，表達三個層面。其一，他解釋變局的降臨，是由天時所趨。如他所說：「西洋諸國航海通商，凡歐羅巴、亞墨利加數十國之人，頡頏並至乎中國，而以英吉利、俄羅斯、佛蘭西、米利堅四國爲最強，於是地球幾無不通之國，是其所以然者，天也，非人之所能爲也。」②這一點認識，構成他對變局解釋的基本肯定，但卻表達一種總體印象的層面，而非條分縷析的理解。其二，他解釋變局，認爲是地理情勢的變化。如他所說：「至於南洋諸島，星羅棋布，昔人所謂海外雜國，東南際天地以萬數，時候風潮朝貢者，今已爲英與荷蘭西班牙三國之外府，竟無一島能自存者，此殆宇宙之奇變，古今之創局也。」③這種解釋，出以實地觀察，對當前現實了解，並有具體例證可見，毫不含糊。故而很能警惕人心，觸發時代警覺。其三，天時地理的演變，更有一個不易測的促動因素，就自然要追尋到人事演變的層面。中國何以會在此時遭逢一個變局？當然是由於西洋各國勢力的東漸。西洋各國之所以寖寖東向，自然是由於各國國力的膨脹。並可略知列國勃興，爭強競勝，一天一天向海外擴充領土。是以近代變局的原始動力，仍須總結於人事演變的根源。福成把握問題重心，在此處表達意見最多。他把中國所面臨的變局，自然與西洋各國的衝擊建立聯帶關係。正如他所說：「西洋各國，紛至沓來，尤爲千古未有之奇局。」④又說：「西洋諸國之勃興，亙古以來未有之奇局也。」⑤由此可見各國動向，關係世界變局最爲密切，把握關鍵，自然就要重視這個人事演變的層面。

再進一層來說，人事的演變既然在西洋各國，而變化的內容又是那些？各國的勃興又憑恃些什麼？檢討結果，終於歸結到西洋各國技藝的精良。他們制勝之術，是把舟車變爲火輪，通信變爲電傳，用後膛槍砲，用鐵甲戰艦，用無煙火藥，用氣球偵敵，用電光照夜。正如福成所謂：「能制馭水火，呼吸風霆。」這些就是西洋各國發達起來的重要本錢，也就用這種本錢壓倒其他落後國家。故而福成形容其情勢說：「誠以此時適遘開闢以來未有之奇局，東西洋各國，方日務製器、通商、開礦，其嗜財如性命，用財如泥沙，及至用兵，雖糜餉數千萬億而不惜。中國綢繆武備，斷不能如各國之耗費，然爲事機所迫，竟有欲罷不能之勢。」⑥中國承受衝擊，也不得不面對這種巨變的事實。

更進一層來說，卻又回到總體原則性的關鍵。天時、地勢、人事的變幻，總體看來仍是不可逆測，然愈是不可逆測，卻愈是必要加意防備。能早發現變的契機最好，能早了解變的動向最好。發現與了解之後，纔可思考應付的辦法。有一個確定可以了解的事實，就是必變之勢，可不需再有懷疑。而觀察、判斷與預防的準備，自然也可以不需再有遲疑。是以福成所說的「天也，非人之所能爲也。」並不是宿命任天的意思，也不是絕望任命的意思，而是在說明變的必然之勢。有必變之道，就必須有應變之計。因此他在同一個文件中也曾說道：「居今之世，事之在天者，宜有術以處之，然後不爲氣數所窮；事之在人者，必有術以挽之，然後不爲鄰敵所侮。」⑦

又進一層來說，最後宗旨，重點實在於應變。在這方面，福成的議論有更精闢的發揮。當前世局既已顯現必變之勢，自王公以至庶民，自聖賢以至不肖，都必須有應變的能力和準備。如他所說：「殆時勢使然，雖聖人不能違也。」⑧當可見其確信不移。他認爲要及早觀變而動，適應當前的世局。尤其主國政的領袖必須有這種識見能力。因爲這是關乎一國全體的幸福或禍患的。故他對於應變看得特別緊要，如他所說：「天地之變，遞出而不窮者也。有大智者，燭幽闡微，與時推移，以御厥變，則天下被其休。否則曹無適從，敝敝焉執故常之見，以與世變相遝，而變乃環起而不可止。」[9]

最後一層來說，應變固然急需，何者是要變的對象。這時福成的觀點仍存在於器物利用方面，那就是模仿西方一切現代工業技術，如他所說：「若夫西洋諸國，恃智力以相競，我中國與之並恃，商政礦物宜籌也，不變，則彼富而我貧。考工製器宜精也，不變，則彼巧而我拙。火輪舟車電報宜興也，不變，則彼捷而我遲。約章之利病、使才之優絀、兵制陣法之變化宜講也，不變，則彼協而我孤、彼堅而我脆。」[10]這個觀念，實際是促成中國工業化的思想動力。對於此點，他的信心也是表達得堅定不搖。他認爲就是堯、舜、禹、湯、文、武、周公、孔子復生，也不能不在這方面努力經營。同時他更認爲世勢變化沒有止境，而處變應變之道也沒有止境。如他所說：「世變無窮，則聖人御變之道亦與之無窮。」[11]至於御變之道，正是在把握時機，乘其趨勢，也爲中國締造一個創新的局面。正如他所說：「值亙古未有之奇局，亦宜恢亙古未有之宏謨。」[12]這就是他適應變局的最終理想宗旨。

附：薛福成生平變局言論表

序號	變局言論	倡說年代	資料出處
1	方今中外之勢，古今之變局也。推其所以啓之者，有天事，有人事。古者九州之內，各殊土而異宜。有隔數百里不相通者，然而天地之風氣，日久漸開，山川之徑塗，習行則便。自秦一天下，至漢而收滇粵置河西，至唐而通回紇定天竺。至元而服俄羅斯取西域。恢拓可謂極廣。寖尋迄於今日，西洋諸國，航海通商，凡歐羅巴、亞墨利加數十國之人，頡頏並至乎中國。而以英吉利、俄羅斯、佛蘭西、米利堅四國爲最強，於是地球幾無不通之國。是其所以然者，天也，非人之所能爲也。	一八六五	《庸庵文外編》，卷三，頁一三（上海，醉六堂本）
2	夫洋教洋煙驟入中國者，氣運之變也。斟酌情勢，默寓挽回之術者，君相之柄也。	一八六五	《庸庵文外編》，卷三，頁二七
3	天地之變，遞出而不窮者也。有大智者燭幽闡微，與時推移，以御厥變，則天下被其休。否則瞢無適從，敝敝焉執故常之見，以與世變相還，而變乃環起而不可止。	一八七二	《庸庵文編》，卷二，頁七一
4	近者泰西諸國，競智爭雄。器數之學，日新月異。其機至能制御水火，驅駕風電，恃其猋銳，逴數萬里，目闞我中國。中國震於所不習，罔知所措。其始僉議驅攘，地廣師疲，輒爲所乘，得勢益逞，徵求無厭。中國欲與之軏，則羣敵聯	一八七二	《庸庵文編》，卷二，頁七一—七二

	盟，協以謀我。欲嚴與之絕，則備多力分，難以持久。於是議立約章，歲益加增。瀕海之衝，設關立市，通都下邑，廣傳彼教。時則華戎錯沓，動生釁尤，牽率以至。浩乎如大江洪河之東注於海，終古不可復分。此殆天地自然之數，雖天地不能自爲主也，變之驟至，聖人所不能防也。		
5	自古邊塞之防，所備不過一隅，所患不過一國。今則西人於數萬重洋之外，飆至中華，聯翩而通商者，不下數十國。其輪船之捷，火器之精，爲亙古所未有。恃其詐力，要挾多端。違一言而瑕釁迭生，牽一髮而全神俱動。智勇有時而並困，剛柔有時而兩窮。彼又設館京師，分駐要口，廣傳西教，引誘愚民，此固天地適然之氣運，亦開闢以來之變局也。	一八七五	《庸庵文編》，卷一，頁一九
6	方今中國，畺圉遼闊，防不勝防。而泰西諸國，航海東來。實爲數千年未有之創局。其勢斷不能深閉固拒。	一八七五	《三星使書牘》
7	夫江河始於濫觴，穹山基於覆簣；佛法來自天竺，而盛於東方；算學肇自中華，而精於西土。以中國人之才智視西人，安在其不可以相勝也。在操其鼓舞之具耳。噫！世變無窮，則聖人御變之道，亦與之無窮。	一八七九	《籌洋芻議》，頁四八—四九
8	誠以此時，適遘開闢以來未有之奇局，東西洋各國，方日務製器、通商、開礦，其嗜財如性命，用財如泥沙，及至用兵，雖糜餉數千萬億而不惜。中國綢繆武備，斷不能如各國之耗費，然爲事機所迫，竟有欲罷不能之勢。	一八八三	《庸庵文編》，卷二，頁六六

9	自昔艱難之世，議論愈多，則是非愈淆，而任事者亦愈無把握。迄於今日，西洋各國，紛至沓來，尤爲千古未有之奇局。其中得失利病，非閱歷有素者，驟難得其要領。	一八八四	《庸庵文續編》，卷上，頁三五
10	西洋諸國之勃興，亙古以來未有之奇局也。其得失利弊與前史所著迥殊，非默究數十年，不能得其竅要。或視爲尋常，忽不加察，而大受虧損。或上下內外，堅持力爭，而無關至計。	一八八七	《庸庵文續編》，卷下，頁三二—三三
11	夫自開闢以來，神聖之所締造，文物之所彌綸，莫如中國。一旦歐洲強國四面環通，此巢燧羲軒之所不及料，堯舜周孔之所不及防者也。今欲以柔道應之，則啓侮而意有難饜。以剛道應之則召釁而力有難支。以舊法應之，則違時而勢有所窮。以新法應之，則異地而俗有所隔。交涉之事，日繁一日，應付之機，日難一日。誠不知何所底止矣。惟是通變方能持久，因時所以制宜，伊古盛時，或多難以保邦，或殷憂而啓聖，臣愚以爲皇上值亙古未有之奇局，亦宜恢亙古未有之宏謨。	一八九二	《海外文編》，卷二，頁七—八
12	中國東西兩面大海繞之，其自東北以訖西南，則三強國之境繞之。防於海者，動虞諸國窺伺，防於邊者，日與三國周旋。至於南洋諸島，星羅棋布，昔人所謂海外雜國，東南際天地以萬數，時候風潮朝貢者，今已爲英與荷蘭西班牙三國之外府，竟無一島能自存者，此殆宇宙之奇變，古今之創局也。	一八九三	《出使奏疏》，卷下，頁二四—二五

13	顧臣觀西洋大國圖治之原，頗有條理。英俄法皆創國數百年，或近千年。炎炎之勢，不始今日。今其制勝之術，屢變益精。舟車則變而火輪矣，音信則變而電傳矣，槍砲則變而後膛矣，戰艦則變而鐵甲矣，水雷則變而魚雷矣，火藥則變而無煙矣，窺敵則變而用氣球矣，照夜則變而用電燈矣。專家之學，立殫智力，往往能制馭水火，呼吸風霆，新藝迭出，殆無窮期。	一八九三	《出使奏疏》，卷下，頁二五

2 外交因應的見解

薛福成晚年就任出使之職，獻身於外交事業，自不待言。實際他在光緒元年起參與李鴻章幕府，已經開始對外國交涉的規畫，當時重要的中英交涉以及次年煙台議約的底案，均有福成的擬議策畫。再加上後來寧紹台道四年多的實任，由於浙海關貿易的情勢，也更加了解到西洋工商立國與經營的基本方法和做法。故而他雖在光緒十五年奉命出使，而在北洋幕府歷練重大外交事務已有十年之久，對於外交因應，當然早有相當豐富的經驗。

中國古代列國紛立，遊歷交際，往來頻繁，各國間自然需要外交，並有多種規制、方法、政策產生。歷史記載繁富，當爲不爭的事實。但是當時名詞並不稱爲外交。與現代「外交」一詞最相近的，則有「交聘」與「專對」兩詞的應用。中國近代對外展開頻繁的往來，最初當作夷務看待，並不曾產生現代所通行的「外交」這個名詞。當福成在李鴻章北洋幕府任事，至遲在光緒五年（一八七九年）就已經使用「外交」一詞，總括形容對外國的交際交涉等事務。這是在他分析西方列強對華的交際時自然透露而出。如他所說：「彼西人之始至中國也，中國未諳外交之道，因應不盡合宜。彼疑中國之猜防之蔑視之也，又知中國之可以勢迫也，於是動輒要求。予之以利而不知感，商之以情而不即應，繩之以約而不盡遵。今中國雖漸知情僞，而彼尚狃於故智，輒思伺中國有事以圖利也。」⑬我們可以知道，現代通行的「外交」這個名詞，福成當是最早使用者之一。

至於薛福成的外交思想，外交原則，可以說表現透徹成熟與堅定的自信。他的若干見解，在任何時期都可以不朽。現代人時常申論「總體外交」這一觀念，實則福成早有所見。他曾論及外交和內政爲一體，如他所說：「大抵外交之道，與內治息息相通。如商稅受損，則財用不足矣。教民橫恣，則吏治不飭矣。海外之華民保護不及，則國勢不興矣。內地之土貨行銷不遠，則民生不厚矣。」⑭西方國情國勢就是如此，這可代表他對西方列強的正確了解。如此觀念之下的外交，自然會有真實的內容，永恒的宗旨，和堅強的後盾。這和先前辦夷務的觀念，其間差異之大，真有高山深谷的區別。福成從事外交，當然不會盲目自大，但在反一方面卻也決不畏葸苟且。西方列強固然野心勃勃，日肆侵逼，在他看來卻是不足畏懼，有辦法應付。他的信心，本之於正確認識的信念。當時列強國勢盛況，真是如日中天。他採取管子的話，認爲強者必亡於他的強，他們有其優點必須了解清楚，尤其他們也有短處，更必須了解清楚。把握到這些，就可適應國際間的風雲變幻。他的作法是：「平天下者平其心以絜矩天下，知我之短，知人之長，盡心於交際之間。」⑮自己立於主動，觀察世變，雖是弱國，也必然有應付外交的辦法。

福成應付外交既有一定自信，事實上他的外交基本理念，決不是左道旁門，也並不採行縱橫捭闔的路子。他的外交理想，仍是循孔子的教訓，並且篤信頗深。他身在英國經歷，提出他的見解說道：「抑余又在外洋閱歷二年，深有味於《論語．子張問行》一章：『忠信篤敬，蠻貊可行』。實爲顛撲不破之道，嗚呼！聖人之言，何其神也。」⑯這一觀點，是同時代官紳一種最理性的對外態度，可以稱之爲「誠信外交」。不獨爲福成所有，遠自伊里布、耆英，近自曾國藩、郭嵩燾、鄒誠、王韜等人都曾表達了這種誠信外交的觀點。至於這種理想根源，當然是直接承襲孔子學說，而並作實事的履踐。

當然辦理外交，不單是要憑恃高尚理想，徒然爲強權國家所利用。對於西方國家交際交涉，必須要充分了解西方固有的一切規制成法。必須用西方已有的規範，纔可使西人自己心悅誠服的遵循。換句話說，就是對付西方列強，就必須充分利用西方通行的一套辦法。外交家可恃的有效武器，當然是法律知識，而一般共通的法律規範，就是國際公法和國際慣例。福成認爲西方風氣，頗尊重已有的萬國公法，而西人在中國通商傳教，無處不到，各地時起交涉，地方上因應這種外交，不是失之太剛，就是失之太柔，都不免反而擴大事態的嚴重性。因此他主張把萬國公法和對外的通商約章多加刊印，由各省布政使頒發到各州縣，使地方有所參考，有所利用。他在光緒元年（一八七五年）就已提出這個建議，確是當時一個最有實效的辦法。

福成重視國際公法，平時是大力提倡推廣的人物，而在浙東任官與出使歐西，均自然視爲可恃的外交工具。當然福成很早又更重視條約，因爲既由兩國特別議立約章，當然更會關係到國家的大利大害。福成謹愼持重，思慮縝密，對於兩國議約問題就十分小心。光緒元年初入北洋幕府，就遇到馬嘉理（A. R. Margary）在雲南邊境被殺一案。李鴻章和英使威妥瑪（Thomas Francis Wade）交涉，福成就是幕下重要建策者之一。次年煙台議約，福成又是隨行者之一。福成不但有建策，並且草擬約章條款。他的觀察立足點，是就歐洲國際情勢作充分了解，然後判斷英國政府的基本態度，然後再實際上應付威妥瑪。當時威妥瑪氣焰很盛，恃強奪理，節外生枝，顯然要藉馬嘉理案取得若干條約權利。在對華交涉時，忽而緩和忽而強硬，目的不能達成，就佛然停議，前往上海，表示談判決裂。威妥瑪雖然表演得翻雲覆雨，而福成則早已看透了他的中心意圖，這裏可直引福成一段精彩的分析，「此次佛然出都，故作決裂之勢，蓋爲洋貨免釐一事而發也。然彼不專就此事措辭者何也，彼欲侵我自主之權，於理既爲不順；擅各國使臣應議之柄，於情又爲不公。且與滇案毫無關涉，究屬節外生枝。威使其自知之矣。故忽允忽翻，以布其勢，旁敲側擊，以紆其途。其誣及疆臣，吠及樞府，怵我以所甚危也，其請覲見請提滇案，逆料我所不能行也。而要無非爲商務一端，作引而不發之機。欲使我自屈於無形，甘心以釐稅全數相讓，彼乃安坐而享其利。吁！可謂黠矣！」⑰ 真是清醒冷靜的判斷。

在當時常被忽略而弄不清的一個最簡單的問題就是修約。西方國家情勢常變，兩國除了永久性疆界之外，凡訂立條約，多半訂有一定期限，這是外交常態。但列強對中國訂約，並把修約也看成一種權利。由於美國早在鴉片戰爭之後就與中國訂定十二年修約一次的條文。一八六〇年以後又在英約改爲十年修約一次的定例。列強爲了商業情勢變化迅速，就可常憑修約而擴張利權。當時中國主持總理衙門的王公大臣，不但不曾想到利用修約的權利而修改有害中國條文並增加有利中國條文，反而把這件事當作一種麻煩，深怕外人乘機糾纏，卻又絲毫避免不了外人的糾纏，於是每居十年修約，總要被動應付，何嘗想到收回利權，終於讓外人獲得不少便宜。光緒六年（一八八〇年）又值修約期限。修約之先德使巴蘭德（M. von Brandt）就已乘機作不少無理要求。而在光緒五年福成就相應提出修約的主張，他說：「修約之舉，期於兩國有益無損。損一國以益一國不行也，一國允而一國不允不行也。伊古以來，未聞有修約不遂而遽至決裂之舉。惟其如是，則存自利之見者不得恣睢以從事，有自護之權者不妨從容以徐商。」⑱他的意見當然被李鴻章所採納應用了。

對於中外修約，福成主張廢除有害中國的條款。他指出危害中國最甚的條款，就是：其一，外人不受中國法律管轄（即治外法權）。其二，一國獲利各國均霑。兩項條文。中國自光緒初年提出廢約主張的只有王韜、曾紀澤和薛福成。當時言論，都稱之爲修約。中國經過百年的修約枷鎖，其間從事七十年的廢約運動，終於民國三十一年（一九四二年）在蔣委員長領導全國軍民作生死存亡的大奮鬥之中，這些不平等條約，纔被正式廢除。而福成實是廢約運動的先驅。

同一情勢，就是中外工商業合同合約，福成也謹慎畫分清楚，決不使列強政府乘機干預。原來在同治年間丹麥電訊商大北公司與英商大東公司在中國沿海港埠設電線發展電報通訊。後來這兩公司頗受英俄兩國政府支持。光緒十六年（一八九〇年）福成在英，又遇到重新議立合約。兩公司要把請示英俄政府敘入合同，福成立即制止。同時函告總理衙門，若英俄公使來問兩公司合同之事，可立刻拒其過問，因爲電報是中國內政，不關中外交涉。用此以杜絕將來兩國藉合同條文干預中國電報事務。由這件小事，也可以見出福成對外交規則的熟悉，措置也得心應手。

當然福成擔任使職，自很注意平等外交，這是外交上必然爭取的立場。事實上，中國傳統知識分子幾乎人人都能體會並深切了解。他們自古代史志中早已獲得深刻的教訓與史例，他們一旦接觸外交，就必自然注意到對等交際的問題。但要澄清一個關鍵，中國人雖熟悉對等交際的行爲，卻仍是自往古以來沒有經歷過西方外交規制，尤其對於條約制度最爲生疏。近代中外交涉，全循西方規制習慣，故自鴉片戰爭以來，不免時時喪失利權，最初由於無知而斷送，後來則爲列強藉種種機會或戰爭或教案，再訂更侵中國利權的條約，當時屈於強迫之下，雖然知道不平等，也是莫可奈何。一八六〇年以後，中外不平等的國際關係，國人已有覺察，自光緒元年郭嵩燾奉命出使，凡爲使節，多已留心此點。福成爲實踐對等外交，繼續郭氏與曾紀澤的作風在英力爭設立各地領事，特別是香港領事。福成所持理由，十分明白，他說：「從前中國不明外務，所定條約，多受虧損。如各國領事在中國者權勢甚張，獨不許中國在歐洲及南洋設立領事，是明明不以萬國公例待中國矣。間嘗與之切實理論，磋磨半年，且暹羅日本皆已設香港領事，而中國獨無之，英人亦自覺其不情，所以不能不允者，職是之故。將來即可爲援案布告他國張本，亦可爲隱換受虧條約張本。」⑲這可見出福成爭平等觀念的出發點，也可見出他的努力廢約的宗旨。

①薛福成：《庸庵文外編》（掃葉山房石印本），卷三，頁一三。
②薛福成：《庸庵文外編》，卷三，頁一三。
③薛福成：《出使奏疏》，卷下，頁二四—二五。
④薛福成：《庸庵文續編》，卷上，頁三五。
⑤同前書，卷下，頁三二。
⑥薛福成：《庸庵文編》，卷二，頁六六。
⑦《庸庵文外編》（家刻本），卷三，頁二一。
⑧同前書，頁五一。
⑨《庸庵文編》，卷二，頁七一。
⑩薛福成：《籌洋芻議》，頁四七。
⑪同前書，頁四九。
⑫薛福成：《庸庵海外文編》（掃葉山房石印本），卷二，頁八。
⑬《籌洋芻議》，頁七一。
⑭《出使奏疏》，卷上，頁一四—一五。
⑮薛福成：《出使英法義比四國日記．序》。
⑯薛福成：《出使日記續刻》，卷三，頁六三。
⑰《庸庵文外編》，卷三，頁四二。
⑱《籌洋芻議》，頁一。
⑲《海外文編》（家刻本），卷三，頁五五—五六。

三、富強思想

1 求強

近代中國，自一八六〇年以來，國人警悟到中國國勢的衰弱，列強眈眈虎視，尤其相形未來的危險。當時知識分子開始醒覺，頗以砥礪自強相呼籲，而在互相激盪之下，形成風氣。就時勢環境的迫促，和實際的國家需要，自強的言論與行動自然日益增大。於是而構成歷史上所謂的「自強運動」。薛福成適逢其會，實則並且是自強運動中一個中堅分子，他的思想言論，也充分反映出自強運動的宗旨意義和實際推動的途徑。

立國於列強環伺的世界，自強的需要十分明顯。如果考慮到如何應付四面的強國，和抵抗列強對中國的種種企圖，惟有使中國也成爲強國，纔可以不被欺淩，纔可以施行本國的意願，否則種種煎迫就必與日俱增。如福成所說：「中國能自強，即鄰邦啓釁，各國出而調停，未嘗無小益。中國未能自強，而狡寇爭雄，各國因之玩侮，必致有大損。」① 就福成的看法，中國立足於這個世界，與外國互市通商，應該是古今共有的常情，並不足畏，尤其不能閉關自守。其中主動關鍵，仍然在於是否能夠自強。他認爲自古來國際通商，雖遇交戰，也不會停止交易。中國但能自強，即使全國開放通商，只能愈見國家隆盛，也不會有損。如果不能自強，即使閉關絕市，仍然會有更多麻煩。故而重要關鍵在於自強，不在於開放。

更進一步說，謀求自強，決非空言所能達到，他把這一時代的強烈希望，一半寄託到氣運的支配上，另一半則要求全國朝野人士共同盡力。主要重點，要使士大夫破除積習，戒虛務實，同心同德，發憤有爲。以便漸漸形成風氣。當然既不能一手一足所能締造，也並非一朝一夕所能達成。

近代中國之必求自強，顯然是由於西方列國競勝爭強情勢的影響，而整飭武備，保持強大軍容，尤爲顯而易見之事。故中國凡言自強，往往必舉列國國情以爲前提，且往往以效法西洋講求利器爲目標。福成所見略同，尤有進一步的了解。他認爲西洋大國如英、法、俄、德、美，不憚於耗竭物力，窮年累世，精心研究，以求砲利船堅，槍械靈捷，而在充分準備之後，卻又不求用於戰爭，並望能夠免於戰爭。表面似有矛盾，實則如福成所言，是「以不用爲用」。他對西方的了解，認爲凡謀國者，不爭勝於國境之外，而要爭勝於國境之內。換句話說，是必須經營於平時，然後才可以操必勝的把握。福成這一見解，最足以針砭當時的政治風氣。有清一代規制，把設防和戰爭當作兩回事，平時兵員分駐各地，稱之爲防汛。一遇戰時，就在各地抽調若干兵員，集合一起，由統將率領打仗。戰事完畢，又遣散兵員，各回各汛。這並無可厚非，只是現代西方列強，軍備嚴整，器械精良，訓練既勤且嚴，平時更番不休。而徵調尤迅速，配合尤周密。晚清政治習慣，對於軍事外交，都看作一時急難，只圖應付了事。戰事一急，就大徵兵員，戰事一過，就遣散不用。條約一訂，就當作天下太平，一切回復鬆弛。此種風氣，已不足以適應萬邦林立的世局，徒然使列強佔盡利權，更擴大對中國的侵損。如果想要自強，首先非改變風氣效法西洋不可。故福成爲自強而主張效法西洋，其意見表達得十分清楚。如他說：「西人於練兵造船製器，及一切技藝，喜自耀其所長，未嘗秘爲獨得。中國誠能切實講求，彼謂我有自強之道，先已敬慕悅服，又知我不相鄙薄，不難罄中藏以相示。或時以微利啗之，是得其技而兼得其心也。」②這是一個明證。

爲求自強而重視於武備，因武備而重視於器械，因器械而效法西洋，當爲勢理的自然趨向。然自強的根本宗旨，在禦外侮，內修武備，提倡尚武風氣，先充實自立之基，自更爲根本辦法。是以福成也提出了他綜括的宗旨：「從來禦外之道，必能戰而後能守，能守而後能和。無論用剛用柔，要當豫修武備，確有可以自立之基。然後以戰則勝，以守則固，以和則久。自泰西各國競起爭雄，陸兵以德國爲最精，水師以英國爲最盛，至其船堅砲利，則無論國之大小，莫不精益求精。蓋外洋以戰立國，分爭互峙，實有不能不尚武之勢。」③這就自然要轉變風氣，漸使中國遵循西方立國的途徑了。適應當前變局，循乎世界潮流，惟有與西方採取同一規制，學得他們的一切長處，纔可以有辦法爭較勝負。但凡理性而冷靜的判斷，無不以此種見解爲最終歸結。這自然潛存著深厚的西化動力，事實上也正是近代中國思想發展總乘的動向。

2 求富

近代中國思想，一般而論，國家求強是原始的意願。是一種熱切的希望。求強並是以西方各國之強為榜樣，為想望達到的對象。求強的行動，不免立即思考並檢討到槍砲、船艦、船塢、砲臺等問題，進而也會檢討到兵制、海軍、組織、訓練的問題。議論終結，自不免要效法西洋。薛福成的言論題旨，當然並不出此範圍。然而求強觀念實在是一個直接反應，只表達單純的一層思想深度。思考到了這一層，自然會誘導出進一步的問題。列強國勢鼎盛是個事實，何以會如此的強？就是一個重要關鍵。列強的船堅砲利，何以會如此的堅利？又是一個重要關鍵。但凡進一步思考，大體來說，自然不免歸因為西洋各國的富厚。求富的觀念在深一層探索中展開。

十九世紀所謂的自強運動，確自有它重大的時代意義。然而無論在實際行動以至思想言論，它的真實內容，應該就是求富運動。福成言論，很早就以求富為自強的先決條件。他在光緒元年就說道：「方今國欲圖自強，先求自富，自富之道，以礦務為一大宗。」④在光緒二十年（一八九四年）他去世的前數月也說道：「中國地博物阜，甲於五大洲。欲圖自治，先謀自強；欲謀自強，先求致富。致富之術，莫如興利除弊。」⑤可知他生平一貫，重視求富。

近代中國，無論求強求富，均因承受西方衝擊而起，並以西方的富強為效法對象。西方是如何情狀，都頗吸引中國官紳的注意，尤其對於致富之術，更增加許多歆羨。福成尤注意到西方致富的關鍵，他用比較指出：「以遜於中國之地，養倍中國之人，非但不至如中國之民窮財盡，而英法諸國，多有饒富景象者，何也，爲能濬其生財之源也。」⑥他認爲西方之所以民富國強，正由其國家政府善於「導民生財」的緣故。

至於生財重點，大致在於農、工、礦、商四者的經營發展。其中尤以商務爲貫串四者的重要血脈，足以綜攬富國的管鑰。福成所見，認爲「歐洲立國，以商務爲本，富國強兵，全藉於商。而尤推英爲巨擘。」⑦這正表達了他的重商觀念。

福成主張重商，並不以唯商爲宗旨。得自西方的了解，他也深信商的基礎在於工。西方的強盛，原自於工商並茂，良材眾多。他曾以歆羨的口吻，表達出理解的讚嘆：「泰西風俗，以工商立國，大較恃工爲體，恃商爲用。則工實尚居商之先。士研其理，工致其功，則工又必兼士之事，吾嘗審泰西諸國勃興之故，數十年來，何其良工之多也。」⑧

爲了致富，需要營商，需要精工。但是探究最後，工與商的根本，又實在於學。並且特別在於科學，當時尚沒有所謂「科學」這個總稱，往往就用學來代表。福成特別指出，雖是西人之學，當然也是天地公有，中國可以拿來學習：「夫西人之商政、兵法、造船、製器，及農、漁、牧、礦諸務，實無不精，而皆導其源於汽學、光學、電學、化學，以得御水、御火、御電之法，斯殆造化之靈機，無久而不洩之理。特假西人之專門名家以闡之，乃天地間公共之道，非西人所得而私也。」⑨

重工商是興利的途徑，興就必汲汲於言利，斤斤於爭利。主國政者若不能以全副精神力謀利國利民，不知道還有什麼比此更值得做。福成就這種觀點，頗爲糾正過去政治習慣的大錯誤。他以爲中國歷代的庸吏，拿孔孟經義來掩飾他們個人的無能，積漸而形成不敢言利的苟且風氣。其實儒家經義〈大學〉一章，一半在討論財用，稱爲治國常經。偏偏被那些闒茸的官僚有意忽略。當世萬國競勝，無不精心研究振興商務之道，一國的強弱貧富，全以它的商務來作衡量，商務盛，則財利旺，人民富，國勢強；商務衰，則財利竭，人民貧，國勢弱。因此福成頗爲嘆息流涕，積極呼籲中國主政者迅速轉變。以經營大利爲行政圭臬。用來符合《易經》所說：「乾始能以美利利天下。」（《周易．乾文言》）

福成不但倡導言利，而且主張由國家力量發展民間私利，幫助民間開闢財源。因此他提出了「藏富於民」的理想，如他所說：「泰西諸國競籌藏富於民之法，然後自治自強，措之裕如。」⑩同時並發抒「爲民理財說」，而主張「藏富於商」。這都是了解西方立國實情而表達的見解，自然也是效法西洋。

至於利民的具體辦法，福成又提出他的「機器養民說」。他認爲西洋各國的強盛，是由富而來，各國的富裕，是由振興工商而來；工商的發達，是由利用機器而來。因此他主張仿照西洋用機器製造貨物，先使中國民人購買本國產品，不致金錢外流，然後再有能力與外洋競爭。他也以比喻指出他利用機器的信念：「夫今不能不用機器，輪船、槍砲，猶神農氏之不能不製耒耨，黃帝氏之不能不作舟楫弧矢也。」⑪

顯然的事實，講求私利，以藏富於民，關鍵在於發展工商。福成根據他對西洋的了解，在振興工商方面，也有很完密的推理。他說：「西洋各國之所以致富強者，以工商諸務之振興也，工商諸務之無阻，以各項公司之易集也。」⑫知道公司是發展工商有效的組織。中國在商業組織基礎上必須充分採行西方公司制度。至於工商的運用，福成指出四項體系步驟，就是所謂：培物產，工製作，精仿造，廣流通。有了這四項健全的準備，纔可以和西洋各國爭競勝負。至於何者是工商的根本命脈，追溯到最後，當然就必達到知識學問方面，也就如他所說：「以格致爲基，以機器爲輔。」⑬這種知識的獲得，須從教育與訓練入手，而工藝教育與技術訓練，就被他看作是刻不容緩的國家要政。

中國求富的入手，在具體的策畫上，福成指出建設鐵路的必要，他在光緒四年（一八七八年）向李鴻章提出一項「創開中國鐵路議」。要知道剛在兩年前上海吳淞鐵路因爲官紳的反對而被拆除，此時又提議由國家創設鐵路，自然顯示他識力的出眾，和充分的信心。

他把鐵路看成致富強的重要關鍵，認爲若不創行鐵路，實無法使中國達到富強。他舉西方列強，申述求富強是由一點一滴做起，五十年前的西洋大國，也和中國情形一樣，只是一年一年的擴修鐵路，終於達到民富國強之境。因此建議李鴻章先就人口繁盛地區試辦，使民眾觀聽改變而鼓舞於無形，他並很具深信的表示：「夫擲數百萬之帑項，以開千古非常之功，此庸人所驚，而聖人所必爲也。」⑭福成的建議，得到李鴻章的鑑賞與信任是十分明顯，因爲光緒六年李鴻章上朝廷的〈議請試辦鐵路疏〉，就是出於福成的草撰。當知福成的倡議，對於中國開創鐵路的起始，實有其重大貢獻。

總括福成的求富觀念與見解，中心題旨完全在於一個利字，要求中國政治家以言利爲宗風，以謀利爲天職。出發手段完全在於一個因字，求富言利的經營，在在無非效法西洋規制爲目標。由求富至言利，由言利至重商，由重商至格致機器知識與教育，一步一步，均要因襲西洋。他有兩句話，足以代表這種求富思想的總則，就是：「政莫先於利用，功莫大於因時。」⑮

關於求富的國政，福成更有一個反傳統風氣的識見。當然與重商觀念有關，那就是政治人材要登進富商殷戶。這也是就西洋政情的了解而得，他用來以比附討論。所謂：「中國用人，以富者爲嫌；西俗用人，以富者爲賢。其道有相反者。」⑯這一論調，足以啓發新識，促使社會上改變向來賤商的陋習。

① 《籌洋芻議》，頁一八。
② 同前書，頁一九。
③ 《庸庵文編》，卷一，頁四五—四六。
④ 《三星使書牘》，卷三，頁二六。
⑤ 《出使日記續刻》，卷十，頁一七。
⑥ 《庸庵海外文編》（家刻本），卷三，頁一三。
⑦ 《出使英法義比四國日記》，卷三，頁六四。
⑧ 《庸庵海外文編》，卷三，頁四〇。
⑨ 《出使英法義比四國日記》，卷二，頁二一。
⑩ 《出使奏疏》，卷下，頁二七。
⑪ 《庸庵文外編》，卷三，頁三四。
⑫ 《出使日記續刻》，卷四，頁六九。

⑬ 同前書，卷五，頁一五。
⑭《庸庵文編》，卷二，頁二二。
⑮ 同前書，頁九。
⑯《出使日記續刻》，卷七，頁五七。

四、餘論

薛福成雖然任官至左副都御史，可以說位至卿貳，但實際上向來不曾做過京官。宦途雖然很是顯達，但實際上親於政事卻只有十年之久（自光緒十年至二十年）。福成生平事蹟，少變化而段落明顯。幼少追隨父兄，不需奔走衣食，入世甚晚，故得以充實學問，並可以從容修養品誼。這一段幾乎二十六、七年的時光，使他打下良好的基礎。對福成而言是相當重要，而且也十分幸運。

福成入世，以同治四年（一八六五年）就聘曾國藩幕府爲起始。得到一個賢明能幹並且識力高遠的幕主而追隨依附，可以說又是他的幸運。在曾國藩幕府八年（至一八七二年），可以歷練政事，砥礪學識文章，並且更能冷靜觀察世界大勢，宦場風習，八年閱歷，使他獲益不少。國藩去世以後，約有二年仍在兩江幕府。嗣後就在光緒元年（一八七五年）又加入李鴻章的北洋幕府。鴻章坐鎮北洋，穩握朝政，軍國大事，無不過問。特以洋務交涉，尤其最密最勤。福成依附左右，更得以歷練洋務新政與外交。前後十年（至一八八四年），也使他得益不少，故自入世之後，幕府生涯也使他耗費二十年光陰。

福成於光緒十年任寧紹台道，光緒十五年任出使大臣，十六年放洋出國，至於歐洲。以幕府出身的經驗與薰陶，使他任事篤實穩健，治事縝密周詳。再加上他個性堅毅，很有耐心從事於對列強的複雜交涉。故就他的使任而言，不但稱職，而且實有積極建樹，對後世有深遠影響。

福成所處的時代，在內來說，政治僵化腐敗，缺乏應變的彈性。人心渙漓苟安，不知危機四伏。在外來說，列強侵奪欺凌，有喧賓奪主之勢。屬邦俱被外人分割，有漸及於本土之勢。中國積弱，力不能抗，又必須悉心應付，以避免危亡。福成爲時代醒覺的先驅，自不憚冒險犯難，迎頭面對現實，做一分事，盡一分責。如他所表示：「洋務日繁，亦日見其難。即有大智慧大力量者，身處其間，亦必限於權力，撓於風氣，格於形勢，豈盡能設施如意。但世變如此，無論主持大局與分辦一事，只可盡其職所當爲，與力所能爲。人才多出一分，即於時事補救一分。」① 這足以反映中國知識分子的良知與責任，對於國家，無論在如何水深火熱之中，他們也是必須親自承擔苦難，而不能逃避或袖手不問。

福成生性篤實穩慎，再加上二十年幕府歷練，故而對於世勢審察，縝密深徹。尤其能夠敏銳看出關鍵所在，判斷情理根源，往往倡先建言，深持信念，毫無猶豫。除了前節所述思想之外，他的個別申論，仍有不少有價值的創見，或爲後人提出可注意的問題。譬如關於民族延續問題，他曾撰寫〈檀香山土人日耗說〉，後日事實證明，當地土人漸趨滅絕，美國政府爲他們特闢幾個小島，作爲保護地，也像印第安人保留地一樣，與現代世界完全隔絕。果然竟符合他的論斷。但就民族生長環境立論，他卻提出相反的兩種說法，一是「赤道下無人才說」，一是「南洋諸島致富強說」。事實上六七十年後，不但美洲赤道，而亞、非兩洲赤道都已紛紛建國，各國官民，都在力爭上游。顯見他後一說法的有效。前一說法則不免大受考驗。此外，他又有「澳大利亞可自強說」，當時澳洲尚在英國旗幟之下，而竟能預斷數十年後，當可知道福成觀察分析透澈，和判斷的正確。

就中國國家制度而論，福成曾分析批評到地方上督撫同城，事權不一的損害問題。並更檢討到地方疆吏所以能爲國家建功立業的憑藉所在。這當然是清代吏治的重大關鍵問題，直到清朝末年才有真正改革行動，但爲時已晚。福成身負外交使任，自然更重視使職制度，他見到英法德俄列強任外相者，多能勝任首相，故而主張使才與將相並重，這也反映出他對近代政治制度興革的意見。福成並思考事業專職功能分殊的問題，這包括政治與學術各方面，主張學術治術都需要專精。這也反映他的現代眼光，重視職業性分工專職的政治結構，有此制度方能適應新的世局，以免因爲無知而貽害國家。他的建議都切實周密，具體可行。當非空言理論、趨尚高遠原則者可比。

福成勤於著述，生平又以文章爲世所重，故刊印著作不少。就中以《庸盦筆記》流通的版本最多。福成生平著作，可以略爲介紹於後。

(1)《庸盦文編》，四卷。這一部書內容最雜，並包羅各類文體。舉凡奏疏、議論、敘略、記事、書牘、序跋、傳記、墓誌、行政、銘贊、雜記等體，無所不包。但有一個中心重點，就是古文家的創作。實際上福成的身世與思想以及當時史跡，其中包含不少。

(2)《庸盦文續編》，二卷。這一部書的宗旨，仍以古文爲重點。並足以見出福成的身世與見解以及若干史實。

(3)《庸盦文外編》，四卷。這一部書，就古文體言，又有擴充。就時間言，也頗多舊時文章。實應視爲前兩種的補充而已。

(4)《庸盦海外文編》，四卷。這一部書與前三種大不相同，其中文章，什九爲出任使職期間著作，僅有一二件是出於任官浙東的末期。絕無光緒十四年以前的文件。故時代清楚，代表晚年的貢獻。包羅問題集中，足以顯示福成的外交因應與晚年見解。

(5)《籌洋芻議》，一卷。這是福成於光緒五年所撰的應付洋務的建策。足以代表這一時代思想文獻。這部書在當時後世都廣泛的被人重視。

(6)《出使英法義比四國日記》，六卷。福成特選他的部分日記，專重於出使外洋的記事，用來提供總理衙門大臣參考。是近代外交問題的重要資料書，當然也充分透露福成的思想見解。

(7)《浙東籌防錄》，四卷。這部書的內容，純爲光緒十年至十一年間，福成在中法戰爭期間在寧波經營沿海防務的資料。時間集中，問題單一，資料詳密。可供研究浙江海防乃至寧波地方史志之用。

(8)《出使奏疏》，二卷。文體爲奏疏，內容純爲外交，時間包括在西歐的四年期限。可以充分見出福成的外交活動與識見。

(9)《出使公牘》，十卷。時間及內容均與前書相同，但文體則爲稟、咨、札、啓、函、電、照會等類。較之前書，則更多外交細節。

(10)《出使日記續刻》，十卷。就時間言，是接續《出使四國日記》，內容亦多爲外交活動，直迄返國。

以上十種，是無錫薛氏傳經樓所定的一式刻本，所謂《庸盦文集》的定本。是最好的原刻本。後來書坊翻印，如掃葉山房石印本，則只有六種，也用《庸盦全集》的名稱。廣文書局景印掃葉本，又改名《薛福成全集》，當然也是六種。

(11)《續瀛環志略初編》，八册。這是無錫薛氏傳經樓的石印本，內容爲世界各地志略。福成生前收集譯撰，在他去世後，其第三子薛瑩中整理出版。

(12)《滇緬劃界圖說》，一卷。內容純爲中英畫分雲南及緬甸間的分界問題，來往文件，頗爲詳細。

(13)《滇緬分界疏略》，一卷。內容與前書略同。

(14)《庸盦筆記》，十卷。內容純爲雜記故事，頗有稗史小説荒誕不經的意旨趣味。不足以代表福成的學問識見。但此書流傳頗廣，版本極多，翻印極勤，讀者極多，真出乎福成意想之外。

(15)《三星使書牘》，三卷。此書所載，第一卷爲郭嵩燾的書信。第二卷爲曾紀澤的書信。第三卷爲福成的書信。其中有不少文件不見於《庸盦全集》。但知採自《別集》，又見於《庸盦文外編．凡例》，其中説明要另刻《別集》。卻不知《別集》是何時所刻，怎樣的版本。

(16)《薛福成日記選錄》。這是近人把福成在同治年間曾國藩軍幕中的日記選錄一部分。收於《捻軍史料叢刊》第三册。但數量不多。

福成受傳統教育薰陶，並且是江南副貢，教養習性，思想言論，俱可代表傳統文人典型。生平著述，以《庸盦全集》所包括的十種最重要，但他的日記自同治四年至光緒十五年間多數未經刊行，也應該是最重要的資料。此外有一個奇怪的現象，就是中國傳統文士，什九都有詩集刊印。惟獨福成例外，他一生未曾留下詩集，他的子婿和門生敘述未刊的遺稿，也從來沒有提起過。福成自從加入曾國藩幕府，就以長於議論受知於國藩，見重於同僚。或者生性不喜嘯吟，於是就絕無詩詞傳世了。

① 薛福成：〈代李鴻章復沈保靖書〉，頁三二；《三星使書牘》，卷三。

參考書目

㈠薛氏本人著作

《庸盦文編》四卷　薛福成著，上海醉六堂印，光緒二十三年，又，光緒十三年刻本。
《庸盦文續編》二卷　薛福成著，光緒十五年刻本。
《庸盦文外編》四卷　薛福成著，光緒十九年刻本。
《庸盦海外文編》四卷　薛福成著　光緒二十三年九月，上海醉六堂石印，又，光緒二十一年（乙未）孟秋刻本。
《籌洋芻議》　薛福成著，光緒二十三年三月，上海醉六堂石印，又，光緒十年刻本。
《出使英法義比四國日記》六卷（又名：《出使日記》）　薛福成著，光緒十八年刻。
《出使日記續刻》十卷　薛福成著，光緒二十四年夏刊，傳經樓校本。
《浙東籌防錄》四卷　薛福成著，光緒十二年刻本。
《出使奏疏》二卷　薛福成著，光緒二十年刻。
《出使公牘》十卷　薛福成著，光緒二十四年刻。

《續瀛環志略初編》八冊　薛福成著，無錫，傳經樓石印本，光緒二十八年印。
《滇緬畫界圖說》（共七十頁）　薛福成著，（收於《皇朝藩屬輿地叢書》第五集，第三十五冊），上海書局石印，光緒二十九年刊，臺北臺聯國風出版社景印。
《滇緬分界疏略》一卷　薛福成著，收在《小方壺齋輿地叢鈔再補編》，第七帙，第六冊。
《庸盦筆記》一冊　薛福成著，新文化書社鉛印，民二十五年。
《三星使書牘》三卷（二冊）（內收郭嵩燾函四十一首，曾紀澤函五十三首，薛福成函四十五首），上海，廣智書局印，光緒三十四年四月初版。
《庸盦文九則》　薛福成著，收在《滿清野史》，第四編，第三十冊。

㈡薛福成傳記

〈薛福成傳〉　夏寅官著，收入《碑傳集補》卷十三。
〈薛福成傳〉　錢基博著，收入《碑傳集補》卷十三。
〈薛福成傳〉　《清史稿》列傳第二三三。
〈薛福成傳〉　《清史列傳》卷五十八。
〈薛福成傳〉　《清代七百名人傳》第一冊，頁六九〇—六九三。

㈢補充書目

吳萬頌撰　〈薛福成對洋務的認識〉，《大陸雜誌》四十七卷三期，民國六十二年刊於臺北。

《薛福成》 費成康著，上海，上海人民出版社，一九八三年十二月第一版。

鍾叔河撰 〈從洋務到變法的薛福成〉，文載《薛福成：出使英法義比四國日記》書前，長沙，岳麓書社，《走向世界叢書》，一九八五年印。

Eugene J. Corcoran: Hsueh Fu-ch'eng and China's Self-Strengthening Movement, 1865–1894., Ph.D. dissertation, University of Kansas, 1979.

鄭觀應

孫會文 著

目次

鄭觀應

一、鄭觀應所處的時代

鄭觀應誕生和成長的時代，正是中國社會發生劇烈變動的時候。他大約生於道光二十二年（西元一八四二年），那正是《南京條約》簽訂，中西關係開始發生劇烈變化的開端，中國三千年來從未有過的大變局，從此展開了序幕。

雖然明末清初中西曾經一度發生過文化上的交流，但是《南京條約》才更是西方帝國主義的勢力和西方文化潮流湧入中國的重要里程碑。西方勢力之侵入中國，是驅使中國人走上變革道路的激素；中國人受了西方勢力的激盪，開始吸取西洋文化，展開了自強自救的變革運動，才是近代中國歷史發展的重心。同治以降的洋務運動，變法維新運動，國民革命運動就是這一連串變革運動的主要課題。

鴉片戰爭的失敗，已經有少數知識分子覺察到師法西洋「長技」的必要。魏源在《海國圖志》中提出的「師夷人之長技以制夷」的主張，就是這個時代知識分子對西方勢力壓迫的具體反應。但是他的主張並沒有引起當時中國知識分子普遍的注意。咸豐十年（一八六〇年）的英法聯軍之役，是促成中國人展開洋務運動的主要激素。洋務運動是中國人感受西方帝國主義列強的侵凌，而逐漸形成以強國爲目的的救國行動。於是二十年前魏源所提的主張，在奕訢、文祥、曾國藩、李鴻章、左宗棠等人的推動下，實際付諸實施。從同治元年（一八六二年）起，至光緒二十年（一八九四年）甲午之役止，三十餘年間，是以「船堅砲利」爲中心的洋務運動的大事推行的時期。這種洋務事業的範圍，不外造船、製械、築軍港、設電報局、招商局、織布局、礦務局。概括的說：不出軍事、經濟兩方面，而經濟方面又以裕餉爲目的；就是興學堂，派遣留學生，也全是爲了軍事起見，否則就是爲了造就繙譯人才；對於政治、教育、思想，及制度上的根本改革，多沒有想過；這是因爲他們認爲中國的制度比外國好的原故。中法之役以前已經有人認識到以船堅砲利爲中心的洋務運動是不足以救中國的。到中法之戰（光緒十年，一八八四年）和甲午之戰（光緒二十年，一八九四年）兩役以後，有此認識的人就更多了。他們主張擴大範圍，除了主張學習西洋的船堅砲利和科學技藝之外，在政法制度上也應該採擇西洋人的長處。光緒二十三年（一八九七年）發生了德人強租膠州灣事件，結果引起了列強強迫要求租借地和勢力範圍劃定的高潮。接著列強又在醞釀著要瓜分中國，亡國之禍，迫於眉睫，於是更加強了知識分子對政法制度改革的熱望。光緒二十四年（一八九八年）的變法運動，就是在這種情勢下促成的。

世間有不少事件的形成，是先有人倡爲理論，而後才付諸實施的。清季洋務運動及變法維新運動，就是先有知識分子於接受西洋文化影響之餘，先倡爲理論，然後再爲當政者所採納，而付於實施的。曾、左、李一輩人士推行的洋務運動，就是林則徐和魏源理論的擴大與實現；而光緒二十四年康有爲和梁啓超等人所領導的變法維新運動，也有理論上的先導人物，其具有代表性的有王韜，薛福成、馬建忠、鄭觀應、湯震、陳熾、陳虬、何啓、胡禮垣等人。他們有的是倡議早於康有爲，有的則是主張較康有爲更爲徹底。他們都是由船堅砲利的洋務運動，進到變法維新的理論上的先導人物。他們一面承襲了洋務運動的精神，主張進一步在科學技藝上學習西洋，同時更進而鼓吹在政法制度上也應該學習西人的長處。鄭觀應在這些人物中，就是最具代表性的一位。他一生思想的精髓，全薈萃在《盛世危言》一書中。也就因爲《盛世危言》這部書，使他在中國現代化運動史中佔了重要的一頁。

二、鄭觀應的生平

鄭觀應，又名官應，字陶齋，號杞憂生，晚年號待鶴山人，那是因爲他晚年篤信道術的原故。廣東香山縣（今中山縣）人。大約生於道光二十二年（一八四二年），死於民國十一年（（一九二二年）以後，享年八十有餘。

鄭觀應雖是香山人，卻常常住在澳門。少年時代，讀過經史方面的書籍。十七歲時（約當咸豐八年，一八五八年）以參加科舉考試落選，就決定放棄舉業的道路，到上海學習經商。在上海就開始學習英語，曾經跟著英華書館教師英國人傅蘭雅（John Fryer）讀過英文。先後做過上海寶順洋行、和生茶棧、揚州寶記鹽務的總經理。而且又做過洋商創辦的公正長江輪船公司的董事。在他三十二歲那年（約同治十二年，一八七三年），英商創辦的太古輪船公司禮聘他爲總經理，一直做到光緒八年（一八八二年），前後共九年之久。所以鄭觀應不僅經過商，而且當過洋買辦，是個商人知識分子。總之，鄭觀應從十七歲開始學習經商，到八十歲辭去輪船招商局的職務，前後六十餘年間，雖然間或有從事軍、政等事務的時候，而大部分時間以從事商務爲主。他在《盛世危言》一書中所提出的商戰思想，就是從事商業的經驗和對列強經濟侵略的認識融合而得的結晶品。

鄭觀應不但在國內時與外國人接觸頻繁，而且曾經到國外去過，對西方的認識很深，因而成爲當時名噪一時的洋務通，頗受當時洋務派大員的垂青。憑著有些資財，他在同治八年（一八六九年）、同治九年（一八七〇年）、光緒四年（一八七八年），先後三次捐買官銜，由員外郎，而郎中，而候選道。光緒四年到六年間（一八七八——一八八〇年），因爲經辦直隸（今河北省）、山西、河南、陝西諸省的救災事務，而得到李鴻章的賞識，在西太后面前保舉過。不久，李鴻章并委任他以三品銜候選道專門辦理商務，總辦上海機器織布局。從此他就成爲當時熱中洋務大員們爭相羅致的紅人。總計先後他給李鴻章、張之洞、左宗棠、劉坤一、盛宣懷、彭玉麟、醇親王奕譞經辦過上海電報局，輪船招商局，上海、漢口電線，開平礦務局，漢陽鐵廠，粵漢鐵路，江西萍鄉和安徽宣城煤礦，吉林三姓礦務局，上海醫局等。中法戰爭時，他接受了彭玉麟的委任，去西貢、暹邏（今泰國）作過軍事偵察的活動。在香港與廈門辦過援臺事宜。所以鄭觀應是洋務運動的實際參與者，對洋務運動興起以降，發展的工礦、交通、商務等的建設，作過重大的貢獻。

除了參與洋務運動許多重要建設工作之外，鄭觀應一生直接創辦或間接參與的事業，尚有設於上海、天津等地的洋裝業、保險業、報紙、書局、墾殖、蠔業、造紙、船塢、醫院、保嬰會、救生會、公學堂、女學堂，以及投資各地金礦和銀礦的開採等。總而言之，振興工商業是他一生努力的重要目標之一，加上立憲法和興學校，就是鄭氏思想中心的三大要件。不過他對立憲法和興學校的問題，多作理論上的討論，關於振興工商業就多實際參與罷了。

他對振興實業的熱忱是感人的，他對振興實業的工作態度是公正清廉和認真負責。幾十年中，他歷任工礦、交通各局廠的總辦（今日之總經理或廠長）、會辦（協理或副廠長），從不貪一分非分之財，仰事俯畜，全靠薪水所得。妒忌的人排擠他，營私的人毀謗他，然而真金不怕火，愈煉愈能顯出他的光明磊落。他說：大丈夫得志，就鞠躬盡瘁以兼善天下；不得志，就潔身自退以獨善其身。清季人物中能像鄭觀應一樣冰清玉潔是不多的。直到清亡，鄭觀應尚以一名候選道浮沉於實業界中，就是他剛直耿介的性格所致。他的朋友說他不避嫌怨，以直見疑，以忠招忌，不合時宜，所以不能暢行其志。就是鄭觀應人格最好的寫照。

三、鄭觀應的著作

鄭觀應因篤信因果論，曾寫了《因果集證》和《陶齋誌果》兩書。這兩本書對近代思想的發展並沒有什麼影響；可略而不論。中年以後，又因身體多病，鄭觀應對醫藥衛生知識特別注意，寫過幾本介紹醫藥常識的書。又因相信道教，寫過一些關於道術方面的作品，這些也沒有討論的必要。這裏我們只概略介紹一下最足以代表鄭觀應一生事功和思想的著作。這一類的著作，約有下列數種：《救時揭要》，《易言》，《盛世危言》，《盛世危言後編》，《海行日記》，《南遊日記》。

《盛世危言後編》一書爲鄭氏選擇他歷年參與各種洋務建設事業所撰寫的條陳、稟呈、信函、論說、序跋等稿件編輯而成。羅列鄭觀應一生的功業事蹟最爲詳盡。本文所述鄭觀應的事功，就大多以這部書爲根據。他的朋友説《盛世危言》代表鄭觀應的思想，而《盛世危言後編》就代表鄭觀應一生的事功。這大致是不錯的。《後編》初印於宣統元年（一九〇九年）。這個刊本爲八卷。可是我看到的本子卻有十五卷。依次是道術、學務、立憲、政治、軍務、開墾、工藝、商務、鐵路、船務、礦務、電報、鐵廠、賑務、雜著。這是一個民國九年（一九二〇年）的刊印本。

《海行日記》是他做輪船招商局會辦時，爲巡查沿江沿海各城市招商分局局務所寫的日記。他先後到過牛莊、廣州、汕頭、廈門、福州、漢口、重慶等城市，把沿途所見有關商務、水程、出入口貨物和漏卮利弊種種情形，隨時隨地記載下來，成爲《海行日記》二卷。並把他考察南洋新加坡、檳榔嶼、小呂宋、暹邏、西貢等地的情形，附錄於書後，作爲商務的參考和借鏡。這本日記應該是了解鄭觀應對輪船招商局的貢獻和意見的重要資料，可惜我沒有機會看到這本日記。

《南遊日記》是鄭觀應奉彭玉麟的委命，到西貢和南洋各地，偵探法國在越南活動的情形所寫的日記。時間在光緒十年（一八八四年）的五六月間。這次南遊先後到過西貢、新加坡、曼谷、檳榔嶼、麻六甲、柔佛等地。鄭觀應此行所負的主要使命有二：一爲赴西貢偵探敵情。一爲說服暹邏不要助法國攻打越南。他的日記除了記載這兩方面的事情之外，對沿途行程、遭遇也記載頗詳。每到一地，對於該地的地形、氣候、物產、民族、歷史背景、政治組織、風土人情、華人概況等均有所記載。這次南遊，廣泛的增加了鄭氏的見聞，對許多問題又有了新認識。如郵政、鴉片、南洋諸地之苛待華人、設領事以保護僑民、華工、議院制度等問題，在《南遊日記》中都曾討論過。而這些問題，後來都變成了他寫《盛世危言》的主題了。我看到的《南遊日記》，是鄭觀應手稿的影印本。此外他還有《羅浮待鶴山人詩草》二卷。可惜也沒有機緣讀到。

最能代表鄭觀應思想的著作是《盛世危言》。這部書不是一時寫成的，乃是他自十九世紀六十年代至九十年代三十餘年間留心時務的結晶。初印於同治元年（一八六二年），稱爲

《救時揭要》。這本書現在已不易看到了。可是就《盛世危言後編》裏所收的〈救時揭要序〉來看，這部書除了討論因果論和道教理論之外，主要是對當時政治社會利弊提出他的意見和看法，這一方面的作品應該就是《盛世危言》最原始的形態。這部書出版以後，流傳到日本，日本人很快就把它翻刻出來，可能曾在日本知識界，發生過相當的影響。同治十年（一八七一年），經過增訂而分爲上下兩册，改名爲《易言》。命名的含義，是取《詩經》所說「君子無易由言」和東方朔所説「談何容易」的意思，自謙地表示他這部書還是逃不了輕於發表言論的毛病。這部書在香港出版。日本人和朝鮮人又把它翻刻流傳，在日本和朝鮮曾風行一時。光緒元年（一八七五年），刪訂爲二十篇，仍稱《易言》，並把原署的杞憂生改爲慕雍山人，表示希望再見雍熙盛況的意思。當時印了數百部，分贈給親友們。王韜讀了這部書以後，稱之爲救世的藥石。鄭觀應寫這部書的目的，是要激勵國人奮發自強，而且也給國人指出了一條自強的道路。我所看到的是光緒元年的刊本，分爲上下兩卷，三十六篇，大約是同治十年刊本的再印本吧？光緒十年（一八八四年）鄭觀應南遊回國後，思想見解變得更成熟了。大約就在這年的冬天，他已經有編撰《盛世危言》的綱要或寫本了。《盛世危言》一書的內容，雖然不盡同於《易言》，然而它是《易言》一書的擴大或改寫大概是沒有疑問的。《盛世危言》初次刊印於光緒十八年（一八九二年）。到甲午戰爭（光緒二十年，一八九四年）時，再加增訂，而成《增訂盛世危言正續編》。光緒二十一年（一八九五年）的三月，江蘇布政使鄧華熙把《盛世危言》進呈給光緒皇帝閱讀，在奏書中，鄧氏對《盛世危言》極爲讚譽，說這本書對於中西的利弊，分析得透闢無遺，是可以照著去施行的。於是光緒皇帝就命令譯署印刷《盛世危言》，以分給大臣官員們閱讀，因此《盛世危言》就在國內風行起來了。甲午戰後，時勢變遷，鄭觀應就把原書再加增訂，稱爲《盛世危言增訂新編》。光緒二十六年（一九〇〇年）正式出版。這就是最後的定本了。至於《盛世危言》所表現的思想，留在後面再加以討論吧。

四、晚清變法思想演化中鄭觀應的地位和他思想的淵源

如前所述，鄭觀應不僅是洋務運動的實際參與者，而且還是晚清變法理論的先導者。所以在我們探討鄭觀應變法維新思想以前，首先檢討一下他在晚清變法思想演化中所應有的地位，以及他思想的淵源。

近代變法論興起於十九世紀三十年代。那時鴉片戰火雖然尚未爆發，但是康雍盛世已經成爲過去，走私鴉片的大量輸入，造成了社會經濟的枯竭，民生困苦與日俱增。內政腐敗達於極點，民變波波疊起，頭腦清醒的思想家已經洞察到中國內部所潛伏的嚴重危機，龔自珍就是個代表人物。他是今文經學家。他以今文經學家的歷史觀，認爲人類社會不斷地在變化和發展，因此政法制度也必然隨時而改變。他從這個觀點出發，於是進一步提出了變法改革的主張。同時他對中國傳統的專制政體也曾予以無情的攻擊。他的變法主張啓迪了晚清變法論者；晚清改革派變法論者喜以詆排專制而說民權，倡君憲，也是受了龔自珍思想的影響。

道光二十年（一八四〇年）的鴉片戰火，揭開了中國近代史的序幕。十九世紀四十年代以降，中國於重重內憂之外，又面臨著嚴重的外患。新遭遇的敵人不僅具有強大的武力，而

且是具有高度文明的民族。在這個劇烈動盪的年代裏，許多新的問題不斷地出現在中國知識分子之前，迫使人們謀求解決之道。另一個今文經學家魏源，就是這個時代思想家的代表人物。像龔自珍一樣，他也認為自然現象和社會現象都在不斷的變動著的。鴉片戰前，他已提出變法的要求；鴉片戰後，魏源憤國事日非，再度強調變法改革的主張。

魏源的變法思想，影響過晚清思想界；而其學習西方的主張，給晚清思想界以更大影響。鴉片戰後，他看到西方船堅砲利的長技是敵人致勝的原因，就提出了「師夷長技以制夷」的主張。而且對英、法等近代國家工商業的繁榮，也留下了深刻的印象。認為英、法的強盛，不全在兵戰，而且也有賴於商戰。甚至他對西方近代民主政治也發出了欽羨和讚賞，說美國的民主政治，公舉總統，四年一任，改變了古今家天下的局面，是至公的；議事聽訟，選賢與能，是至周的。所以他說美國的憲法是可以永行而無弊的。實行民主政治的瑞士，在他的眼中變成了西方世界的桃花源。

變法和學習西方兩種思想，是魏源思想的兩大支柱。魏源對西方的認識，雖已注意到英國的工商業發展，和美國及瑞士民主政治的優越性，但是他的「師夷」思想主要仍在於效法西方的軍事長技。他的變法論是一種自我改革的變法主張。魏源的自我變法和學習西方兩種思想是平行發展的。他尚沒有把變法和學習西方兩種觀念結合起來，而產生以學習西方政法制度為目的的變法思想。那要經過六十、七十和八十年代的變法論者的努力才會形成。

但是魏源的思想和論點被後來的洋務派和改革變法論者分別按照各自的需要加以吸取：他向西方學習的具體計畫，成為以後洋務運動的指針；另一方面，他的變法論，他的學習西方的思想，他對西方工商業發展的認識，他對美國、瑞士政治制度的讚賞，啓迪了六十年代，特別是七、八十年代的變法論者。他們認定西方政法制度的優良性能，於是就結合了變法和學習西方兩種概念，而形成了以學習西方政法制度爲要件的改革變法思想。鄭觀應正是七、八十年代懷抱著這種變法主張的主要代表人物之一。

六十年代的馮桂芬是從三、四十年代的龔魏，到七、八十年代改革變法思想家發展過渡中的一座重要的橋樑。他於一八六一年寫成的《校邠廬抗議》，是薛福成的《籌洋芻議》，鄭觀應的《盛世危言》，湯震的《危言》，陳熾的《庸書》，陳虬的《治平通議》，何啓和胡禮垣合著的《新政真詮》等一類政論著作中最早的一種。他所處的時代，正是洋務思想瀰漫整個中國的時候，可是馮桂芬一面承襲了龔魏內政改革的思想，一面又採擇了魏源學習西方的觀點，並把兩個概念初步加以結合，把晚清的變法思想更向前推展了一大步，給後來的改革變法論者，指出一條路來。雖然他所要師法西方的富強之術，尚不包括政法制度在內，但是他所指的富強之術，比同時代洋務派人物所追求的目標，已具有更廣泛的內容。而且他指出中國不如西夷的，並不僅限於船堅砲利和科學技藝，就是在內政方面，中國也有四不如夷。其中之一就是「君民不隔，不如夷」。由此可知馮氏對西方民主制度已有相當的認識。爲了使「君民不隔」，他也提出了一些具體的主張。他認爲官吏的選舉、罷免，應由民眾公決。主張恢復古代鄉亭制度，提議以普選的地方自治政府以統治地方，主張自縣以下地方官員，全由選舉產生。並提出保障言論的方法，希望以輿論監督政府，以掃除上下意見不通的弊端。此後的變法思想，提倡民權，主張君主立憲，多以「君民不隔」和「上下情通」作爲理由，就是受了馮桂芬主張的影響。鄭觀應當然就是其中重要的一位。馮桂芬曾說，如果政法制度是不好的，雖然是中國古代固有的，我也要加以排斥；如果政法制度是好的，雖是蠻夷的制度，我也主張採法。中國內政既有四不如夷，他當然主張應該學習，只是以時忌的關係，他不便明白地提倡而已。

七、八十年代主張改革變法的思想家，如王韜、薛福成、鄭觀應、陳熾、何啓和胡禮垣等，感受到內憂外患壓迫的日益加深，開始認定洋務運動是絕不足以救中國的。王韜首先對洋務思想進行全面的批評。他認爲中國要變法自強，不僅在於製造船砲，更重要的是從內政方面的改革著手。他指出洋務派的所謂變法，是小變而不是大變，是皮相的變而不是真正的變。洋務派所吹噓的新政，只不過是襲取西方國家的皮毛，決不能使中國真正的強盛起來。鄭觀應也指出西洋諸國治亂的本源和富強的根本，不全在船堅砲利，而尤在於政法制度。陳熾批評洋務運動，是放棄西方的菁英，而吸取了他們的糟粕；遺棄了西方國家治國的根本，而襲取了他們的皮毛。何啓和胡禮垣等人也作了類似的評論。總之，他們認爲一個國家的強弱，並不完全決定於軍事力量，那還要看一個國家的經濟力量和民心的向背。於是他們開始注目於西方的議會制度和君主立憲政體了。七、八十年代主張改革變法的思想家，一方面公然指責洋務派思想方向的錯誤，一方面則繼馮桂芬之後，正式地結合了變法、學習西方，和西方政教也有可觀之處的觀念和認識，提出了他們自己的變法自強的主張。鄭觀應就是這些主張改革變法思想家中相當強勁的一位。

鄭觀應在晚清變法思想演化中所應有的地位，由上文的敘述可以略知梗概了。可是鄭觀應思想的形成卻是受了多方面的影響。簡單的說，是由於和中外友人的談論，閱讀中外論著，遊歷考察列強的殖民地，而且他去過倫敦。在上海經商時，不僅和一些國內的達人傑士交游討論；而且也常和外國人往還，譬如他曾和美國傳教士李佳白（Gilbert Reid）在一起討論過新學，跟英國傳教士傅蘭雅（John Fryer）學過英文，和李提摩太（Timothy Richard）也頗有往返。這些都是當時頗有影響力的傳教士，鄭觀應的思想受過他們的影響當是沒有疑問的。在南遊南洋諸地的航程中，也常常有機會和外國人談論，如在船上，曾和一位日本人談論郵政的問題；和一位德國人談過鴉片問題；和丹麥船長談論政體和議院的問題；和一位英國軍官談論根本的富強之道，因而對設議院和立學校的問題有了更深刻的認識。這些談論對鄭觀應的思想當然也發生過相當的影響。鄭觀應閱讀過那些中文著作？已不易考究了。龔自珍的《定盦全集》，林則徐著人繙譯的《四洲志》，美國人高理文的《美理哥國志略》，梁廷枏的《合省國說》，徐繼畬的《瀛環志略》，魏源的《海國圖志》，馮桂芬的《校邠廬抗議》，也許都是他讀過的書籍吧！除了中文和繙譯的書籍，鄭觀應也能夠讀英文原著。歐洲名儒的著述，報章雜誌的論述，以及各國史論都是他喜愛閱讀的。經由閱讀、談論，和實地考察的心得，再經過他深深的思考之後，就形成了鄭觀應的改革變法思想。

至於和鄭觀應同時期的維新分子間互爲影響的程度，雖然是不易加以測定的，但是彼此間曾交互影響過卻是沒有疑問的。至於鄭觀應和　國父孫中山先生間的關係，也頗饒意趣。中山先生於光緒二十年（一八九四年）上李鴻章書中的四句名言：人盡其才，地盡其利，物盡其用，貨暢其流，和鄭觀應於光緒十八年（一八九二年）寫的《盛世危言》自序中所說的人盡其才，地盡其利，物暢其流，十分近似。據陳少白寫的《興中會革命史要》，說 中山先生由粵北上，準備上書李鴻章，經過上海，會見鄭觀應，並在他家中遇見王韜，上書的文字曾經王韜修正過。中山先生到天津見李鴻章，就是由王韜介紹李鴻章的幕客先爲安排。因中日戰爭發生，李氏未能接見。中山先生悶悶不樂的回到上海，鄭觀應替他想方法，到江海關領了一張護照，請他出國去設法，中山先生就乘輪船到檀香山去了。所以他們思想曾交互影響過也是顯而易見的。

五、晚清變法論範疇的演化與鄭觀應的道器論

討論晚清變法論演化的過程，還需要注意到變法範疇演化的過程。什麼是可變的呢？什麼是不可變的呢？特別是當變法和學習西方兩種概念結合而產生以西方政法制度爲學習對象以後，什麼是可以師法西方而變革的呢？什麼是應該維持傳統固有而不可改變的呢？這是當時大多數主張改革變法的思想家，於談變法時首先要討論和決定的基本問題。再則晚清變法論者，喜以「道器」或「體用」等字眼去範疇不可變和可變的範圍。他們說「體」或「道」是不可變的；「用」或「器」是可變的。這種變易和不易的觀念，以及道器的觀念，在中國都是起源很早的。近代變法思想興起以後，魏源首先討論到這個問題。他認定在變易之中，也有不可變者在。他把這種不可變稱爲「道」，而可變的稱爲「勢」。這就是魏源所倡言的「勢易而道同」，「勢變道不變」的「道勢論」。

魏源的「道勢論」後來一方面爲六十年代至八十年代的洋務派分子所接受，演變爲「中學爲體，西學爲用」的「體用說」，他們說「體」是不可變的，不可師法西方的；只有「用」才是可變的，可以師法西方的。他們所說的「體」，除了包含中國傳統固有的所謂「綱常名教」之外，還包含一切的政法制度在內，洋務派的人認爲在這些方面，中國的都遠

比西洋的好，所以用不著仿效西洋，中國要仿效西洋的只是西洋的船堅砲利，最多也不過是擴展到仿效西方的科學技藝而已。他們對政法制度的改革是完全看不到的。可是另一方面，馮桂芬卻承襲了魏源的「道勢論」，而創「本輔説」，他主張要以中國的倫常名教爲本原，而輔以西方諸國富強之術。馮桂芬的「本輔論」，是晚清第一個給予不可變的道、體、本，和可變的器、用、輔以一定範疇的。他的不可變，不可師法西洋的道或本，就是倫常名教；可變的，可師法西洋的器或輔，就是西方各國的富強之術。

到七、八十年代主張改革變法的思想家，吸取了魏源的「道勢論」，馮桂芬的「本輔論」，和盛行一時的「體用説」，再揉合了自古就存在的道器觀，創立了「道器説」，付於道器以新的內涵。七、八十年代改革派變法論者，對「道器説」作過貢獻的有王韜、薛福成、湯震、鄭觀應、陳熾、何啓、胡禮垣和宋育仁等。其中以鄭觀應對這個問題的分析，最具有代表性。鄭觀應相信西洋人立國的根本是體用兼備的。所謂「體」就是設議院和立學校；所謂「用」，就是練兵、製器、鐵路、電線等事。中國不學西人強國的根本「體」，而只仿效其「用」，所以難致富強。換句話説，中國欲致富強，要從體用兩方面都學習西洋，也就是於船堅砲利，科學技藝和政法制度兩方面都應學習西洋之長。不過鄭觀應並不是全盤西化主義者。因爲他於體用説之外，又倡言道器説。鄭觀應所謂的「道」，不同於體用説中的「體」，體用説中的「體」應包括政法制度在內，也就是包括鄭氏所説的設議院和立學校。而道器説中的「道」，則是指儒家（孔、孟）所説的「性命之原」和「天人之故」，也就是王韜所説的孔子之道，和薛福成所説的堯舜禹湯文武周孔之道。在鄭觀應看來，這種堯舜禹湯文武周孔之道，是萬世不變的大經，是絕對不可變易的。所以說「道爲本，器爲末，器可變，道不可變。」可變的是富強的權術，而不是孔子的常經。孔子之道既然是萬世不變的常經，而鄭氏又認爲西洋政教制度爲不可不學，所以就擴大器的範疇，於西洋科學技藝之外，並包容西洋的政教制度。由於「器」的涵意之擴大，由「器可變，道不可變」，又衍生出「法可變，道不可變」來。此處所謂「法」和意義擴大後的「器」的含義，並沒有什麼不同，除了包含西洋科學技藝的學習，也包含了西洋政法制度的學習。簡單說，鄭觀應已經把中體西用說中不可變的部分——政法制度，放在道器說中「器」的部分中，使它成爲可變的部分，而另立一個不可變的範疇——「道」，其目的就在擴大現代化運動的範疇，使由科學技藝而及於政法制度。

總之，鄭觀應像其他七、八十年代的改革派知識分子一樣，揉合了變法和學習西方的觀念，先認識到中國不僅應該學習西方的船砲科技，而且還應該採用西方國家的經濟制度；然後更進一步而提出了學習西方政治制度的要求，要求變更君主專制制度，以建立議會制度和責任內閣制，要在中國建立英國式的君主立憲政體。

六、鄭觀應對民族經濟發展問題的態度

我們於了解鄭觀應思想的淵源和他思想在晚清變法論演化過程中的地位以後，現在就要討論鄭觀應改革變法思想的本身了。像七、八十年代許多改革變法思想家一樣，鄭觀應的變法主張有承先啓後的作用。他前承龔、魏、馮的變法論，而予九十年代以後的變法論者以啓迪與影響。他所提出的改革變法主張是多方面的。譬如談到吏治，他對原有政治機構的腐敗、貪汚、冗官太多等，提出了改革的意見。講到科舉和教育問題，他主張廢除八股考試，提倡致用科學，多設學校，培養人才。他還提倡設同文館（語文學校），譯西書，辦報紙等以廣開民智。同時他也提出了一些社會方面的改革政策，如禁煙、恤窮、改造游民和犯人。爲了權宜應敵，他提出了鞏固邊防、海防、練兵練將、練民兵以助官軍等，來對付列強的侵略。在外交方面，他注意到國際公法的講求。而於協定關稅及領事裁判權的危害國家權益，已能作非常明確的剖析。主張應仿效日本，於條約更換期間，設法廢除這些不平等條約。使外國人在中國居住的，必須由中國管轄；關稅之徵收，也應該完全自主。他對刑獄的改革，郵電及鐵路等國防交通事業的建設等，也都有他獨特的見解。本文並不打算對他所提的變法項目，一一加以討論。這裏只想就他所討論過的兩大問題加以說明：一個是民族經濟發展的問題；一個是政治上根本的政體的問題——對西方議會制度和君憲政體的認識和態度。本節先說第一問題。第二問題就留在下節裏再討論。

七、八十年代改革派變法論者感到最嚴重的問題之一，是列強對中國所進行的瘋狂的經濟掠奪。他們認爲外國商品的大量傾銷和白銀的源源外流，是使中國日趨貧弱的主要原因。所以他們在經濟方面提出了發展民族工商業以抵制外貨的主張。他們要求採用西方國家進步的生產工具，建立近代化的工礦企業和交通運輸業。鄭觀應就是這種主張的提倡者之一。

鄭觀應相信「民爲邦本，本固邦寧」的道理。所以他認爲要富國必先富民，他說：「民富國亦富，民強國自強」。他首先提出了商務的重要，痛斥商務是末務的思想。主張進行商戰，與帝國主義的經濟侵略相抗衡，他堅信「商戰爲本」，而「兵戰爲末」。因爲兵戰爲期短，商戰爲期長。兵戰失敗，國家滅亡的快，而且是有形的，就像風吹燈滅一樣。商戰失敗，國家滅亡的比較緩慢，而且是無形的，就像油盡燈滅一樣。有形的容易防備，無形的就難以預防了。因此他主張要積極練兵將、製船砲，以準備有形的兵戰，作爲治標的辦法；再就要講求西洋士農工商之學，充分準備無形之戰，以鞏固國本。這就是商戰爲本，兵戰爲末的道理。爲了實現他的主張，他認爲應從以下幾方面著手。

第一，實行保護貿易的關稅政策，准允民間自辦企業，而且要求朝廷加以保護：他看到西洋稅法，對外國進口稅徵收極重，對本國出口稅徵收很輕，所以主張中國應增加進口稅，減輕出口稅。使國貨因輕稅而能出口，外貨因重稅而減少進口。這樣才能收回我們的利權，富足我國的商民。他對清政府的商務措施感到深惡痛絕，他說現在只有困商的虐政，而沒有護商的良法。所謂虐政以釐卡爲害最深，釐卡不撤，商務就很難振興。他主張如今應該裁撤釐金，加徵海關關稅，撤換海關上的洋人。所謂釐金是清政府在太平天國擾亂時而設的額外苛稅，是當時商民最痛恨的事。此外，他反對「官督商辦」的辦法，他說這種辦法名義上是保護商人，實際是剝削商人。他要求准允民間自辦企業，自立公司，以承辦鐵路、輪船、開礦、種植、紡織、製造等工礦企業和交通運輸事業。要「全以商賈之道行之，絕不拘以官場體統」才行。而且同時要求政府保護商民以進行商戰。

第二，發展機器工業：當時守舊分子反對採用機器，怕機器代替人力，將使百工農夫無以爲生。鄭觀應駁斥這種說法，他說要與外人競爭，必須發展生產，落後的手工業生產是不能和外人抗衡的。他覺得出口的都是原料，而入口的都是機器製造品，這樣太吃虧了。所以極力強調採用機器生產以抵制洋貨進口。他認爲每年洋布進口是中國一大漏巵，應該招商集款，購辦機器，自行織造，才能挽回利權。他不但認識到商務以製造爲急務，而製造之法以機器爲首要，而且更進一步看出了，只知向外國購買機器，而不知自造機器，也是不行的。所以他主張設專廠製造機器。能自造機器，各種貨物就自然能自製了。自造之物既便於自用，又可售於外人。這是對於發展生產較透澈的看法。

第三，開採礦產，舉辦近代交通事業：他認爲歐西各國之所以富強，就在於開礦，所以他非常注意礦產開採的問題。他反對守舊分子以有礙風水而阻止開礦的看法，也反對洋務派以「官督商辦」來壟斷開礦的權利。他主張開礦之事應由商辦，官府只宜加以保護而已。工商業的發展與交通有著密切的關係，所以鄭觀應很重視發展近代交通事業。他舉鐵路爲例，認爲除了可助國用，便於用兵以外，而且更便於礦產之開採和運銷，商賈的往返販運，貿易日益旺盛，稅餉籌措增加，是有百利而無一害的。他對外國輪船控制中國的航運表示氣憤，認爲這是喧賓奪主，害不勝言的事。因此他主張自造新式輪船，在沿海增加輪船公司。他看到當時中國沿海各要埠，中國公司的輪船數字日增，就欣喜萬分的說，這真是抓住富強的要點了。

第四，發展農業生產：他雖然重視振興商務，但同時對於農業生產也很注意。他認爲富雖出於商，而商也要靠士農工的協助才行。他主張要以農爲經，以商爲緯，本末兼備，才能富國強兵。因此提出了講農學，興水利，化瘠土爲良田，使地盡其利的主張。他不單要開墾荒田，興修水利，而且主張採用西方農耕的機器來耕作，這樣可達到深耕的目的，收成就可加倍。他曾作過一首〈勸農歌〉：「天時與地利，化學深研究。磽瘠變膏腴，肥料美爲首。機器製新巧，便捷勝人手。」他主張國家應派人去國外考察樹藝、農桑、養蠶、牧畜，機器耕種，化瘠爲肥等一切善法，回國後推行。他這種學習西洋技術，用機器於農業來提倡生產的主張，是一種進步的經營方法。

除上述一些主張之外，其他如開辦銀行、鑄銀、鹽務、賽會、公司、保險、技藝等亦均有所論述。他認爲所有這一切都是振興商務，進行商戰的根本。只有辦好這些事業，才能富國強兵，與列強抗衡。

七、鄭觀應對西方議會制度和君主立憲政體的認識和態度

十九世紀七、八十年代間，以西方政法制度爲師法目標的改革變法思想，由一般庶政和零星制度的改革要求，演進到師法西洋的經濟制度，更而演進到要求從政體上徹底地改變——以西方議會制度，君主立憲政體以代替傳統的君主專制政體，是改革變法思想形成的頂點。換句話說，君主立憲思想的出現是這個時代變法思想演化的最後和最高階段。

早在四十年代，林則徐、梁廷枏、魏源、徐繼畬等，在他們介紹西方史地的譯述和編撰的書籍中，就已經把西方的議會制度介紹性地輸入到中國來了。後來從六十年代至九十年代間許多出使日記或雜記中也常有這類的介紹；另外於此一時期來華的傳教士也是介紹和傳播的媒介。不過這僅僅是介紹而已。雖然四十年代的梁廷枏、魏源和六十年代的馮桂芬等都曾對西方議會制度發生過讚羨，但是一直要到七、八十年代的改革派變法思想家，才明確地提出了中國應採行西方議會制度的主張。鄭觀應就是這個時期代表性的思想家。和他同時而稍早的有王韜、薛福成等，和他同時而稍晚的有陳熾、何啓和胡禮垣等，都提出了大體類似的主張，就是以英國的議會制度和君憲政體爲師法的典範。下面就看看鄭觀應在這方面的主

張。

鄭觀應是第一個明確主張在中國建立議會制度的改革派思想家。凡此都表現於他的著作《盛世危言》一書中。如前所述，《盛世危言》並非成於一時，乃是鄭氏三十餘年留心時務的結晶。在同治十年（一八七一年）的《易言》中，鄭觀應已經主張在中國建立議會制度了。在鄭氏看來，中國在夏、商、周三代時就有「議政」的事存在了。據他的考究，三代時的制度，列國若有政事，君卿大夫會議於殿廷，士民搢紳會議於學校。所以孟子說：左右大夫的話不可盡信，要看看全國人民的意思，才能決定。可惜後世的人忽而不察，說什麼「天下有道，庶人不議」。因此政事的舉廢，法令的更張，皆由在上位的人決定實行，就是士紳耆宿有好的意見，也無從向政府表達。於是在上位的人以事權所屬，不管人民的意見；在下位的人，也以權勢地位懸殊，隱情不能上告；於是有利於在上位的人，就不利於在下位的人；便利在下位的人，就不便於在上位的人。終於造成「情誼相隔，好惡各殊」的現象。這又怎能使國家施政完全本於大公，和人民輿情完全歸於和協呢？可是歐西各國就不是這樣的，他們在京城設有上下議政院，上院以宗室勛戚大員充任；下院以紳耆士商而才優望重的人充任。國家有事，先使下議院會議決定，然後送達上院，上院議定，奏請國王，假使兩院所議一致，就由君主決定從違取捨，倘兩院意見不一致，就下令停止不議，或者覆議以後再決定取捨。因此歐西各國的政治，是舉國上下都熟悉的，這是爲了使上下意願相通，期望施政能致於至善。所以就「議政」一事來說，鄭觀應以爲西方的議政院和我國三代的法度是相符的。所以他希望中國能上效三代遺風，下仿泰西良法，體察民情，博採眾議，使上下沒有扞格的憂虞。我國三代是否曾有過類似西方議會議政的事，不能沒有疑問，但是鄭觀應在《易言》中已主張採取西方議會制度，則是不容懷疑的。

鄭觀應雖然於同治十年（一八七一年）已主張採行西方議政院的制度，可是他對西方議會制度的認識到光緒十年（一八八四年）寫《盛世危言》時，思想才達於成熟。此書思想內容，爲光緒十年他南遊南洋諸地時接受某些外人影響而形成。他在《南遊日記》中，曾記載船主丹麥人對他說：「歐洲各國有君主、民主、君民共主的分別，均立議政院，上下情通，果欲仿行，必須遵照新章，才有實際效果」。又在《南遊日記》中，他記載一位英國軍官也向他提出了「設議院，以達上下之情；立學堂，以養文武之才」的建議。鄭觀應根據他們的建設，擴大《易言》一書的內容，經過相當時期的思考之後，寫成了《盛世危言》。

《盛世危言》初印於光緒十八年（一八九二年）。在此書中，他除了主張繼續在軍事、技藝、財經、科學方面學習西人的長處之外，他更進一步主張在政法制度上學習西人的長處。就後者來說，他特別提出設議院和立學校兩點。鄭氏所希望的政體是一種君民平權的政治（即君主立憲政體）。他說五大洲，有君主之國，有民主之國，有君民共主之國（君主立憲）。君主國權偏於上，民主國權偏於下，君民共主國權得其平。又說君民共主國，政出議院，公是公非，朝野一心，君民同體，是最好的政體。鄭觀應主張採行君主立憲是非常明顯的。實行君主立憲政治有兩個要件：一是立憲法，一是開議院。就立憲法來說，鄭觀應主張應採中國成法，再參酌西法來制定。就開議院來說，這就是鄭觀應論政法改革的中心論題。鄭觀應既以君主立憲爲政治理想，所以不以俄國和土耳其的君主專制政治爲是，也不以美國和法國的民主共和政治爲尚。他在《盛世危言》書中攻擊俄、土專制政治的弊端已多到不勝枚舉，至於他對美、法的共和政治，他說美國議院民權太重，法國議院不免叫囂之風，只有英、德兩國議院制度，才是適中經久的制度。特別是以英國的議會政治爲楷模。他所說的君民共主，就是英國的君主立憲政治。

因爲鄭觀應要求設立議會，自然也提出了民選議員的主張。他說國家盛衰在於是否能得人才，而是否能得賢能的人才，就在於選舉了。在鄭觀應看來，經眾人選舉出來的才是賢能的人才。他強調享有議員選舉權的人，必須具備有財產，善讀書，和負名望三個條件。

鄭觀應雖然主張建立議院制度，但是他依然認爲：雖然凡事由上下議院議定，仍然應奏請君上裁定。他甚至曾以國民的智慧不夠爲理由，主張延緩建立議會制度的日期。他說我國學校尚未振興，日報僅有數處，公舉議會之法，在今日尚不可實施。因爲議會是集合眾議以決定應做之事的地方，而不是聚眾而嘩囂起哄的地方，必須人民都具有智慧，然後選出的議員才是賢能的人，議員賢能，然後議論措施才能有真是非，否則也不過是徒然製造混亂而已。所以最初鄭觀應主張，要開議院，必定要先廣開學校。他這種言論，對後來康有爲、梁啓超等改革派變法論者發生了很大的影響。然而開學校、興民智，並不是可以一蹴而幾的，若議院之設，必待教育普及以後，那麼君主立憲政治，真不知何日才能實現了。由於時勢的迫蹙，議院的設立實不能等待學校普及以後，所以他進而主張「先設議院，並開學校」，由權變以出奇致勝。總之，在甲午之役（一八九四年）以前，鄭觀應對西方議會制度，和英國的君憲政體的認識是最明確的，態度是最堅定的。

八、鄭觀應改革變法思想的影響

如果就晚清改革變法思想整體演化過程的觀點來檢討鄭觀應思想的影響，他是十九世紀七、八十年代改革變法論的中心人物之一，前承龔自珍、魏源、馮桂芬的影響，向後則啓迪了九十年代康有爲、梁啓超等變法論者。雖然我們在康、梁等人的年譜和著作中，找不到鄭觀應或《盛世危言》影響的直接痕跡，但是我們只要比較鄭觀應和康、梁等人的變法主張，不論是對庶政改革，經濟制度以及君憲政體等問題的態度，就可以看到鄭觀應思想的影響。而且梁啓超所列的〈西學書目表〉，就明白地把《盛世危言》列進去了，可見梁啓超認爲《盛世危言》是了解西學的必讀書籍。所以我們可以相信它是晚清知識分子治西學的必備參考書。

光緒皇帝曾經讀過《盛世危言》，雖然我們不知道這部書對他發生了怎樣的影響。接著由譯署印刷分送給政府官員閱讀，該書的影響範圍也就隨之而擴大。光緒十八年（一八九二年）初刻本問世，流傳日廣，在清季思想界的影響就更爲廣泛了。自科舉考試要考時務策論，《盛世危言》因而成爲當時應考的舉子或想通曉時事洋務的人，必不可少的讀物了。這從晚清一本小說《官場維新記》中，可以得到更有力的證明。這本書的寫成，應該不會晚於光緒三十年（一九〇四年）。自光緒二十七年（一九〇一年）《辛丑和約》簽訂以後，慈禧太后爲收拾人心，宣示變法，舉辦新政（假維新）。這本小說就在諷刺許多投機分子，藉維新之名，以達個人升官發財的目的。這般人既想假借維新之名以圖個人的私利，自不能不於新法新政的內容，先作一番研究，以作欺世盜名的本錢。這本小說的主人翁袁某，就是這一類的人。他向一位曾經游學日本的朋友請教，這位曾游學日本的留學生，就送給他幾本介紹新法新政和外洋人情風土的書籍，而《盛世危言》正是其中的一本。這本小說的作者是誰？不得而知。雖然書中的人物多爲作者所杜撰，但是書中故事的時代背景，則完全與史實符合。而且這位佚名的作者，就曾熟讀過《盛世危言》。他也認爲這本書是維新分子（真的與假的）必讀之書。《盛世危言》流傳之廣，影響之深，由此可見一斑了。

參考書目

《救時揭要》 鄭觀應著，未得見。

《易言》 鄭觀應著，二卷，光緒六年（一八八〇年）中華印務局本。此本之微捲藏於哈佛大學燕京圖書館。

《增訂盛世危言正續編》 鄭觀應著，九卷，光緒二十年（一八九四年）刊。臺北學術出版社影印，分裝二冊，民國五十四年十一月出版。

《盛世危言增訂新編》 鄭觀應著，八卷，光緒二十六年（一九〇〇年）刊。臺北學生書局影印，分裝二冊，民國五十四年十一月初版。

《南遊日記》 鄭觀應著，稿本。臺北學生書局影印，一冊，民國五十六年十月影印初版。

《盛世危言後編》 鄭觀應著，十五卷，宣統元年（一九〇九年）刊本。臺北大通書局影印，分裝三冊。

《海行日記》 鄭觀應著，未得見。

《陶齋誌果》 鄭觀應著，八卷，光緒二十六年（一九〇〇年），上海著易堂書局印。上下二冊。

《因果集證》 鄭觀應著，四卷，未得見。

《羅浮待鶴山人詩草》 鄭觀應著，二卷，未得見。

胡秋原著 〈鄭觀應生平及其思想〉（重印《盛世危言》緣起），臺北學術出版社影印《增訂盛世危言正續編》卷首，頁一——二二，民國五十四年十一月出版。

孫會文著 〈《盛世危言》的作者——鄭觀應〉，《中國歷史學會史學集刊》第二期，頁一三九——一八三，民國五十九年四月臺北出版。

孫會文著 〈晚清前期「變法」論者對西方議會制度的態度和「君主立憲」主張的形成〉，《國立編譯館館刊》第三卷第二期，頁一四七——一八八，民國六十三年十二月臺北出版。

劉廣京撰 〈鄭觀應《易言》——光緒初年之變法思想〉，《清華學報》八卷，第一、二期合刊，臺北，民國五十九年八月。

胡禮垣

李金強　著

目次

胡禮垣

一、緒論

十九世紀中國思想界自西力東漸後出現大變。期間甲午戰爭（西元一八九四—一八九五年）前後湧現一批倡導「變法」的思想家，主張借助歐西政教對於傳統中國體制進行改革；其時清廷由盛轉衰，兼且歐西列強相繼入侵，國家主權屢受侵奪，處於危機狀態，部分覺醒的朝野官紳，起而倡議學效西法，拯救時弊，追求國家富強，此即清季變法家的「終極關懷」；而報導歐西列國富強的「西學」，逐漸風靡，時倡行變革者，遂產生迎、拒、折衷不同的論調，而思想的大勢則爲日趨西化；論者謂此乃中國近代思想史的新思潮、新運動之所由起。

就清季變法家及其思想出現的淵源而論，主要來自沿海沿江省分此一濱海地域，隨著一系列不平等條約的簽訂，上述省分相繼開闢通商口岸，而西方外交官、商人、傳教士隨即聯翩而至，西方文物由是傳入，出現中西文化交接的新現象，從而使當地文化與思想產生新景觀。濱海地域主要包括(1)閩粵及珠江三角洲；(2)上海及其腹地；(3)兩湖流域，以及(4)平津走廊四處；而濱海地域，不但中學薈萃，且受西學激盪，終於成爲變法家孳生的搖籃。其中處於閩粵沿岸之香港，於一八四一年爲英國所佔領，營商闢埠，華洋雜處，逐漸成爲中西文化輻輳之地，而本文主角胡禮垣（一八四八—一九一六年），就是自幼成長於香港的變法家，並與當地名人何啓（一八五九—一九一四年）合作撰文議論中國政治，由是知名。兩人均於香港接受新式教育，吸納西學新知，目睹英國管治香港的成效；何啓且至英國留學，學習西醫、法律，對於英國自由貿易與民主政治體制，促成國家富強，印象深刻，瞭解深入；故二人共同提出的變法主張，識見閎博，議論精要，深受時人注目！

自光緒十三年（一八八七年）起，何、胡二人眼見清政府對外不斷失敗，應變無方，遂於香港陸續發表政論，合著而成《新政真詮》一書，爲同時代關心時事官紳所重視，從而取得變法家的地位。其中何啓的言論地位，日後更受史家注目，地位尤爲突出，如美國史家Lloyd E. Eastman研究甲午戰前的改良主義，認爲何、胡著述應歸功何啓，胡氏衹是以中文撰寫，表達何氏之主張而已；甚而有學者認爲《新政真詮》一書，何啓先以英文撰寫，再由胡禮垣譯爲中文，胡氏顯然並不重要。此外，何啓於清季香港，出任政府公職，參予社會公益活動，爲當地政治名人，且創設香港西醫書院，時孫中山亦入讀該院，與何啓建立師生關係，並獲其支持革命活動，何氏於近代中國聲名由是顯赫；此亦何氏於二人合著中居於首要地位的社會因素。

然而就二人共同倡議變法思想的地位而言，胡禮垣之貢獻不容忽略。以從屬地位貶置之，尤欠公允，此一「錯覺」，主要爲史家對二人於合著中所扮演的著述角色未嘗深入研究所致。

其一，何、胡合著《新政真詮》一書，內文合共九篇；據二人之共同知交黎乙真所言，除首二篇〈曾論書後〉及〈新政論議〉爲二人「商榷而成」外，其餘七篇，主要爲胡禮垣自撰，其所以冠以何啓之名，乃因其在香港具有政治與社會地位，希望借其名聲「以動當道之聽」！

其二，就首二篇之著述角色而言，餘皆爲胡氏手筆外，首篇〈曾論書後〉，乃譯自何啓英文著述，然新譯文章，正如胡氏所言，不少屬於「增以己意」，篇幅增加不少，文中援引孔、孟，以傳統儒家民本主義及尚賢理論作爲主線，藉此謀求開啓中國政治改革之重門，可見一斑。次篇〈新政論議〉則爲二人謀求變法的「藍圖」，綱舉目張，至爲重要，該篇成於甲午戰爭之際，時胡氏身處日本，眼見日本明治維新，實施君主立憲，以此取勝，感觸尤深，其變法思想由是醞釀形成，遂產生從事著述的動機，他說：「予方有所欲言，而何君啓乃條列新政要略……郵寄與予，予喜其意之與予合也……。」因而成文，何啓亦謂胡氏撰文「引伸觸類，暢我欲言」，由此可見，胡氏的變法思想，自有其獨自創發之一面。

其三，何、胡二人同於香港中央書院（The Central School）接受新式教育，然何啓於一八七三年十四歲時前赴英國留學，直至大學畢業後，娶英婦雅麗斯（Alice）爲妻返港，實爲一洋化之華人，不通中學，不擅中文；而胡氏則相反，除知曉西學，能寫極好的英文外，具有中國傳統學問的根基，經史嫻熟，眾所週知，清季變法家必須兼通中西，而後始能表述其變法思想於當時中國智識界，故無胡禮垣執筆奮書，援引經史，借古喻今，暢論變法主張，何啓難以知聞於時，並於身後取得中國近代思想史上之一席地位。其四，胡氏晚年退休，潛心中、西哲理，尤好佛學，期求世界人類和平，獨自提出大同思想的主張，有關著述甚多；臨終前並將《新政真詮》及其生平著述彙編而成八册之《全集》；其一生的思想俱見於此，而以政治與道德兩大範疇的言論，最受推崇，自成一家。

由此觀之，中國近代思想史上何、胡合論，以至突出何啓的思想地位，無異使吾人忽略以至埋沒胡禮垣著述與思想的獨創地位及其貢獻，本文即就此申論胡禮垣生平著述與思想，藉此嘗試給予胡氏於中國近代思想史上應有的地位！

二、生平志業

胡禮垣字榮懋，號翼南，又號逍遙遊客，由於出身商人階層，倡論變法，故被視爲「愛國買辦改良主義者」。於道光二十八年（一八四八年）出生於廣東三水縣，其父獻祥，號敏之，爲一與太平天國起事分子有關的商人，故於十九世紀五十年代攜同家人，避亂流寓香港，從此定居當地。香港自道光二十一年（一八四一年）開埠以來，在英人擘劃之下，逐漸由一荒涼的漁村轉變成爲繁盛的通商港埠，英國文物政教，逐漸移植當地，其時中國政局動盪，戰亂頻仍，香港遂成爲國內民眾相繼南下棲身避亂的理想居停地區，國內人力資源不斷湧入，終於促使香港經濟之勃興，奠基其成爲優越國際港市的地位，胡氏即在此一背景下，隨父南移，定居香港。

胡氏早年接受傳統儒家教育，十歲起攻讀四書五經，擅長於文字，繼而參加地方縣級童子試，「輒冠其曹」，可惜其後屢試不利，遂決心放棄科舉，不循仕途出身，曾追隨時就讀香港聖保羅書院之伍廷芳學習英文，胡氏中西語文已具良好基礎；同治元年（一八六二年），十四歲時，在其父安排下，進入剛成立的香港中央書院（時稱大書院）就讀，該校爲倫敦傳道會（London Mission Society）著名傳教士及漢學家理雅各（James Legge, 1815－

1897）所創發，建議香港政府發展官立世俗化教育，加強英語培訓，藉此培養英才，以應香港發展商業和所需官員，該校於一八六二年正式成立，於一八九四年易名爲皇仁書院（Queen's College），二十世紀中、港兩地政治名人如孫中山、陳錦濤、王寵惠等均曾就讀該校；其教學課程除注意中、英語文教育，需修習傳統經史外，並且學習西方格致、幾何、代數及史地之學，故胡氏得於傳統經史及西學兩方面繼續「深造」，加以生活在英人管治下具有近代市政設施的香港，耳濡目染，對於西方富強之道，日漸瞭解；就此而論，香港近代建設的成就，同樣成爲清季國內著名變法家康有爲（一八五八—一九二七年）、梁啓超（一八七三—一九二九年）變法思想產生之觸媒。

同治九年（一八七〇年）胡氏二十二歲，正式畢業，以成績優等，獲得留校擔任教師（pupil teacher），任教中文三年，年薪爲十八鎊十五先令，在此期間，並於胡父經營之航運公司兼職，並曾多次投考香港政府公務員職位，可惜未能成功，稍後並一度在清季變法家先驅王韜（一八二九—一八九七年）所創辦之《循環日報》，擔任翻譯，由是成爲知交，估計王韜對其變法思想之形成，應有一定的影響；由此可見胡氏早年經歷，出身商人家庭，幼年接受傳統儒家教育，於移居香港後，習染西方文化，繼而接受新式教育，獲悉西學新知，其後投身社會，從事教育、商業及新聞翻譯等工作，具備近代專業知識，此乃胡禮垣成爲變法家的先決條件。

進至八〇至九〇年代，爲胡氏的壯年時期（一八八〇—一九〇一年，三十二至五十四歲），閱歷日廣，著述漸行於世。一八八〇年前後，清廷駐美使節陳蘭彬及鄭藻如均曾慕名邀約胡氏隨行出國襄贊，然均爲胡氏所婉拒；一八八一年於鄭觀應（一八四二—一九二二年）所主持的上海電報分局任職翻譯，並譯《萬國電報通例》一書，又與該局唐心存合著《量電淺説》，至一八八五年參加創辦《粵報》，該報三年後因經營不善而結束，並翻譯《英律全書》，該書對於「西法精義，多所發明」，可惜未受官方注意，然而梁啓超卻將此書列名於其所編之〈西學書目表〉，祇是誤植爲何啓所譯。稍後胡氏開始其人生的另一頁，此即南下婆羅洲參加開發及營商。

原來十九世紀初葉，英國乘北婆羅洲內亂之際，潛入發展勢力，區内之浡泥、砂勝越、及蘇祿等地，相繼爲英人所控制；時香港某英商計畫南下婆羅洲發展，邀約胡氏共同前往，進行開發工作，買地建市，此後「數年之間，商賈輻輳，遂成鉅埠」，而以胡氏的貢獻最多，因而引起蘇祿國蘇丹的注意，該國爲一小國，出產綠松寶石著稱，據羅香林對於此位蘇丹的考證，認爲其先世原籍福建，姓陳，具有華裔血統，於得悉胡氏幹才後，遂遣使邀約會面，至其國，備受禮遇，胡氏提供建設大計，言聽計從，據説陳姓蘇丹由於年老，且曾有意退位讓賢，胡氏聞而大驚，藉故離去，重返香港。胡氏南下婆羅洲，拓殖營商，此一「壯年挾策遊海邦，讓國早已動蘇祿」的歷史記錄，隱然可見其具有治國的幹才。回港後於一八八九年，與友人合夥投資，結果失敗，至一八九六年且捲入破產官司，幸得好友何啓協助訴訟，事件始得平息。

一八九〇年代甲午戰爭前夕，胡氏受雇於其家族所經營之煤店，由於業務上之關係，於光緒十九年（一八九三年）前赴日本大阪、神戶兩地工作，先後停留兩載，適逢中日兩國，由於朝鮮問題，發生衝突，爆發戰爭，駐日使臣汪鳳藻（一八五一—一九一八年），受命離日返國，參贊以下各官員均隨之歸國，時留日僑商共推胡氏暫代神戶領事職務，直至甲午戰事結束後，清廷復遣派使節至日，胡氏始行卸任返港；旅日期間，目睹日本全國君民上下一心，一致對外，戰敗中國，感觸尤深，從而刺激其變法思想的形成，回港後一度出任文學會譯員，歷時三年，以年事漸高，至五十一歲時辭職退休，歸隱泉林，仍然著述不輟，用心考察各國政治得失，常至何啓律師樓，與其研究法律，並開始注意中西哲理的探索。

綜觀八〇至九〇年代的胡禮垣，適值列強擴大對華侵略，由蠶食中國沿邊藩屬越南、朝鮮等以至於本土境內建立「勢力範圍」，清廷無力肆應，國勢一落千丈，亡國迫近眉睫，智識分子大受刺激，紛紛起而救亡，促使近代中國改革與革命思想與運動的興起。胡氏亦不例外，關心國事，倡言「新政」；憑藉其中西學養，以及開荒拓殖，營商遊歷，觀察世局所累積的經驗與心得，對於當前中國的時弊一目了然，其時，何啓亦關心中國政情，二人遂結緣於文字，綜覽時勢，提出中國進行改革應該注意的方向及可行之途徑，其言聽足以使國內官紳爲之動容，而胡氏亦憑藉此一階段的「立言」，取得身後之「不朽」名聲！

自一九〇一至一九一六年胡氏去世的晚年時期（五十四歲至六十九歲），胡氏絢爛人生漸歸平淡，晚年退休生活，主要從事中西哲理的探索，專心研求佛學，偶而參與社會活動，而以著述終老。

就社會活動而言，於一九〇九年支持港督盧押（Sir Frederick Lugurd）的建議，並由何啓推動，進行創設香港大學的捐獻活動，終於促成一九一二年香港大學的誕生。一九一〇年支持香港名人關心焉、陳寶東、陳子褒三人所發起之「剪髮不易服會」的創設，爲一重振漢族的政治與社會活動；及至武昌起義成功，建立中華民國，胡氏上書孫中山，表示擁護共和，並提出消兵弭戰，廣營工商以及促進大同的建議，並獲孫氏嘉許。

就其著述而言，出現明顯的分水嶺，由前此倡言「新政」之改革政論，轉而以詩文形式撰寫道德哲理文字，並且揭櫫大同思想，期待世界和平；故論者謂其著述內容，由中年「以政治爲主」轉向晚年「以道德爲主」，而以鼓吹「大同至治」爲其依歸；一九一四年，何啓去世，胡氏撰寫〈靈魂不死〉一文，悼念亡友，此道德文字的具體例子。一九一五年，胡氏開始整理其生平著述，重新編輯，準備付印，身體突然不適，而疾病發作，翌年十月二日，得噩夢，自知已離死期不遠，臨終前託付友人田浦源出版全集事宜，至十月十四日，終於不治逝世，享年六十九歲，葬於香港加路連山；而其生平著述——《胡翼南先生全集》亦於去世後四年，終於出版行世，而胡禮垣的著述與思想亦由是得以流傳，而爲世人所知悉。

三、著作導讀

《胡翼南先生全集》，全書共六十卷合計二十七萬餘字。集內包括《新政真詮》二十二卷，《梨園娛老集》十二卷，《詩集輯覽》十一卷，《文集彙鈔》九卷，《宗教略義》二卷，《金剛馭世》二卷，及《書札》二卷。就胡氏一生的著述而言，尚有早年未完成的《天人一貫》，以及已翻譯出版的《英律全書》，均未收入全集，恐已散失；此外，並曾翻譯《萬國電報通例》與合撰《量電淺說》兩書，乃與電報應用相關知識之書籍，又據黎乙真所言，尚譯有英文萬國公法律及律例等二百餘萬字，皆未刊印；然胡氏一生的言論與思想，大抵可由《全集》獲得瞭解，該集最後由其子胡垣升於一九二〇年刊行，並由吳道鎔（一八五二—一九三六年）題字，此即香港「胡氏書齋版」；及至一九八三年胡禮垣之孫百全、百熙兄弟，二人均爲香港名賈聞人，以其先祖的學說，深值發揚，從香港大學圖書館借出原版全集，重新印行，以廣流通，書分八冊，增添胡百熙、黃麗松、薛壽生及李福兆四序，爲現時可見之最新版本。

上列胡氏著述，以《新政真詮》倡論變法，最受時人注目；而《梨園娛老集》則爲其晚年個人述志之作，鼓吹大同思想，以詩、文形式表達，胡氏最望流傳；然而《新政真詮》爲胡禮垣與何啓二人鼓動中國變法的言論，且曾單獨成書出版，爲二人於清季得享盛名的著述，故以下對該書出版經過、影響及內容，分別作出說明。

《新政真詮》一書的著述，起自何啓發表"China: The Sleep and the Awakening, a Reply to Marquis Tseng"一文，該文刊於香港報紙 *China Mail*，主要批評曾紀澤對於當前中國改革之樂觀觀察，從而提出應以內政改革爲首務。繼由胡禮垣將何文擴充、譯爲〈書曾襲侯「先睡後醒論後」〉（後改題爲〈曾論書後〉）；甲午戰爭期間，感於時局，二人再次合作發表〈中國宜改革新政論議〉（後改題爲〈新政論議〉），並於一八九五年將二文合刊印成《新政論議》（香港文裕堂校刊本，一八九五年）一小書，初版隨即售罄，開始知名國內，此書尚有一八九六年上海鴻文書局石印本，加附〈洋務新書〉及許渠釗〈中國振興時務論〉；此後胡氏相繼撰寫〈新政始基〉（一八九八年），〈書保國會第一集演說後〉（後改題爲〈康說書後〉）（一八九八年），〈新政安行〉（一八九八年），〈勸學篇書後〉（一八九九年），〈新政變通〉（一八九九年），分別登諸日報，至一九〇一年，胡氏計畫結集出版，繼而撰寫〈前總序〉（一八九九年）及〈後總序〉（一九〇〇年）兩篇長序，合計前後發表文章九篇，於香港初次校印成書出版，並由與孫中山「平生風誼兼師友」的倫敦傳道會長老區鳳墀（一八四七—一九一四年），爲該書題名，是爲《新政真詮》。其後英斂之分別於一九〇一及一九〇二年在上海兩次校印該書，其一爲上海格致新報館版，另一則爲上海廣益書局版，分別由「著易堂」及「吳雲記」兩廠印刷，該書此後一紙風行，並出現盜印本如《新政六編》等書。至一九九四年，中國大陸出版由張岱年主編的《中國啓蒙思想文庫》，該文庫重刊清季啓蒙先驅者著述，而《新政真詮》一書，即由鄭大華據一九〇二年上海廣益書局版，重新校點，收入該文庫出版，由此可見該書在中國近代思想史上的地位。

事實上《新政真詮》成書前各文，除由原作者郵寄清政府「當道諸公」謀求「言動公卿」外；在國內智識界，已經廣爲流通，爲時賢所知悉，清季變法家及各種「經世文編」的主編，均表重視，如胡禮垣所譯之《英律全書》以及《新政論議》均被梁啓超列置於其所編之〈西學書目表〉（一八九六年），不過誤置譯作者爲何啓而已。至於〈曾論書後〉，〈新政論議〉則共同收入麥仲華所編《皇朝經世文新編》（瑤林書館，光緒二十九年）；〈曾論書後〉又收入陳良倚編《皇朝經世文三編》（寶文書局，光緒二十四年）；〈新政始基序〉則見於宜今室編《皇朝經濟文新編》；〈康說書後〉及〈勸學篇書後〉則收入於于驌莊編《皇朝蓄艾文編》（上海官書局刊，光緒二十九年），於此可見該書各文受到國內智識分子的重視。此外，該書亦引起日本方面的注意，該國《東邦協會報》譯印該書各文，並附加評論，評論員包括大隈重信等人，由是知名於海內外，難怪英斂之盛譽該書「足與日月爭光，堪爲中華生色」。故該書各篇文章撰寫背景與內容，殊有必要稍作說明，藉此瞭解胡氏變法言論與思想形成的歷程。

㈠〈曾論書後〉——光緒十三年（一八八七年）曾國藩長子駐英、俄、法三國領使曾紀澤，於任滿回國前夕，在其參贊馬格里爵士（Sir Samuel Halliday Macartney）協助下寫成"China, the Sleep and the Awakening"一文，並於 *Asiatic Quarterly Review* 發表，該文引起國內外關心中國事務者之注意，先後翻譯爲中文（題爲〈中國先睡後醒論〉）、德文、法文；其內容主要爲中國現已購戰艦，築砲臺，興建新式海陸軍，整頓海防，刷新外交，保藩鄰，防外侮，並進行設機器局，開礦務，建鐵路一系列之洋務改革，足証中國「昔睡而今醒」！其中前英國駐華公使阿禮國（Sir Rutherford Alcock）曾於前刊撰文回應，該文認為中國政治及財政改革尤較建立新式海陸軍為重要，何啓亦隨即以Sinensis（華士）筆名發表用英文撰寫的長文，評論曾氏一文，已於前述，繼而由胡禮垣「取其文而紬譯之，闡發之，間亦添以己意」，譯寫而成本文，發表於香港《華字日報》（一八八七年五月十一日）。全文指出近數十年來中國所以為列強欺淩，「甘作孱王，而為軟國者」，原因在於「內政不修，風俗之頹靡也」，認為曾侯所列，整頓海防、興建新式海陸軍等洋務建設，皆屬枝節，本末倒置；根本之圖在於刷新「內政」，中國既為君主之國，為君者應知保民，利民，取得民心，國力自然厚積，此即「以公平為政，先得民心」，故此當前吏治敗壞、司法不分，均屬損害民心的弊政，務要更革，須能「任賢能、黜浮偽、核名實、洽君臣」，然後內部和諧，上下一心，國家始能富強，而外侮自然消歇！故提出應以「民政為本、軍政為末」的改革主張。

㈡〈新政論議〉——光緒二十年（一八九四年）中日甲午戰爭，胡氏因營商關係，先後停留於大阪、神戶兩地；眼見清廷於戰爭中，海、陸戰事俱敗，證實〈曾論書後〉論點正確，此即清廷推行洋務，著眼軍事改革，為捨本逐末之舉，而最終難免失敗，根本之圖，在於政治改革；時胡氏在日本，收到何啓自港寄來英文書信，條列「新政要略」，申明中國所須改革的項目，正合其意，故又進而「增以己意」，於一八九五年完成本文，「全文登諸日報，……并點石重刊」，該文內容首先提出改革應「復古帝王執中精一之心傳，而行古帝王因時制宜之運量」，以「託古改制」作為先導，而以學習西方（英國為主）的政治、經濟體制作爲改革的具體方案。改革方案分爲兩部分，其一爲「復古之事」七項，作爲「新政之體」，包括起用改革官僚、厚官俸、廢捐納、興學校、改革科舉、推行代議政制，目的在於實施君主立憲的政體；其二爲「因時之事」九項，作爲「新政之用」，包括興辦鐵路、輪船，發展私營工商業，設立警察制度，改革中央行政機關和首設商部，培訓新式海陸軍，整頓財政，改善市政，以及辦報，主要爲發展資本主義經濟體系。由此可見，〈新政論議〉一文所陳述的改革，針對時弊，綱張目舉、體用兼備，對於西方制度值得仿效者，作了全面性的介紹和具體說明，因而受到國內變法運動者的重視。

㈢〈新政始基〉——自甲午戰爭後至光緒二十四年（一八九八年）中國國勢每況愈下，時德租膠州灣，列強始行在華劃分勢力，分割中國，期間胡氏曾一度回國遊歷，目睹時艱，回港後與何啓會晤，相互感慨「嘆時事之日非，傷神州之板蕩」，深感外力侵迫，洋債高築，民生凋敝，財用不足。故何啓認爲當前急務，在於解決財用之困，而理財之法，則爲新政改革的「始基」；胡禮垣則進而指出理財與用人關係密切，故「廣何君之意，而作是篇」。全文以「理財之法爲先，理財之法又以廣用賢才爲本」作爲主旨；故文首討論新政人才的起用，宜給予重位厚祿，始能收效，其中關係國家命脈的財政改革，更需任用才德兼備的精英。繼而探討理財之法，首在「廣開利源」，此即發展工商業交通等現代經濟部門，並指出現行的「官督商辦」乃阻礙經濟發展的體制，並以籌建鐵路作爲說明，由於「官督商辦」，官員借洋債修築，藉此中飽，百弊叢生，使得利民富國的鐵路竟成爲喪失利權之企業，令人痛惜；故發展經濟，宜改「官督」爲「商辦」，起用商民，組織公司，合股投資，使私營企業得以發展，謀求由民富以至於國富，如此方能「裕國之源，振民之利」。繼而討論財稅改革，著重清查、調整現有各項稅款，防止官吏中飽，以及建設新式財政部門，負責中央及地方財政預算編製及收支；最後指出財政改革成敗關鍵有賴於賢才能否任用，作爲全文的總結。

㈣〈康說書後〉——甲午戰後，朝野於戰敗重創之餘，深感變法之迫切。時康有爲以在野士紳，上書光緒，屢求變法，最受時人注目，終於引發戊戌變政。一八九八年，康氏親至北京，組織「保國會」，鼓吹變法，並發表〈京師保國會第一集演說〉一文，胡禮垣讀後，對於康氏變法態度與主張頗不以爲然，認爲康氏一文論點「未能握要，非徒無益，而又有害」，並在何啓慫恿下，撰寫本文。該文首先論述清廷中興名臣曾國藩、左宗棠、彭玉麟、李鴻章等進行洋務改革，最終失敗，其因乃官紳士大夫持驕傲滿盈之氣，不能謙虛戒慎，至對外情瞭解不足，自難掌握西法，振興中國。康有爲的演說，亦有此一毛病，進而批評康說，要點有三：

其一，康氏比較中西政教異同，提出泰西富強，其立國之法，與儒家經義的「古法」相合，故中學應爲變法所本；胡氏則持反調，指出八股、經義適足阻礙變法，此乃古今情勢不同，且華人古法拙，而西人新法善，必須「力習西學」，而應以英國的富強作爲學習對象，從而否定「中學爲體，西學爲用」之說。

其二，康氏提出外力入侵，吾國將如印度、緬甸、安南、波蘭等淪爲次等國民而受淩辱；並以香港爲例，說明香港華人具有成就者皆以任職買辦爲榮，然買辦需要仰視英國大班的顏色，且英人管治下，只有兩名華人出任議員（時何啓爲其中一人），可見英人對華民的歧視。胡氏則謂英人於香港開埠後，逐漸移植英國優良制度，如設學校，分科授業，使香港華人學有專精，又建立「三權分立」的政治制度，華人且獲委任行政、司法、立法機關的公職；故香港華人未受歧視，而英國在香港推行之「新政」，日見成效，顯然值得學習，此點無疑暗示，香港爲中國改革學習西方文化的窗口。

其三，批評康氏所提出變法救時需由具有義憤及熱血的士大夫推動之論點。認爲「非必盡出于士大夫」階層，至於推動改革的社會基礎，以日本明治維新爲例，乃由其初「士農工商」改爲「商農工士」，而後風氣始開，商人尤爲重要，此中國所需學習者。並主張仿效英國行君主立憲，使國家「權操諸民」而後始有「堯舜之世」的出現。

最後，胡氏認爲康有爲對西法瞭解不足，並於文末「當仁不讓」地指出救中國之良方，宜讀其所著的〈新政論議〉及〈新政始基〉兩文。

(五)〈新政安行〉——光緒二十四年（一八九八年）胡氏寫成〈康說書後〉不及兩月，康有爲在光緒支持下，推行變法維新，可惜由於慈禧后黨的反對，前後僅得百日，而逆轉成爲政變，史稱「百日維新」。身處香港的胡禮垣及何啓，兩人均憂心時局，胡氏認爲政變原因在於新、舊兩派植黨營私，進行權力鬥爭所致；時舊黨於政變後把持政局，變法中止；唯胡、何二人堅信變法「爲救中國之藥」，隨即由胡氏撰寫本文，繼續鼓吹維新，並提供推動「新政」可行的途徑，其要點均取之於〈新政論議〉及〈新政始基〉兩文；鑑於康梁維新，結果與舊派衝突，形成政變，認爲施行新政，不要一意孤行，操之過急，務須「理必推以至平，情必求以至近，道必行乎至順，量必報乎至公」，此「平理、近情、順道、公量」四大原則作爲變政的「心理建設」；而最終則歸依「欲以民之心為心」的「民本」或「民主」的主張。胡氏並以日本明治維新初期，明治天皇及皇室關懷民瘼的史實，說明維新成功在於「親民」；其次覆述〈新政論議〉中「復古」「因時」的十六項改革要目，並重申〈新政始基〉關於理財之法，此即設立財政專司，以及重估和調整全國財稅體系，增加收入，繼而指出實施新政尚需注意下列各項：

其一，俄、日兩國改革之始，均「設局辦事」，此即成立新行政部門，推動「新政」，新部門包括內政、外務、刑務、戶務、教務、農商及郵政等部門；日俄兩國並派遣人才出國留學，學習西學，回國後，加以重用，授以實任，參予推動新政，堪值師法。

其二，裁撤老兵、冗官，指出君主任用官員，應依其才而給職，並以其表現而升遷。

其三，推行新政有賴人才，而學校為人才之所自出；今學校科舉以經義、八股為主，不重泰西實學，包括外交、財政、軍事、格致等專業知識，故此建議學校宜採分科，進行專業訓練，如設神科、醫科、律科等，藉此培訓專業人才，參予新政。

其四，基督教為西方文化、政治、教育之所本，且基督教教會努力從事社會慈善及教育事業的興辦，實為地方之福，而基督教教義「無一不與儒者之道相為表裏」，故宜接納西教，不宜「鬧教」。胡氏明確指出學習西法亦必須同時接受西教，顯然在胡氏心目中，西學亦自有其體用及本末。

㈥〈勸學篇書後〉——湖廣總督張之洞（一八三七—一九〇九年）自中法越南戰爭後，推廣洋務建設，主持湖北「新政」，開辦鐵廠、織局，修築鐵路，興建學堂，派遣遊學，籌建新軍，聲望最爲卓著，於一八九八年，正當戊戌變法如火如荼進行之際，於是年五月發表《勸學篇》一書，大受清廷賞識，諭旨通令刊印，分發全國士子學習，估計印數多達二百萬册，並先後譯爲英、法文出版，該書由是遍傳海內外；全書共分內外兩篇；內篇計九節，包括〈同心〉、〈教忠〉、〈明綱〉、〈知類〉、〈宗經〉、〈正權〉、〈循序〉、〈守約〉、〈去毒〉，所言皆「求仁之事」，旨在「務本以正人心」；外篇共十五節，包括〈益智〉、〈游學〉、〈設學〉、〈學制〉、〈廣譯〉、〈閱報〉、〈變法〉、〈變科舉〉、〈農工商業〉、〈兵學〉、〈鑛學〉、〈鐵路〉、〈會通〉、〈非弭兵〉、〈非攻教〉，皆「求智求勇之事」，目的在「務通以開風氣」，合計二十四節，四萬餘字，乃張氏因應世變，謀求於戊戌運動期間所出現的中西新舊思想對立衝突中，找尋一折衷路向，爲中國改革提供新出路。就內外篇的內容觀之，內篇以儒家綱常爲本，肯定君主體制，排斥西方民權思想；外篇以借遊學，興學，譯書，辦報，推廣與吸納西學、西藝，促使國家富強，從而提出「中學爲體，西學爲用」的變革理論，影響深遠；然而胡氏對於張之洞的理論認爲「其論則非，不特無益於時，然且大累於世」，認爲書內所論，阻礙新政推行，遂按索其全書內容及要點，逐篇批駁，「節節辯之」，其中〈正權篇〉針對張之洞反對「興民權」，「設議院」，批駁尤多，置於本文之末，是爲〈勸學篇書後〉成文的始末。

全文批評《勸學篇》，重點有二，其一，批判內篇所強調崇儒、忠君、衛道，肯定儒家綱常，以忠孝維繫政權的主張，從而否定西方「民權論」，認爲「民權之說，無一益而有百害」；胡氏遂於篇中縷述西方自由民主思想的本源、本質，以及設議院，行代議政制的優點，故復民權，設議院，必然能導致君民一體而同心，致國家於富強的地步，實爲立國之本。

其二，張氏於外篇強調採納學習西方學術教育、經濟、科技的建議，認爲此乃無視當前政治體制的百病叢生，胡氏直截了當提出必須開放政權，對原有政治、行政、財政及經濟制度進行全面更張，此即設議院，行選舉，習西學，去官督，設議員，核進支，行厚給等一系列革新政綱，上述所開列各項要目，才是改革之命脈所在。胡氏顯然謀求將西方（以英國爲主）的政治、經濟制度全面性移植於中國。

(七)〈新政變通〉——前述六篇建議改革的「新政」言論，至光緒二十七年（一九〇一年）胡氏決定結集成書出版，是爲《新政真詮》，於一八九九年冬出版前夕，胡氏爲求國人「以明新政之終于必行，而勿慮其不行」，遂撰寫本文，反覆討論「新政」具體實施的方案。全文以定義「新政」作爲起始，說明新政乃「撥亂返治之計，起衰振弊之謀，扶中拒外之方，濟世安民之法」，然而當前國內關於解救中國危困的五種「維新」成說，皆不足取法。至於五種成說內容，列述如次：

其一，列強入侵練兵自強說。處於列國爭衡之世，中國積弱而受列強之侵略，又無力戰勝，其應變之道在於「練吾甲兵，添吾拱衛」；而對列強割地租借的要求，透過談判途徑「其可者與之，其不可者拒之」，等待時機再行收回。

其二，發展農工務本說。西方國家的富強，由於發展商業，如葡萄牙、西班牙、英國、美國等，相繼從事興商而致富強，英國尤爲個中翹楚，致力國際貿易，其後法、德、俄、意、日各國追隨學習；然而中國地大物博，資源豐富，祇須維持舊有體制，注意農業及工業生產，修文偃武，國祚自能延長，故無須發展商業。

其三，「汰除老物」，起用新人說。在列強環伺下，中國難以維新，然更重要者爲位居要津皆老耄無能，庸臣當道，導致君民隔閡，內政不修，故必須「汰除老物」，引用具有格致、外語等專業智識的新人任事，進行改革，庶幾大業可成。

其四，反滿革命說。認爲中國受敵國的欺凌，主要由於清政府管治不良所導致，如刑罰慘酷；出口關稅重於入口，故做成商困；用人不公，以致「非賄不行，非親不與」；由是大失民心，因此爲求救民於水深火熱之中，倡行革命，取代清室，此爲革命救國論。

其五，開啓民智說。中國之弱由於人民皆多「不識字」，補救辦法在於發展教育與文化，興辦學校，翻譯西書，藉此以開民智。

胡氏隨即於文中，逐點批駁，認爲上述五種「維新」方案，皆屬於枝節之論，而大多不可實行，進而重申其前述各篇關於施行「新政」的精神與要點，提出興民權，立議院，習西學，發展工商業，「聯羣去黨」團結國民力量等，仍爲改革之重要項目。最後胡氏創議利用「批賃之法」，認爲在當前外人侵奪主權危局下，此乃施行新政的最佳方法，爲全文癥結之所在，胡氏亦明確表示，此爲撰寫〈新政變通〉一文最終目的。所謂「批賃之法」乃政府將十八省賃出，交由各省之民，自行承批，實施地方分治，每年向中央繳納較現時多一、兩倍的貢稅，先由地方推行新政富強起來，而後推廣至全國，促成新政的實現。

胡氏於清季外力入侵下，先後完成上述七篇倡議中國「行新政」，進行改革及申論改革之道的時論後，遂計劃結集出書，故隨即分別撰寫〈前總序〉及〈後總序〉兩序文，說明其著書原委及其所主張新政的扼要內容，並於冗長的〈後總序〉中，提出省自治及期盼由地方督撫推行新政，藉此挽救庚子拳變後中國瀕臨亡國邊緣的危局，愛國之情，溢於言表。一九〇一年，清廷經歷八國聯軍之役後，痛定思痛，朝廷終於頒諭施行新政，是爲晚清最後十年的改革，分別於政治、軍事、財經、教育、司法各方面移植西方的體制，而胡禮垣所倡議全面性學習西方制度的新政主張，最終受到重視，並見實現。

四、思想緣起

胡禮垣著述與思想的產生，乃與中國近世大變的時代背景以及其個人學習與生活環境有關。

就胡氏時代背景而言，隨著清季外力不斷入侵，對外戰敗，割地賠款，開口通商，國家深受重創，國內官紳即在此一背景下，於一八六〇年代後相繼推動洋務建設，以及變法維新，謀求借助西方之科技及制度進行改革，藉以應付外患內憂所引發出的一連串國家與社會危機，然而均告失敗；列強入侵如故，甲午戰敗，創傷尤深，地方動亂如常，民變教亂，此起彼伏，國家衰頹，社會殘破，如何起衰振疲，濟世安民，目睹時艱，變法已成爲時代共同之要求，此即胡禮垣心中念茲在茲所思慮者。胡氏觀察國內所進行的一系列改革，均未見成效，至爲不滿。胡氏首先從學習態度上，批評國內官紳模仿西法，懷有「驕傲滿盈」，未能「謙虛戒慎」地學習的毛病，繼而在其所著〈前總序〉中，一針見血地評騭國內袞袞諸公所倡議改革的言論與活動，均未能「提綱挈領」、「底蘊盡窺」。換言之，國內改革者所倡議及進行的改革，其方向、項目與方法均未見周全與完備。胡氏於〈新政變通〉一文中，批評國內流行五種「維新」成說的改革方案，即爲顯例；並且先後對倡導改革的著名官紳進行點名批判，包括於翻譯何啓的〈曾論書後〉，批評駐英使臣曾紀澤所謂中國覺醒，在於整軍經武禦外此一方向的錯失，並倡言內政改革，以及爭取民心最爲重要；撰寫〈康説書後〉，指評康有爲的變法，強調儒家經義，宗經泥古，而不明由古至今已有幾許「進化」遞嬗的演變，貶其對於西法認識不足；繼而刊印〈勸學篇書後〉，反對湖廣總督張之洞的「中學爲體，西學爲用」，及其抱守儒術經世治國的主張，倡論君權之落後，從而説明興民權，設議院達致國家富強的想望。針對上述三篇〈書後〉，據胡氏所言，目的在於「捨舊」，唯其能捨舊，而後始能「圖新」，而胡氏圖新，即爲其所構思改革中國，達致富強藍圖的「新政」，此即〈新政論議〉、〈新政始基〉、〈新政安行〉、〈新政變通〉各篇言論之所由出。

就胡氏學習與生活環境而言，正如前章的生平志業所述，胡氏成長於中西文化交匯的香港，幼讀經史，青少年時於中央書院接受新式教育，修習中文，研讀英文，知通儒家經史，學會西洋史地與格致，深受西學薰陶；畢業後從事教育、翻譯與新聞工作，並且行商走埠，識見日廣，於此期間，又與留學英倫，接受西方醫學、法律專業訓練，得以目睹十九世紀英國維多利亞王朝政教鼎盛的何啓，成爲知交同道，其「新政」觀念不少得自何啓的啓發。此外，胡氏又與西教士李提摩太（Timothy Richard，1845－1919），天主教聞人英斂之，以及王韜、鄭觀應、嚴復、孫中山等著名變法家與革命家相過從，其改革智識與思想，由是日漸累積而臻成熟，以至形成體系。此外，胡氏一生，大部分時間以香港爲家，因而得以目睹英國政教於其殖民地植根發芽，欣欣向榮的成功景象；又於甲午戰爭前夕，營商日本阪、神區，復見明治天皇，君臣協力維新，建立君憲政體，從而開展出君民一體「造國」的新興氣象；反顧神州大地，蒿目時艱，大清帝國江河日下，且「君暗、臣佞、政散、民流」，王朝天下面臨解體，國家由治而亂，至爲情傷，顯然由儒家意識型態所締造的君主政體，已然不足適應新時代轉變的要求，舊有體制無疑已經千瘡百孔，而其所親歷及體驗的香港英式殖民地管治，英國自由憲政，以及日本明治維新三者所建立的「新體制」，分別呈現出「君明、臣良、民康、物阜」的政治新景觀；港、英、日三地優越的體制，無疑值得當前中國改革作爲借鑑，此即胡禮垣改革中國「新政」方案之所本！

其一，香港英式殖民地管治體制的成就，主要爲教育與政治制度兩方面。就教育而言，設立新式學校，分科講授，包括文理、地圖、算數、國史、文章、詩詞、古今方言、電學、光學、聲學、化學、重學、音樂、丹青、繪圖等；而高等學校，則稱爲書院，在學考試，每年二次，公開考試，由英國倫敦貢院主持，每年一次，考試合格，給予憑照；各項專業如醫學、律學、丈量、駕駛、機器等，亦需參予專業資格考試，取得憑照，始能就業；無論政府官員，或從事商業，以至其它行業，均以專才爲要；相對而言，其時中國科舉考試，祇考文字，且有名額的限制，落第者佔多數，自然難以人盡其才。就政治而言，始設三權分立的管治組織，行政歸於總督及其轄下僚屬；立法則成立「半由官舉、半由民舉」的議政局，「其權幾與總督等」；司法則設立「陪審員制度」，務使審判公正，維持司法的獨立。此外，香港設埠，推動商業，在社會上具有地位者皆行商買辦，此輩不但促進經濟發展，而且每每熱心社會公益，如辦醫院，立善社，行義舉，藉此取得其應有的社會地位，此與國內社會領袖，乃以科舉考試出身或捐官買爵而成的地方士紳，自然有所不同。

其二，英國自由憲政體制的優越性。英國以自由民權立國，其國家所重視者爲民主、自由貿易、工業發展，以及憲政，此即英國於十九至二十世紀初得以建立世界霸權的主因。英國並由建立君主立憲及工商業化達致國家富強，舉世矚目；身處殖民地香港的胡氏，對於英國政教，尤爲清楚與仰慕，故稱其「國爲君主，獨重民權，則是立國者以有君爲榮，利民者以通商爲要也」，他毫不遲疑地說：「今之英國，其足爲中國之法哉！」對於英國政制與經濟的完善，再三致意，其中尤以英國君主立憲的代議政制，所論最爲詳盡。就英國政府組織而言，說明行使立法權的兩院國會組織體制，議事程序，以至上院議員由貴族世襲，下院議員由人民選舉，有關選區名額、規例均一一陳述；至於行政權方面，則由兩院推任首相，組織內閣，施政須經兩院同意，從而說明英國民主政治行政、立法分權的優越性；盛稱英國政制「愈推愈廣，愈進愈精，以至今日，其盛未艾」。而英國官僚制度，除能專業分工，特別重視厚給官俸，故此政治清明，效率極高，與中國官場比照，高下立見，其中厚俸，尤足爲中國借鑑，指出英國首相年薪十萬，海、陸軍「總統」則爲四萬五千元，駐華公使五萬元，殖民地總督，以香港爲例，年薪三萬二千元，應酬款項一萬元，胡氏並進而比較中港兩地文官俸給的差距，指出香港一地，未及中國一縣之廣，而中國知縣的廉俸及縣幕支出亦不過一千數百餘兩，難與港督相比；胡氏對於中國官場由於俸薄所導致的貪污腐化，最爲深惡痛絕，故此屢次申論厚給官俸，爲解決及斷絕貪污的最佳途徑，此點無疑深受英國官僚制度高薪廉能影響所致！此外，英國對於龐大海外殖民地包括加拿大、澳洲、印度等的管治，均能化私爲公，使「中央」與「地方」的關係盡量和洽，此乃給予若干自治權之故也，胡氏於一九〇〇年後倡議中國施行省自治，由督撫推動新政謀取富強，此一「以分爲合」的「地方自治」政治理念，顯然胎源於此。最後胡氏對於英國富強的觀察，認爲興起於通商，故國會議員多選自商人，而國家政令大多有利於商業的活動，又推行公平稅則，促進貿易發展，故英國「商務之雄爲天下甲」。此即其重商觀念之所本。英國於民豐物阜之餘，更廣立學校，普及教育，教化日善，文化發達，英國的富強，其來有自。

其三，日本明治維新的成功。胡氏於一八九三至一八九五年間營商日本，由是得見其時日本明治維新的新政，次第推行，留下極爲深刻的印象，期間日本發展經濟成就尤爲驕人，首重商人階層，將傳統「士農工商」的社會基礎，改爲強調「商農工士」，信託商人階層參予推動維新；並且重視新式交通事業的建設——「鐵路廣」、「輪船密」，據胡氏於〈新政論議〉一文所作之統計，指出日本鐵路一萬五千餘里，中國則約五百餘里，日本較之中國，長達三百倍；日本遠洋輪船約爲一百七十，中國則未及五十，內河小輪，日本則百數十，中國則幾於無，故輪船多於中國十倍，且十餘年間「國內機器之廠林立，出口之貨充盈」。由是經濟起飛。就軍事而言，謂其兵工業「槍砲各事，尤能獨出乎心裁」，而其陸軍兵制已見多元化專業，此即「日本之兵，役夫隨行；一人當兵，二人爲役」，後勤補給自成系統；而最重要則爲政治上的改革，行君憲，設議院，廣開言路，君民一體，上下一心；上述日本明治維新的經濟、軍事、政治改革，其成效見之於中日甲午一戰，日勝中敗，胡氏親身目睹此一轉變，最爲感慨；據其觀察，日本之所以致勝，除明治天皇本人親民，關心民瘼，勵精圖治外，主要爲設議院，興民權，君民一體，導致戰爭中君主、皇室、軍隊與人民上下團結，一致對外，胡氏因而斷言，日本設議院，由此全國「合四千萬人爲一人」；而中國不設議院，則「四萬萬人散爲一人」，故中國即以一人與日本四千萬人對敵，勝敗立見，故此行君憲，設議院，其成效於此最爲明顯不過。而經濟與軍事的改革，促使日軍借助鐵路、輪船交通利器，迅速運兵戰場，並且日本訓練之新式軍隊，單兵專精，後勤完善，使日軍能於戰場上處處居於主動和優勢，自然能夠取得最後的勝利。由此可見，日本維新，仿行西法，習西學；政治上行君憲，設議院；經濟上發展鐵路、輪船，興建工廠；一舉而擊敗崇君主，行舊學，勸農耕，「大而無當」的滿清王朝，終於完成其「近代化」的初步進程，得以置身強國之林。胡禮垣眼觀日本之勝利，舉國欣喜若狂，其內心之思潮起伏，自屬難免，而其對中國行新政以致富強的熱切渴求，有增無減，不能自已，此點當爲吾人所能體會。

綜上可見，香港、英國、日本三地所推行的「新政」模式，均見其富強之成效，其中英日兩國的先進經驗，彌足珍貴，故胡氏謂「歐洲新政，英國爲祖；亞洲新政，日本爲先」，宜乎中國學習，而英日兩國之新政，要而言之，不外乎實施君主立憲政體，以及推行資本主義的經濟活動，此即清季所有變法家共通的核心思想，而胡氏亦毫不例外，唯其識見更爲具體與周詳，此點當與其僑居海外，具有密切關係。

及至二十世紀初葉，由於西方列強於亞非洲大事拓殖擴張，互爭殖民，建立國威，發生利益衝突，以至合縱連橫，結盟對立，互相仇殺，終於爆發第一次世界大戰，工業時代發明之犀利武器，如槍砲、坦克、飛機、潛艇，促成殺戮戰場的出現，生靈塗炭，時胡氏晚年退休，默察時局，頓生悲憫之情，其思想由是一變；胡氏既傷痛中國的衰弱，人爲刀俎，我爲魚肉，又感懷世局的紛亂，列國交攻，強者生存，故此專研中西哲理及宗教信仰，藉以安心立命，從而產生大同思想，謀求人類世界和平，其思想遂由政治轉入道德，另立新境界。而胡氏一生的思想，亦由關心祖國而進入胸懷世界，此即其所謂「予之志爲環球，而首在中國」。

五、思想內容

綜觀胡禮垣思想，從其著述中可見具有政治、經濟、教育及哲理四方面的內容，其中前三者俱見於《新政真詮》一書，何啓與胡氏同屬此一著述與思想的「合夥人」，然而正如本文先前所強調，《新政真詮》一書主要由胡氏親筆撰述以至於成書出版，若無胡氏的中西學養，以及中文寫作能力，何啓恐怕難於其時中文言論界獲得知名，而於日後中國近代思想史上取得一席的地位。進而就何、胡變法思想「內在脈絡」稍作分析，即知胡氏具有主導的角色，二人變法言論與思想的共同提出，當始於〈曾論書後〉及〈新政論議〉的翻譯及商榷成文，然而胡氏於首文即以儒家民本主義及尚賢理論，作爲開啓改革大門之鑰，而於次文，由於營商日本，親自感受甲午戰爭中國戰敗的屈辱，從而引用英、日先進經驗，作爲新政方案理想模式的範例，其變法思想，自行醞釀，不屬何啓；及至〈新政始基〉的撰寫，注重理財，然胡氏主張「理財以廣用賢才爲本」，自具創識，亦爲前此尚賢理論的一脈相承；至〈新政安行〉標明〈自序〉以下各篇，當爲其個人的著述，批康（有爲）批張（之洞），引經據史，體察古今中外之得失，自具規模，已見其不凡之卓識，並在一九〇〇年庚子拳亂後，綜論治亂，指出清廷對外失敗，未能「審乎勢，而平乎氣」，對帝國主義強勢未能細察，而以放縱拳民不平之氣，殺戮外人而招致辛丑奇禍，令人痛心，阻延新政的施行，從而提出以省自治，交由督撫推行新政的建議，由此可見《新政真詮》一書中，九篇文章，皆見胡禮垣變法思想的創發，其主體生命，躍然於字裏行間，自成一家言。此外，胡氏於十九世紀至二十世紀之交，潛心中西哲學與宗教，默察世運的逆轉，驚懼一次世界大戰現代戰爭破壞力之可怖，提出世界大同的「烏托邦」理念。故此，就前者胡氏變法思想而言，已非全屬何啓之所有，且逐漸演變成爲胡氏個人思想的體系，而後者哲理情懷、大同之思，更爲胡氏所獨具；而胡氏於大同思想的創發及理論，近日亦爲史家所首肯；由此可見，胡禮垣於中國近代思想史上所發表的言論，顯然可以自成一家。就此而論，何胡「合夥」的變法言論，何啓雖然首倡，然而祇提供變法思想的部分架構，整個思想「殿堂」仍由胡禮垣一手營建，史家於中國近代思想人物中崇何抑胡，顯然有其疏忽與不公之處！以下論述胡禮垣的思想內容。

1 政治方面——自由民權說

十九世紀爲清朝治亂興衰轉變的關鍵時刻。在兩次鴉片戰爭及太平天國之亂後，朝野始謀求革新以應變，此即自強運動倡行「師夷長技以制夷」，講求模仿西藝，強化國防，抵禦外侮，此曾紀澤中國先睡後醒之言論所據，而何啓、胡禮垣二人即由此起而共論其失，斷言中國當前問題不在於國防外交的建設，而在於修明內政，認爲應以政治層面的改革作爲優先。其時內政敗壞，以吏治最爲嚴重，主要爲官吏無能與貪污，以賄賂、乾沒、陋規爲事，且司法律令不公、濫刑枉法，因而大失民心；胡氏遂揭櫫保民、利民的民本思想作爲立國之根本，而以整飭吏治，務在得人，作爲因應的對策，顯然，此爲具有傳統經史素養的胡禮垣，尋求借助儒家民本思想與尚賢理論，刺激時賢對於當前政治流弊的關注，以及開啓政治改革的大門，從而提出其澄清吏治的方案，包括⑴起用熟悉新政的人才，亦可任用洋人，以其爲行西法的「熟手」；廢科舉，棄用八股經義之士，廢捐納，止絕濫進之徒；進而設立新式學校，分科講授，培訓專才。⑵官員俸薄受賄爲貪污的根源，故必須提高官員俸祿，高薪養廉，且可吸引相關人才，求仕從公。⑶注重司法改革，參酌中外法令，西方法律尤需採納，胡氏即曾譯有《英律全書》以供參考，建議設立陪審員及律師制度，謀求司法憲制公正。

甲午戰後，目睹日本取法英國君主立憲政體而走上富強地步，胡氏深信英、日兩國採行此一「重民權」的憲政模式，爲當前中國改革所必須依循的根本路向，從而提出其政體改革的要求，並由中、西政治史的比較中，說明英式君主立憲的「先進性」及其制度的運作；現將胡氏政體改革言論，列述如次：

其一，批評中國君主制度的流弊。謂自秦始皇統一六國，廢封建，行郡縣，建立君主制度，此後施行二千年，直至清代，認爲君主制度乃「無道之法」，因爲「君臣之間各能自便其私計」，這一以私爲政的制度，自然難望其長治久安。

其二，中西民權演進史例的提示，指出中國民權早已盛行於號稱「治世」的三代。近世民權創始於英、法兩國，自法國拿破崙以武力推行民權，盛行歐陸，海禁大開，自西徂東，繼之者爲日本，並謂堯舜三代之隆，與泰西富強之本，皆由於重民權之故也。

其三，闡釋西方自由民權思想。胡氏於〈勸學篇書後〉批評張之洞保持儒家「三綱說」的錯謬，指出此非孔孟之言，乃漢儒、宋儒爲君權合法化的解說，直斥「三綱說」有違人道，從而爲西方自由民權學說舖路，此說乃天賦人以性命，並給予自顧性命之權，保其身家之權，以及使人有「率性」的自由，此即所謂天賦生命、財產與自由的權利；而成於人則爲具有「自主之權」，胡氏由是將西方十八世紀自由主義及天賦人權論引入其「復民權」的變法言論中，促使民衆對政治權利的覺醒，然而上述自由人權爲一抽象的理念，不能自行，故需落實於民權的行使，如此則有賴於制度的設立及運作，此即君主立憲代議政制之所由生。

其四，西方君主立憲代議政制的建立。胡氏以復民權，伸民志作爲引入西方民主政治的口號，然而中國歷經二千年君主制度後，其國民性已轉趨溫和與被動，故「欲復民權，須由君上」，遂主張政體的改革宜行「君民共治」的君主立憲政體，而以英國虛君立憲政體最爲理想，並主張效法英國設議院，立議員，行內閣官制，以及實施地方自治等制度。

關於立議院，設議員，胡氏提出設立省、府、縣三級地方議會，分別由當地的進士、舉人及秀才中，選任議員，任期三年；而縣級議員須具秀才資格，由該縣年滿二十歲讀書明理的男性「公舉」；而府級議員須具舉人資格，由當地的秀才公舉產生；省級議員須具進士資格，由當地舉人公舉產生；各省議員每年於首都集會一次，議決國政，並於全國分設四都會，議員集會，議決各省省政。

關於設立內閣官制，君主雖爲國家元首，然其行政權則交由官員行使，議設內閣官制，設宰相一人，下設八部，由原有中樞吏、戶、禮、兵、刑、工六部重整增添而成；吏、禮兩部合爲內部（內政部）；維持兵、刑、工、戶四部；增添商部、學部及外部（外交部）合爲八部，各有專司，而以商部列爲第一，學部列爲第二，以發展經濟爲首要，以培養人才爲跟進，謀求富國。而內閣宰相及八部之長，均由各省議員提名，而由宰相親自選任部長，任期均爲三年，由天子任免，定其去留，而國家事務則由議員議決政令，再交由負責行政的內閣執行。

關於地方自治，胡氏於庚子拳變後，於〈新政變通〉提出「批賃之法」，爲其地方自治思想的萌發。此法乃由中央將十八省之地出租，任由各省承批；或各省願意承批其地，則向國家租取；訂立章程，規定年限；由督撫負責各省的承批，至府、州、縣則設立議員，自理政事，而各省則須向中央上貢賦稅，並需酌量增收一至二倍不等，使中央財稅收入增加，解決財困；就政權分配而言，中央負責「軍政」，而地方則負責「民政」，各得其所，並藉此防止外人對國土及國家利權的「窺伺」和「覬覦」。胡氏此一「批賃之法」顯然源出近世商業專利批發經營的概念，藉此謀求各省自行分治，首先自立，而後使國家亦由此自立。胡氏稍後又於〈後總序〉中重申地方自治的政治理念，明言各省實行省自治，由督撫負責推動新政，達成富強的目標，並以德國及美國的「邦聯體制」，作爲日後中央與地方權力重整的模式，由此可見，此乃將「中央集權」改爲「地方分權」的政治建議。至此，胡氏借助西方民主政治改革中國政體的新政藍圖，益臻完備。

綜上可見，胡氏以澄清吏治作爲其政治改革的起點，最終謀求行代議政制，成立民選議會取代傳統君權，作爲長治久安的辦法，從而產生民主政治下的新官僚制度，使君主時代的官僚專制所形成的政治流弊，一掃而空，並且藉著政權的開放，使君、官、民的關係重新整合而達致國家的富強。

2 財經方面——工商經濟與理財專司

甲午一役，清廷戰敗，割地賠款，對外舉債，中國財用極爲緊迫，故對內加厘加捐，開徵新稅，以至發行名曰「昭信股票」的國債，苛稅重剝，民生益困，且國內商貿不前，生產困頓，面對上述的財經危機，如何裕國課以足財用，即爲胡氏於甲午戰後最所關懷者，其方法乃對經濟與財政進行改革。

就經濟改革而言，胡氏在民本思想主導下，強調愛民，而愛民則以富民爲先，而富民之道，則在興商，認爲一國興亡與商業經濟具有密切關係，提出重商主義，一反傳統「重農輕商」的觀念，此乃受到英國商業冠絕寰宇稱雄於世的影響。其要點在於重視商人地位，認爲振興中國首在商民，十萬豪商勝過百萬勁卒，宜選拔商人出任新設議院的議員，並指出日本明治維新亦重視商人。其次，主張發展私人民間企業，建議政府推行獎勵、扶助工商業的政策，包括⑴給予成功工商企業及技術發明者「功牌」，後者並給予專利；⑵成立商部，聘請國內外華商爲「部員」，推動工商業投資及留意保護華商；⑶廢除種種阻礙私營工商業的限制，如廢除厘金，實施保護關稅政策，促成國內產品行銷；而最重要則爲⑷終止「官督商辦」，蓋官督則與民爭利，且官僚容易藉權假公濟私，抽取公款，中飽私囊，唯有商辦始能確保私營工商企業的經營，並可引入「洋股」，吸納外資及技術，近代工商業始有發展機會，甚具卓見。最後，對於工商業的發展，胡氏認爲應優先發展鐵路與輪船兩種新交通，原因乃「鐵路一到則成都成邑」，促進區域經濟的發展；而廣設輪船，發展遠洋及內河水運，則可帶動商業的發達；且中國物資豐富，政府宜協助民間發展農、牧、工、礦等生產事業，刺激全體經濟的「起飛」，達成「庶物繁昌，民財必阜」，民富則自然國富，此因財稅收入充裕。顯然十九世紀英國自由經濟及工業化導致民富國強的先例，無疑爲胡氏最爲期盼的經濟改革。

就財政改革而言，指出當前國家財稅，毫無盈餘，原因在於官吏層級中飽，故有必要整理現有稅制，其法首先清查與調整國家稅中的地稅，鹽課，並將土藥、常關、厘金三種稅項併入洋關合而徵收，至於各種雜項餉捐如差餉、牌照餉項等亦須整理，藉此增加稅收。其次，成立理財專司，負責中央與地方的稅收。其一，地方稅則由城鄉的地方官及紳耆自設「善後局」或「公務局」，負責徵收地方房屋租項及各種餉項，並將所得稅款應用於當地治安、福利、醫療、教育等各種地方事務的開支上，藉此利民、便民；其二，於國家稅方面，則由戶部專責全國財政的「總司」，編制全國財政預算，公佈年度收支帳項，並於各省分別成立地方層級的「庫務司署」，負責本省及各級行政單位的財政預算及各項收支；其三，全國各地收得的國家稅項，另設「國家銀行」，負責稅款的匯寄，不再交由地方督撫胥吏等「理民之官」經手，避免中飽，上述新設財政專司等各機關，皆源於西方國家之制度，故倡行之始，必須起用洋人，借其專才，協助辦理，藉此掌握西方財政體制的運作，若能實行，則國富在望，而外侮自然可除。

3　教育與學術——力求西學

清代行科舉制度以選拔官員，而以八股、經義作爲考試內容，故其教育即以文字、經學兩者爲士子勤習的知識，是爲科舉選官的教育，而所培訓和選拔出來的人才，胡氏認爲大多屬於「浮學不能用世」，而選任爲官後則因俸薄而多不法，認爲科舉取士，流弊甚多；其時西力東漸，國人始悉西方列國富強自有其「法度」，如何學習西國的法度，此即西學之所由生；胡氏前所主張政治行君憲，經濟重工商，在在需要專業人才，而舊有科舉選官教育的出身者自然難以符合其要求，故此胡氏一針見血地指出「八股經義之法」，以及「科第用人之法」均須廢除，而其相應改良之道，則在於教育上「力求西學」。

至一八九八年康有爲、張之洞相繼倡導變法，康有爲以爲西方立國富強的本末，皆與儒家經義相合，故經義爲變法的根據；而張之洞則以「中學爲體，西學爲用」作爲變法的宗旨，對於傳統中國學術採取肯定，並在此一前提下吸納西學，胡氏認爲康、張之論，皆足以混淆視聽，影響變法，遂提出其對中學、西學崇尚及學習的論辯。

胡氏首先批評康氏崇尚儒家經義，可以治事，謀求通經致用此一「宗經」思想屬於「泥古」的變法觀點，不知世局已然變化，新事物不斷湧現，「宗經」無疑與時代脫節，並指康氏變法既「欲學泰西之富強，而於其所以致此之由，則全然不問」，繼而又指出古今制度，因時代不同而有差別，經書所載的古事，未必適合當前變法所需，退一步而言即使「學古非不可以通今」，但爲何不「以今通今」，所謂「以今通今」，即學習同時代的西學，此乃當今科學文明進化的成果，胡氏「厚今薄古」，至爲明顯，而西學既爲西方富強之所本，從而點出「中學爲體，西學爲用」，「中學爲本，西學爲末」理論的錯失，故此欲行變法，當前急務，須以西學爲本，而學校教育則需以西學爲主。

至於張之洞「中體西用」的理論，胡氏繼續批判，謂其於《勸學篇》所提出的「中學爲內學，西學爲外學」，「中學治身心，西學應世事」，皆屬不當，認爲學術「無其內，安得有其外」，中學、西學不能以內外、體用，將其劃分爲二，蓋各自有本末、體用，即西學本身有體有用，有本有末，故此學習西學，抱持內「舊」而外「新」，難以把握西學的本質及精義；且就學習歷程而言，由通中學而再兼識西學，曠日彌久，而新政改革爲當務之急，難以久待，由此可見，著重中學將會阻礙對西學的學習，而富強的期盼，也許遙遙無期，既然西學爲富強之本，自應「力求西學」。

胡氏隨即從中西學術比較中透露西學的範疇，他說中國之學，除文字艱深難學外，經史詩賦皆爲虛學，不能治世，然而不可完全廢除，此乃「國粹」，爲民族文化的精華，「堅致精瑩，其光莫掩」；而西學則爲實學，爲用世之學，並將「百數十種」西學簡化分類爲天學、地學、人學。天學即神科，包括神學、數學；地學即醫科，包括工藝及自然科學；人學即律科，包括人文與社會科學，皆專門之學，難以兼通，上述學術分類顯然不甚精確，然而胡氏已經能夠體認近世智識專業分工的特質。而學習西學之道，則爲廣設學堂，先學中文作爲基礎，繼而分科學習理、工、醫、農、礦及軍事等專門學科，聘請留學生或外人爲教師，採行西法教學，修習完畢後，參加考試，合格者頒發憑照（文憑），不限名額，藉此培養實學的專才，此批學堂出身人才均可出任政府公職，或從事各行各業的工作，此即建立近代新式教育培訓專業智識分子的教育改革論。

4 哲理——大同思想

傳統中國儒家於戰國秦漢之交，依托孔子撰寫〈禮運大同篇〉，描繪「天下爲公」的自由、平等、安和、康樂的完美社會，成爲歷代智識分子於亂世時憧憬的烏托邦。清季變法家面對內憂外患以及中國「天朝」解體所帶來政治與文化失敗的挫傷，對於現世多具不滿的情懷，遂起而倡議模仿西法，追求國家富強，藉以濟世安民，並在吸納西方文化，反思中國傳統，探索國家與社會治平之道的過程中，期求治世，逐漸衍生出大同思想，建構未來「治世」的新社會模式與其想望，胡禮垣即爲其中一位，然而不如康有爲撰寫《大同書》之熟爲人知。

胡氏大同思想，據其自述，起始於一八六〇年代初自撰《天人一貫》，並謂該書將中外古今宗教，儒術、治學、法學等融治於一爐，「剖析人我同源之理」，遂揭櫫大同思想，然此書並未完成，此後，胡氏轉而鼓吹變法，其視線遂集中於政治領域。直至二十世紀初葉，眼見全球盛行國家主義，各國殖民通商，持天演論而行弱肉強食，又崇尚武力的鐵血主義，由是交相攻伐，持強凌弱，其間中國積弱，尤爲侵凌對象，於一九〇五年捲入日俄戰爭，以及中美工約風潮，國家危機日深，如何保存中國以至挽救世道，胡氏遂產生民胞物與的精神，其思想由是回歸早年所抱持的大同思想信念，故論者謂胡氏思想遂由鼓吹變法「經世」的國家主義，轉入鼓吹大同「救世」的世界主義。及至第一次世界大戰爆發，眼見戰爭浩劫，生靈塗炭，大同永治信念，益形堅定，故其晚年遂以倡論大同作爲一生思想結穴歸宿之處。

就胡氏所鼓吹的大同思想而言，綜攝中外古今文化智識，以及世界三大宗教——回教、佛教及基督教的教義信仰，面對故國「亂局」與寰宇「亂世」所出現的爭權奪利與東西文化殊異的「難局」，胡氏所構想的大同治世，以一「破專制」，二「箴自由」作爲其起步，而繼以締結國際和平爲最終理想。所謂「破專制」，在於取消「君主專制」及「環球專制」，後者爲大國強國欺凌小國弱國的霸權「專制」，倡議各國行「共和之憲」，取代君主與環球的專制，合萬國爲共和，共同達至世界的統一與和平；而「箴自由」則謀求建立自由平等的價值系統，最終使天下各國「融其畛域，忘其形色」，而以自由爲主，彼此相愛相親，進入「大同至治」。而此一理想社會的最終出現，則在於各國共同遵行「弭兵」非戰的和平理想，以及建立國際和平制度，此即各國修文偃武，祇憑公理而行，惟以道德相尚，廢除海、陸軍備，將軍隊改爲巡警，負責維持地方治安，保護商旅，軍費則用於發展工商經濟，成立國際和平組織，負責國際仲裁，最終建立國際政府，藉以達成天下一家，大同至治的盛世。

六、結論

清季濱海地域為外力衝擊以及中西文化交流薈萃之地，由是人材輩出，其中尤以鼓吹變法的思想家最為矚目，蓋屬時代之先知先覺者。而出身於香港的何啓與胡禮垣即屬於此一精英羣體。二人合著《新政真詮》一書，倡言變法，高舉興復民權的大旗，主張政治行君憲，經濟務商貿，志在師法英、日兩國的富強，由是知名。然而何、胡二人合著的變法言論，史家每多以為出自何啓，然而根據本文對於《新政真詮》一書著述角色的初步研究，發現何啓於何、胡合著「集體研究」成果「生產」過程中，祇扮演部分著述架構之提供者，而其整體撰寫以及思想「殿堂」皆由胡禮垣一手營建。故此，胡氏實為《新政真詮》一書之重要貢獻者。

就此而論，胡氏幼讀經史，已具中學根基，於香港中央書院接受具備中、西課程的新式教育，由是博通西學；其後出任教師，電報局翻譯，從事新聞工作，以至營商走埠，以香港為家，南至婆羅洲，北至日本，往返內地，見聞益廣，對於世局自有其洞燭之睿智，期間又與親歷英國富強盛世之何啓結為知交同道，與同時代著名變法家王韜、鄭觀應、嚴復等人濡沫相知，由是得以揮墨成卷，倡論變法，志切大同，由關懷祖國以至放眼世界，由經世而救世，其言論學博中西，志節不凡，思想精深，自成一家。胡氏生前曾以諸葛武侯「淡泊以明志，寧靜以致遠」作爲自況，祗求「立言」名世。反觀其至友何啓，任議員，創醫院，設醫校，籌辦香港大學，支持孫中山革命，叱咤風雲於香江，早已「立功」名垂史冊，今本文再次重申胡禮垣「立言」之不朽，當爲何氏泉下頷首認可！

進而論述胡氏於中國近代思想史上之地位，值得吾人注意者，共有三方面。其一，時賢對於胡禮垣著述與思想之肯定。胡氏言論主要爲鼓吹取法西方的改革思想，以及民胞物與的大同思想，均受同時代革命家與改革家之重視；孫中山謂讀其著述，而生「崇論閎議，欽服無已」之感，並推許其大同主張爲「婆心濟世，……敢不勉旃」。孫氏提倡民族主義進而強調大同之治，其思想淵源與胡氏不無關係；而近世著名思想家、翻譯家嚴復則認爲胡氏爲「當世有心人」，讀其《新政真詮》，則「洒然異之」，對其《梨園娛老集》，尤多讚語，謂其「借樂府之新詞，爲文明之前馬」，集中詩、文，寫景抒情，俱臻至境，讀之則有「棒喝指引之功」，進而推介其大同思想爲「見極之談，一往破的」。對胡氏堪稱推崇備至；而星加坡富商邱菽園素主改革，支持康、梁保皇維新，創辦《天南新報》，爲南洋改革派言論之喉舌，亦盛稱《梨園娛老集》一書「命意之新，立言之善，錄事之博，取裁之正，各盡所長，已極才人之能事」！並對胡氏「關心國粹，扶持詩教，箴貶時俗，傳播大同」之言教，大加肯定與稱許。胡、邱二人，身處南天海角，惺惺相惜，溢於言表！最後尚須一提者爲創辦《大公報》天主教名人英斂之，對《新政真詮》一書，推許尤力，譽之爲「生面別開，匠心獨運」，令其「五體投地」，故爲該書於上海重新校印出版，藉此推廣。綜上可見，胡禮垣之著述及其思想，深受時賢所推崇，其於近代中國思想史之地位，當無庸置疑。

其二，爲出身殖民地之改革型思想家。香港地處邊陲，至一八四〇年代，成爲英國殖民地後，英國政教移植本地，成爲中西文化交匯之處，時清政府對外交涉頻仍，而屢遭挫敗，朝野反省，不得不向西方追求「富強」之真理，謀求國家之現代化，藉以振頹起衰；香港既爲近世西方霸權英國管治之地，西方先進事物，首先引入，以教育爲例，早於一八六二年，即成立以英語教學爲主的「中央書院」，招收香港華人就讀，衆所週知，其時掌握西方事物，尤賴英語之通曉；而由香港殖民地教育下，培養出來的一批具有掌握英語而瞭解西方事物之華人精英，身處清季民國大時代變動中，未忘祖國，並且相繼流露關心國事之情懷，均思回饋祖國，其類型包括「改革型」思想家之胡禮垣、何啓；「革命救國型」之孫中山；以及衆多服務於清末民國政府之「技術官僚型」，包括陳錦濤、王寵佑、王寵惠、伍廷芳、梁誠、梁敦彥、張煜全、羅泮輝、謝恩隆等人，此即論者所謂「香港英才爲中用」。而胡禮垣即憑藉其中西學識，縱論時局，向中國提供學習西方之富強藍圖，由是以殖民地華人精英而取得近代中國思想史上「改革家」之地位，亦從而使香港與近代中國成爲「生命共同體」的思想推動者之一。

其三，商人階層思想家之誕生。商人於傳統中國政治、社會與思想領域，素無地位，於中國政治及思想史上出身商人之人物，寥寥可數，較著者爲呂不韋、桑弘羊而已；此皆因秦漢以來推行「重農輕商」政策，對於商人階層實施貶抑措施所造成。然而抑商賤商，固爲歷代政府之國策，然據近人研究，處於末民之商人，卻每每憑藉其能力與財富，長袖善舞，結交官府，躋身仕宦之林，以至由其子弟參與科舉考試任官，藉此開拓其於政治及社會之活動空間；及至明清，商人地位更見躍升，據余英時之研究，其時商業大盛，從商機會日增，兼且科舉名額有限，仕途自然壅塞，故棄儒就商者眾；且營商成功者，亦可以捐納入仕，於地方成爲紳商，自具勢力，故商人日見擡頭，至清代遂有歸莊（一六一三—一六七三年）提出士不如商的說法。

就思想史而言，歷來皆由儒士扮演主角，蓋此輩爲社會領導階層，而求學立心立命，在於「爲往聖繼絕學，爲萬世開太平」；而商人階層既爲末民，終日賤買貴賣，所關心者爲銖錙必計之生息事業，自難產生思想家。然至晚近，西力東漸，新式工商企業之組織與技術，精密細緻，而近世華商於中西貿易扮演橋樑角色，由是得悉西方工商業體制與技術，時值西力衝擊，朝野均以工商爲富強之所本，商人熟悉西方事物，自具新經驗與卓識，從而發爲文字，倡導改革，主張商戰，其中尤以鄭觀應及胡禮垣，即爲個中兩位代表。胡禮垣一生事業，以營商爲主，其改革思想養分即本源自殖民地香港以及從商接觸西方新事物所致，遂成爲出身商人階層之思想家，至此，近代中國商人階層不但於政治及社會地位日見攀升，且於思想領域亦出現了「資產階級發言人」，而胡禮垣之著述與言論，無疑說明了中國商人階層思想家已然產生，抑且透露近代中國社會士商易位此一社會變遷之重大消息。

參考書目

《胡翼南先生全集》胡禮垣，香港，一九八三，八册。
《新政真詮》何啓、胡禮垣著，鄭大華點校，瀋陽，遼寧人民出版社，一九九四。
《晚清政治思想史論》王爾敏，臺北，學生書局，民國五十八年。
《中國近代思想史論》王爾敏，臺北，華世出版社，民國六十六年。
《晚清變法思想論叢》汪榮祖，臺北，聯經出版事業公司，民國七十二年。
《中國近代改良主義思想》胡濱，北京，中華書局，一九六四。
《中國近代思想史論》李澤厚，北京，人民出版社，一九五八。
《中國政治思想史》蕭公權，臺北，中國文化大學，民國六十九年，下册。
《晚清政治思想研究》小野川秀美著，林明德、黃福慶合譯，臺北，時報文化出版有限公司，民國七十一年。
《張之洞的外交政策》李國祁，臺北，中央研究院近代史研究所，民國五十九年。
《香港與近代中國》霍啓昌，香港，商務印書館，一九九二。
《香港早期教育發展史》方美賢，香港，中國學社，一九七五。

余英時〈中國近世宗教倫理與商人精神〉，《中國思想傳統的現代詮釋》，臺北，聯經出版事業公司，民國七十六年。

李陳順妍〈晚清重商主義運動〉，《中央研究院近代史研究所集刊》，三期上，民國六十一年。。

任繼愈〈何啓、胡禮垣的改良主義思想〉，《中國近代思想史論文集》，上海，人民出版社，一九五八。

方豪〈清末維新政論家：何啓與胡禮垣〉，《方豪六十自定稿》，臺北，學生書局，民國五十八年，下册。

丁寶蘭〈胡禮垣、何啓評傳〉，《嶺南歷代思想家評傳》，廣東，人民出版社，一九八五。

葉仁昌〈清末官僚改革論——何啓與胡禮垣的個案研究〉，《國立中興大學法商學報》，二十八期，一九九三。

——〈傳統的批判與轉化——何啓與胡禮垣的合理性與實用主義〉——同上刊，三十期，一九九四。

關國煊〈胡禮垣〉，《傳記文學》，五十卷一期。

小野川秀美〈何啓、胡禮垣的新政論議〉，《石濱先生古稀紀念東洋學論叢》，大阪，一九五八

渡邊哲弘〈何啓、胡禮垣的新政論〉，《立命館文叢》，一九七號，一九六一。

G.H. Chao: *The Life and Times of Sir Kai Ho Kai* (Hong Kong, The Chinese University Press,1981）

Tsai Jung–Fong: *Comprador Idealogists in Modern China: Ho Kai (Ho Chi, 1859–1914) & Hu Li–Yuan (1847–1916)*,（Ph Dissertation, University of California, Los Angeles, 1975）

————————: *Hong Kong in Chinese History: Community and Social Unrest in the British Colony, 1842–1913*（New York, Columbia University Press, 1993）

————————: The Predicament of the Comprador Idealogists:He Qi（Ho Kai, 1859–1914）and Hu Liyuan（1847–1916）, *Modern China*, vol.7, NO.2（1981）

Chiu Ling–Yeong: Debate on National Salvation: Ho Kai Versus Tseng Cli–tse, *Journal of the Hong Kong Branch of the Royal Asiatic Society*, vol.2（1972）

Lloyd E. Eastman: Political Reformism in China Before the Sino–Japanese War, *Journal of Asia Studies*, vol. xxvii: NO.4（1968）

曾國藩・郭嵩燾・王韜・薛福成・鄭觀應・胡禮垣／何烈等著. --更新版. --臺北市：臺灣商務，1999[民88]
面； 公分.--(中國歷代思想家：18)
含參考書目
ISBN 957-05-1602-X(平裝)

1. 哲學 - 中國 - 傳記

120.99　　88009046

中國歷代思想家(十八)

曾國藩　郭嵩燾　王韜　薛福成　鄭觀應　胡禮垣

定價新臺幣三〇〇元

主　編　者　中華文化復興運動總會
　　　　　　王　壽　南
著　作　者　何　烈　陸寶千　呂實强
　　　　　　王爾敏　孫會文　李金强
責任編輯　雷成敏
封面設計　張士勇
內頁繪圖　黃碧珍
校　對　者　羅名珍　江勝月　陳寶鳳
出　版　者
印　刷　所　臺灣商務印書館股份有限公司
　　　　　　臺北市重慶南路一段三十七號
　　　　　　電話：(〇二)二三一一六一一八
　　　　　　傳真：(〇二)二三七一〇二七四
　　　　　　郵政劃撥：〇〇〇〇一六五－一號
　　　　　　出版事業登記證：局版北市業字第九九三號

• 一九七八年六月初版第一次印刷
• 一九九九年八月更新版第一次印刷

ISBN 957-05-1602-X(平裝)　　86402020

讀者回函卡

感謝您對本館的支持，為加強對您的服務，請填妥此卡，免付郵資寄回，可隨時收到本館最新出版訊息，及享受各種優惠。

姓名：＿＿＿＿＿＿＿＿＿＿＿＿＿＿＿＿ 性別：□男 □女

出生日期：＿＿年＿＿月＿＿日

職業：□學生 □公務（含軍警） □家管 □服務 □金融 □製造

□資訊 □大眾傳播 □自由業 □農漁牧 □退休 □其他

學歷：□高中以下（含高中） □大專 □研究所（含以上）

地址：□□□＿＿＿＿＿＿＿＿＿＿＿＿＿＿＿＿＿＿＿＿

＿＿＿＿＿＿＿＿＿＿＿＿＿＿＿＿＿＿＿＿＿＿＿＿

電話：（H）＿＿＿＿＿＿＿＿＿＿（O）＿＿＿＿＿＿＿＿＿＿

購買書名：＿＿＿＿＿＿＿＿＿＿＿＿＿＿＿＿＿＿＿＿

您從何處得知本書？

□書店 □報紙廣告 □報紙專欄 □雜誌廣告 □DM廣告

□傳單 □親友介紹 □電視廣播 □其他

您對本書的意見？（A/滿意 B/尚可 C/需改進）

內容＿＿＿ 編輯＿＿＿ 校對＿＿＿ 翻譯＿＿＿

封面設計＿＿＿ 價格＿＿＿ 其他＿＿＿＿＿＿＿＿

您的建議：

＿＿＿＿＿＿＿＿＿＿＿＿＿＿＿＿＿＿＿＿＿＿＿＿

＿＿＿＿＿＿＿＿＿＿＿＿＿＿＿＿＿＿＿＿＿＿＿＿

＿＿＿＿＿＿＿＿＿＿＿＿＿＿＿＿＿＿＿＿＿＿＿＿

臺灣商務印書館

台北市重慶南路一段三十七號 電話：（02）23116118・23115538

讀者服務專線：080056196 傳真：（02）23710274

郵撥：0000165-1號 E-mail：cptw@ms12.hinet.net